7.Sich.Div.
Wegeführung und Sperrgebiete
Stand vom 1. 2. 44

737 733 Küstenwege
739 735

Hochseewege

Minensperrgebiete

Viareggio

Pisa

726
728
730
730A
732
734
730B
736
738
738A
738B
738C
740
738D
Livorno

Weg Panther
Via Augusta

OMERANZE
742
790
Weg Panthersprung
ERBSE
ELBA
794
EICHEL 796
MANDARINE
744
746
Piombino

PFIRSICH

Weg Panther

Via Appia
Via Claudia

Montechristo
W
T
V
U

Gigli
748
750
752
754
Stefano
756
Orbetello
758
760

GALLAPFEL

762A
762
Civitavecchia

RRHENISCHES MEER

TOLLKIRSCHE

Rom

Nettuno

NUSS

11°
12°
13°

VON GARTZEN · *Die Flottille*

Wirich von Gartzen

Die Flottille

*Außergewöhnlicher Seekrieg
deutscher
Mittelmeer-Torpedoboote*

Koehlers Verlagsgesellschaft mbH · Herford

Abbildungsnachweis:
Bundesarchiv/Militärarchiv Koblenz (1) (M/957/70504),
Imperial War Museum, London (9),
Archiv Koehlers Verlagsgesellschaft mbH, Herford (6),
Ullstein-Bilderdienst, Berlin (1).
Ferner aus Privatarchiven von:
Klaus Luther (8),
Otto Reinhardt (7),
Berthold Schwarz (3),
Karl Nuber (2),
Horst Paetzold (2),
Hans Hofmeister (1),
Verfasser (24).

CIP-Kurztitelaufnahme der Deutschen Bibliothek

Gartzen, Wirich von:
Die Flottille: außergewöhnl. Seekrieg dt.
Mittelmeer-Torpedoboote / Wirich von Gartzen.
– Herford: Koehler, 1982.
 ISBN 3-7822-0261-9

ISBN 3 7822 0261 9
© 1. Auflage, 1982 by Koehlers Verlagsgesellschaft mbH, Herford
Alle Rechte, insbesondere das der Übersetzung, vorbehalten
Schutzumschlag- und Einbandgestaltung: Ernst A. Eberhard, Bad Salzuflen,
unter Verwendung eines Fotos aus dem Archiv Koehlers Verlagsgesellschaft mbH, Herford
Herstellung: Jörn Heese
Satz und Druck: HB-Drucke Brackmann GmbH, Löhne
Bucheinband: Lüderitz & Bauer-GmbH, Berlin
Printed in Germany

Inhaltsverzeichnis

Das Ende in der Biskaya

Heute ist der 28. Dezember 1943. Über der Biskaya bläst es aus Nordnordost mit Windstärke 7. Es steht eine lange Nordost-Dünung.

Alle Geheimsachen und Schlüsselmaschinen, die bei jeder Unternehmung auf der Brücke untergebracht sind, werden über Bord geworfen. Das Boot wird sehr stark kopflastig und hat nur noch einige Zentimeter Freibord.

Nun ist unser großes Flottentorpedoboot *T 25* nicht mehr zu retten. Anscheinend haben wir also auch Treffer unterhalb der Wasserlinie erhalten.

Die Geschützführer schießen trotz der enorm schweren Richtbedingungen und all der anderen Gegebenheiten weiter, und wir beobachten auch die Aufschläge beim Gegner.

Plötzlich brechen die Kreuzer das Gefecht ab, wir schießen noch hinterher. Der Gegner läuft in Richtung Südsüdwest auf die vorderen Torpedoboote zu. Wir scheinen ihm Wrack genug zu sein.

Als die Schiffe weitab sind, prüfe ich meine Lage: Von eigenen Streitkräften ist nur einer unserer Zerstörer treibend im Norden zu sehen. Unser Oberdeck ist im Bereich des vorderen Kessels völlig nach oben gerissen. Im Raum darunter sind Öl und Wasser, in dem verbrühte Kameraden treiben.

Achterkante Brücke, die Niedergänge, alles zerstört. Der Kutter liegt nicht waagerecht, sondern steht zerbrochen senkrecht auf dem Oberdeck, das voller Gefallener und Verwundeter ist, die von unserem Bordarzt versorgt werden. Ich muntere die Verletzten auf und lasse mich dann vom Leitenden Ingenieur über die Situation und unsere Chancen unterrichten. Er hat noch eine kleine Hoffnung, die Backbordmaschine für kleine Fahrtstufen wieder klar zu bekommen.

Da ich damit rechne, daß die beiden Kreuzer unserem Verband nachdrängen, wenn sie glauben, uns erledigt zu haben, werde ich nach Außersichtkommen der Gegner mich in die entgegengesetzte Richtung, also nach Westen und später nach Süden, abzusetzen versuchen.

Die Meldung, daß die beiden Kreuzer wieder in Sicht kommen und mit hoher Fahrt auf uns zuhalten, bringt mich zu dem Entschluß, einen Teil der Besatzung, die nicht unbedingt in diesem zweifelsohne letzten Gefechtsabschnitt benötigt wird, zu retten und in noch vorhandenen brauchbaren Flößen und der Jolle von Bord zu schicken.

Es sind Soldaten der Torpedowaffe, der Funkstation, der leichten Flak, des Signal- und Steuermannpersonals, die Freiwache der technischen Division, die Horcher und alle Leichtverwundeten.

Unter großen Schwierigkeiten wird die Jolle ausgebracht, und rund 70 Kameraden, worunter auch der 1. und 2. Wachoffizier sind, gehen befehlsgemäß von Bord. Die Jolle und einige heile Flöße kommen schnell weitab, da unser Boot durch den Wind stark treibt.

Nun wird das Ende unseres Bootes kommen.

Einige Soldaten verteilen Zigaretten und Äpfel. Alle sind ruhig und gefaßt. Ernste, aber gute Stimmung. Ich gebe den Befehl, um gegen alle Möglichkeiten – etwa eines Versuchs, unser Boot aufzubringen – gesichert zu sein, das Boot klarzumachen zum Versenken.

Die Kreuzer halten weiter auf uns zu und eröffnen erneut das Feuer auf etwa 30 hm, das wir erwidern. Sie kommen schnell näher. Ein weiterer Treffer auf unserem Achterschiff. Zwei von unseren vier Geschützen schießen noch. Sehr langsamer Salventakt und ohne sichtbaren Erfolg bei den Kreuzern.

Als der Abstand zwischen uns bis auf 15 Hektometer (hm) abnimmt und unsere Abwehrkraft praktisch erloschen ist, gebe ich Befehl zum Verlassen des Bootes.

Der Leitende Ingenieur meldet mir, daß alles klar zum Versenken ist.

Die letzten Versuche, den Kutter klar zu bekommen, mißlingen, und es können nur noch einige wenige Flöße benutzt werden, da alle anderen Rettungsmittel im Gefecht zerstört oder über Bord gefetzt worden sind.

Die Kreuzer schießen immer noch weiter.

Ich gehe noch einmal von vorn nach achtern und wieder zurück. Wortlos begleitet mich der Leitende Ingenieur. Es sind für uns die schlimmsten Minuten des Tages. Zwischen den um uns zusammenschlagenden Wassermassen der gegnerischen Artillerieaufschläge sage ich ihm: »Sprengen!«

Wenig später verlassen der LI, der Schiffsarzt, zwei Wachmaschinisten, der Obersteuermann und einige Unteroffiziere als letzte mit mir das Boot unter unserer Flagge am Heck.*

Wir alle sind ohne Rettungsfloß und haben nur Schwimmwesten angezogen. Als wir uns einige hundert Meter von *T 25* frei geschwommen haben, beobachten wir noch einige Treffer im Boot.

Während die Kreuzer dann dicht am Boot stehen, gehen die im Vor- und Achterschiff zur Sprengung aufgestellten Wasserbomben hoch, und kurz danach sinkt *T 25* mit wehender Kriegsflagge langsam über den Vorsteven.

---

* Es ist etwa 15.40 Uhr, unsere ungefähre Position ist 46° Nord und 12° West.

Gruppenweise werden von den Überlebenden auf das Boot und auf die gefallenen Kameraden »drei Hurras« ausgebracht ... von einer Gruppe im Wasser wird das alte Flaggenlied angestimmt ...

T 25, ein Torpedoboot, nur ein halbes Jahr im Einsatz, aber bewährt in vielen Kämpfen und Unternehmungen, ist nicht mehr.

Die »Flottentorpedoboote 39« der deutschen Kriegsmarine von T 22 bis T 36 haben eine Wasserverdrängung von 1294/1754 t und eine Maschinenleistung von 32 000 PS für eine Geschwindigkeit von 32 Meilen. Diese großen Zwei-Schornstein-Boote sind 102 m lang, 10 m breit und haben einen Tiefgang von 3,20 m. Besatzungsstärke etwa 200 Mann.

Bewaffnung: vier Geschütze   Kaliber 10,5 cm (prakt. Reichweite 150 hm)
            vier Flak   3,7 cm
            acht Flak   2 cm
            sechs Torpedorohre   53,3 cm

Der Größe nach könnten diese Boote bei Anlegen eines internationalen Maßstabes in die Kategorie der Geleitzerstörer eingeordnet werden. Für Seegang und Dünung im Atlantik sind diese Fahrzeuge nur bedingt geeignet. Lange Dünung und Seegang führen zum starken Wasserschöpfen und damit auch zu erheblichen Verlusten an Geschwindigkeit, die ohnehin für einen Neubau unangemessen ist, weil sie nur für eine Höchstfahrt im Verband von 28/29 kn reicht. Somit sind unsere Torpedoboote in diesem Biskaya-Einsatz gemeinsam mit den schnellen Zerstörern (39 sm) eine gewisse Belastung gewesen. Außerdem ist der Aktionsradius der Boote sehr eingeschränkt durch die schlechte Relation von Brennstoffkapazität zu Brennstoffverbrauch.

Fahrstrecke bei 19 kn: 5000 sm (theoret.)
           bei 29 kn: 1000 sm (prakt.)

T 25 wurde am 12. November 1942 bei der Schichau-Werft in Elbing/Ostpreußen in Dienst gestellt.

Anmarsch zum Kriegseinsatz im Westen im Juli 1943.

Mit bewundernswerter Tapferkeit hat sich die teilweise sehr junge Besatzung geschlagen, früher schon und in den letzten schlaflosen Tagen und Nächten. Die feindlichen Kreuzer laufen in nordöstlicher Richtung mit hoher Fahrt ab. Vermutlich zu dem ebenfalls kampfunfähig geschossenen Zerstörer Z 27.

Ich treibe einige Stunden allein im Wasser.

Es ist kalt. Das Lederzeug hält die Körperwärme einige Zeit, aber nicht lange. See und Dünung rollen über mich hinweg. Immer und immer wieder muß man Wasser schlucken und es wieder herauswürgen. Die vergangenen Stunden laufen mehrfach vor mir ab, dann auch das ganze Leben. Ich habe intensiv darüber nachgedacht, wer nun bald traurig über meinen Tod sein würde. Die Situation ist doch ebenso klar wie aussichtslos. Hoffnung könnte nur durch ein Wunder erfüllt werden. Es wird dunkel. Die spanische Küste ist etwa 400 km, die französische Küste über 700 km entfernt!

Plötzlich werde ich einsamer Schwimmer von drei niedrig fliegenden britischen Bombern lautstark »geweckt«. Stunden später, im letzten Abendlicht, treiben sechs Flöße auf mich zu, die Insassen entdecken mich, und ich werde von meinen Männern aus dem Wasser gezogen.

Die Flöße sind voll, übervoll. Sie sind fast nicht zu sehen. Die Kameraden sitzen zwar im Floß und doch unter Wasser. Auch hier schlägt die See über uns, und wir kämpfen darum, uns auf den Flößen zu halten.

Während der dunklen, sehr kalten Nacht können wir in allen Richtungen, aber meist sehr weitab, rote Sterne und Rettungsbojenlichter sehen, haben aber mächtig mit uns zu tun, um nicht aus den Flößen herausgespült zu werden.

Wir sind mit uns beschäftigt, das ist wichtig. Wir machen uns aber auch sonst noch trotz des Halb-unter-Wasser-Liegens Bewegung, singen sogar und besprechen die Aussichten einer Rettung. In der Gemeinschaft wird man positiver, als wenn man allein mit sich ringt. Hier sieht niemand schwarz.

Die Verbindungsleinen zwischen den Flößen sind nicht stark genug, sie reißen dauernd, und dann treiben wir schnell auseinander. Mit Schwimmkraft müssen wir uns wieder zueinanderquälen.

Das ist eine schwere, sehr kalte Nacht und eine lange! Aber es ist nicht die erste schwere Nacht. Wir haben schon mehrere schwere Nächte hinter uns.

Seit dem 23. Dezember frühmorgens, also seit sechs Tagen oder seit mehr als 140 Stunden, sind wir in nahezu ununterbrochenem Einsatz und haben fast alle unsere Kojen kaum gesehen. Zwei Unternehmungen voller Ereignisse, voller Spannungen und ständiger Erwartung von Überraschungen haben uns hart zugesetzt. Wie es dazu gekommen ist, wurde auf den Seiten 157 bis 164 ausführlich beschrieben.

Unser kleiner Haufen auf sieben kaputten Flößen treibt weiter durch die Nacht. Und friert gottsjämmerlich. Und schwimmt im Sitzen – immer bemüht, daß alle zusammenbleiben.

Morgens gegen 05.00 Uhr werden wir alle ganz schnell hellwach. Wir sichten im Westen einen kleinen, das Wasser absuchenden Scheinwerfer. Alle haben ihn gesehen – Hoffnung auf Rettung steigt zur Gewißheit. Nun erst lasse ich das erste und dann ein zweites Kalziumlicht anzünden.

Das Fahrzeug mit dem Scheinwerfer kommt näher und schließlich auf dichteste Nähe heran. Als eine Vartalampe aufleuchtet, erkennen wir ein U-Boot. Ein U-Boot? In diesem Raum? Sollte das etwa ein deutsches sein? Nun hören wir auch deutsche Kommandos.

10

Das U-Boot arbeitet heftig in der Dünung und setzt sich luvwärts von uns. Man wirft uns eine Leine herüber. Mit ihr holen wir uns an das Boot heran. Einzeln muß jeder von uns aus den Flößen gezogen werden, und wir fallen kraftlos an Deck, um dann in das Boot hinuntergetragen zu werden.

Als ich mich bei dem Kommandanten, Oberleutnant zur See Lange, an Bord melde, höre ich, daß wir auf *U 505* sind.

Das Boot hatte schon vor uns die Besatzung zweier Flöße mit Kameraden von unserem *T 25* aus dem Wasser holen können, sieht nun aber kein Notzeichen und keine treibenden Flöße mehr und muß vor Beginn der Frühdämmerung unbedingt die Rettungsaktion abbrechen und tauchen.

In rührender Kameradschaft tut man auf dem Boot alles, um uns wieder auf die Beine zu bringen. Während der ganzen Heimfahrt verzichtet die Bootsbesatzung trotz unserer Ablehnung auf ihre Kojen.

Noch aber verbleibt das U-Boot an gleicher Stelle und kann am Abend weitere fünf Soldaten von *T 25*, die nun schon 30 Stunden im kalten Wasser gelegen hatten, bergen! Bei dieser Aktion, bei der wieder viele rote Signalsterne beobachtet werden konnten, stößt Oblt. Lange auf einen bereits durch Funkspruch angekündigten kleinen irischen Dampfer, der ebenfalls beim Retten Schiffbrüchiger ist.

Wie sind wir eigentlich zu dem kaum glaubhaften Glück der Rettung gekommen?

Das Kriegstagebuch von *U 505 sagt aus:*
U 505 läuft am **25. Dezember** aus Lorient mit dem Ziel Goldküste/Elfenbeinküste/Westafrika aus. – Am **28. Dezember** werden während der Tauchfahrt zwischen 14.00 und 16.00 Uhr schwere Detonationen gehört (unser Artilleriegefecht[!], der Verfasser).
Um 19.10 Uhr erhalten vier im Raum befindliche U-Boote Funkbefehl zum Ansteuern von Marine-Planquadrat BE 6938. Um 20.04 Uhr taucht *U 505* auf. Ein Funkspruch trifft mit der Aufforderung zur Hilfeleistung Schiffbrüchiger von deutschen Zerstörern und Torpedobooten ein.
Am **29. Dezember** 04.00 Uhr nimmt das Boot in Quadrat 4745 von zwei einzeln schwimmenden Rettungsflößen die Insassen auf und um 05.00 Uhr die Besatzungen von sieben zusammengebundenen Flößen, worin der Kdt. von *T 25* und 28 Mann seiner Besatzung. 06.10 Uhr getaucht. Feindliche Flugboote in Aktion. 18.38 Uhr aufgetaucht. 19.15 Uhr: fünf Mann von *T 25* von zwei einzelnen Flößen werden geborgen.
Um 22.43 Uhr geht der Funkspruch an die Gruppe West: Kdt. und 33 Mann seiner Besatzung von *T 25* geborgen, trete Rückmarsch an. Am **30. Dezember** geht Funkspruch vom Führer der U-Boote West ein: Einlaufhafen für *U 505* ist Brest. Zwei Luftangriffe auf das Boot während der Unterwasserfahrt. **1944. 2. Januar:** 12.44 Uhr in Brest festgemacht.

Im Hafen hören wir nun erst von dem ganzen Umfang der Verluste des Biskaya-Gefechtes. Außer unserem *T 25* gingen noch *T 26* und *Z 27* verloren. Wir haben sehr viele Kameraden verloren, denn die drei gesunkenen Einheiten hatten zusammen etwa 740 Mann, von denen aber nur 293 Mann gerettet werden konnten.

An der Rettung hatten sich außer *U 505* (34 Mann), *U 618* (Oblt. z. S. Baberg, 21 Mann) noch weitere Einheiten beteiligt, nämlich der irische 335-BRT-Frachtdampfer *Kerlogue*, der auf dem Weg von Lissabon nach Dublin war (168 Mann), der britische Minensucher *Seaham* (64 Mann) und schließlich zwei spanische Zerstörer (6 Mann).

447 Kameraden werden wir nicht wiedersehen. Wir Überlebenden aber haben dem Schicksal und *U 505* zu danken. Wir hatten unglaubliches Glück.

Dieses Glück hatte das U-Boot vor und nach unserer Rettung nicht. Es war ein Boot ohne »fortune« – ein recht unglückliches Boot mit ständigen Schäden und Ausfällen, das schließlich auch noch am 4. Juni 1944 im Nordatlantik auf 21° 30' Nord und 19° 20' West durch zwei amerikanische Flugzeuge von dem Flugzeugträger *Guadalcanal* und die amerikanischen Zerstörer *Jenks*, *Pillsbury* und *Chatelain* gekapert und nach den Bermudas geschleppt wurde.

Die Besatzung mit fünf Offizieren und 53 Mann geriet in Gefangenschaft.

Mit unserer Rettung durch das U-Boot hatte sich die U-Boot-Waffe insgesamt für eine Aktion bedankt, bei der wir vor fast fünf Monaten an fast der gleichen Stelle am Rande der Biskaya eine schiffbrüchige U-Boot-Besatzung bergen konnten.

Der Bericht darüber wird auf den Seiten 165 bis 169 wiedergegeben.

Verfrühte Vorfreude auf Italien

Nach Durchführung der mit dem Verlust der Kameraden und des Bootes zusammenhängenden Aufgaben in Brest fahre ich zum Marinegruppenkommando West nach Paris und berichte dort als einziger geretteter Offizier über den Gefechtsablauf in der Biskaya und besonders über das, was ich bei den beiden anderen in Verlust geratenen Booten Z 27 und T 26 beobachtet habe. An Hand der Unterlagen über unser letztes Gefecht, die ich mit den Geretteten unseres Bootes zusammenstellte, schrieb ich die letzten Seiten des T 25-Kriegstagebuches (K.T.B.). Dann habe ich noch die Aufgabe der Auswertung der KTBs aller am Gefecht beteiligt gewesenen Zerstörer und Torpedoboote. Von Paris aus fahre ich zur Meldung nach Swinemünde zum Führer der Zerstörer und Torpedoboote und berichte dem Kapitän zur See Max-Eckart Wolff, der für den auf der Scharnhorst am 26. Dezember 1943 gefallenen Konteradmiral Bey die Geschäfte führt, über das Geschehen im Westen.

Anschließend nimmt mich der Chef des Stabes vom FdZ beiseite. Meine Spannung steigt, denn nun muß ja wohl etwas über meine weitere Verwendung kommen.

»Gartzen – wir haben ein neues schönes Kommando für Sie – in Italien!« – »Wie bitte – in Italien? Da haben wir doch gar keine Schiffe? Wollen Sie mich etwa an Land setzen?« – »Nein, Sie fahren wieder zur See, Sie werden Chef einer neu aufzustellenden Torpedobootsflottille in La Spezia!«

Für mehrere Augenblicke bin ich regelrecht sprachlos. Ich kann mir von meinem neuen Kommando nicht die geringste Vorstellung machen. Aber auch die anderen wissen nicht viel mehr.

Wieso haben wir plötzlich deutsche Torpedoboote im Mittelmeer? Nie etwas davon gehört.

Plötzlich bricht eine Vorfreude in mir durch: Nicht mehr »Kanalarbeiter« unter den Augen des Gegners, Nacht für Nacht Geleitzüge durch den englischen Kanal durchbringen, immer neue Gefechte mit britischen Kreuzern, Zerstörern und Schnellbooten, nicht mehr die zahllosen Fliegeralarme und Angriffe mit ständig künstlichem Nebel, nicht mehr diese verdammte, völlig feindverseuchte Biskaya.

Mensch, statt dessen blauer Himmel, mildes Klima, Palmen und schöne Blumen. Feine Badestrände – und der Feind weit weg!

13

Meine Erwartungen werden bei meiner nachfolgenden Neueinkleidung noch verstärkt, denn man rät mir dringend zur Mitnahme von Khakiuniform!

Mit den Temperaturen erlebe ich dann Mitte Februar in Florenz prompt meine erste Enttäuschung. Und als ich dann auch noch keine Anschlußzüge für die nächste Zeit in Richtung Pisa – La Spezia finde und mich per Wagen abholen lassen muß, da sind meine freudigen Erwartungen etwas gestört.

Aber dafür begrüßen mich meine neuen Kommandanten am 14. Februar 1944 in La Spezia sehr nett.

Am nächsten Morgen sehe ich mir mit einiger Verwunderung die ersten einsatzbereiten Boote an und frage natürlich:

»Wo habt Ihr die denn hergekriegt?«

»Das sind alles italienische Boote, die wir letztes Jahr im Herbst beim Abfall Italiens von der »Achse Berlin – Rom« erbeutet oder inzwischen fertiggebaut haben.«

Nachdem ich vor meinen Frankreich-Einsätzen mit T 25 annähernd drei Jahre im höchsten Norden Norwegens auf Zerstörern nur wenig über das Kriegsgeschehen an anderen Fronten gehört habe und allenfalls den täglichen, natürlich auf Siege und Erfolgsmeldungen ausgerichteten Wehrmachtbericht über Funk erhielt – mit dem man ein wahres Bild von der Lage jedoch nicht bekommen konnte –, waren mir auch die Vorgänge im Mittelmeer so gut wie unbekannt. Sowohl Italiens Feldzug gegen Griechenland, der ohne Wissen Deutschlands im Oktober 1940 unternommen wurde, als auch der Afrikafeldzug, der im September 1940 begonnen hatte, zeigten deutlich die militärische Schwäche des italienischen Kriegspartners, so daß zuerst Ende 1940 ein Fliegerkorps und zwei Monate später zwei Panzerverbände aus Deutschland unter General Rommel zur Hilfe eilen mußten.

Obwohl Italien über eine sehr beachtliche Kriegsflotte verfügte, mußten schon 1941 über Rhein, Rhône-Rhein-Kanal und Rhône erst die deutsche 3. Schnellbootsflottille unter Kaptlt. Kemnade und später auch die 7. Schnellbootsflottille unter Kaptlt. Trummer nach Italien überführt werden, um die Italiener bei ihren Kämpfen entlang der Küsten zu unterstützen. Als dann die Alliierten mit der Verminung italienischer Häfen begannen, wurden aus Deutschland – ebenfalls auf dem Land- und Seeweg – 24 kleinere Räumboote und 34 Marinefahrprähme in Marsch gesetzt.

Ende September 1941 lief die erste deutsche U-Boot-Gruppe durch die Straße von Gibraltar in das Mittelmeer. Nach und nach folgten weitere, die aus der Schlacht im Atlantik herausgezogen werden mußten. Ihre Aufgaben bestanden darin, den eigenen Nachschub nach Afrika zu sichern und den gegnerischen zu stören resp. zu unterbinden. Große Erfolge hatten unsere Boote besonders gegen die Malta-Konvois, aber auch schwere Verluste.

Die 3. Schnellbootflottille hat 1942 verwegene Mineneinsätze um die Insel Malta und vor dem Hafen La Valetta durchgeführt.

Ein erbeuteter griechischer Zerstörer mit deutscher Besatzung, mit dem Namen *Hermes* unter dem Kommando des Fregattenkapitäns Rechel fahrend, hat zusammen mit italienischen Flotteneinheiten große Erfolge bei den Geleitzugschlachten auf den Wegen nach Afrika aufzuweisen.

Der Kampf auf afrikanischem Boden tobte bis zum Mai 1943. Die Kräfte der Achsenmächte wurden dabei immer weiter zurückgedrängt und mußten sich aufgrund fehlenden Nachschubs, der infolge der eindeutigen Luft- und Seeherrschaft der Alliierten eintrat, am 11. Mai 1943 im Gebiet Tunis ergeben.

130 000 deutsche und 120 000 italienische Soldaten legten die Waffen nieder.

Der Afrikafeldzug ging nicht verloren, weil unsere Kräfte schlecht kämpften, im Gegenteil, aber sie wurden hinter ihrem Rücken in jeder Beziehung ausgehungert.

Die Nachschubverluste beliefen sich auf bis zu 100 000 Bruttoregister-Tonnen monatlich. Truppenersatz, Treibstoff und Munition – und ganz besonders Verpflegung – blieben immer häufiger aus.

Großbritannien hat nie seine starken Festungen und Stützpunkte Gibraltar, Malta und Ägypten ernsthaft in Gefahr gesehen. Aber die italienischen Streitkräfte haben sich zu den Zeiten, da sie sich mit Malta und Gibraltar hätten beschäftigen können und als diese Punkte noch verhältnismäßig schwach armiert waren, zu keinem energischen Angriff entschließen können. Im Laufe der Kriegsjahre aber wurden diese Stützpunkte mächtig ausgebaut und hielten jeden Angriff aus.

Und von hier aus sicherten die Alliierten ihre Luft- und Seeherrschaft im Mittelmeer und unterbanden den für unsere Truppen notwendigen Seetransport über größere Entfernungen.

Eine überaus große Kriegsflotte, sehr starke Bomber- und Torpedoflugzeugverbände, viele U-Boote vermochten aber den eigenen Nachschub sicherzustellen.

Die schwersten Luftangriffe gegen Malta wurden dann von deutschen Maschinen im Spätfrühjahr 1942 geflogen. Allein im April 4500 Einsätze. Aber eine Landung auf Malta unterblieb.

Nach Abwürgen des Afrikafeldzuges konnten sich die Alliierten nun auf ihr nächstes Ziel, die Landung auf dem europäischen Kontinent, konzentrieren.

Im Juni 1943 landeten sie auf den Inseln Pantelleria und Lampedusa und begannen zugleich mit schwersten Luftangriffen auf die Häfen und Flugplätze Siziliens. Die Wende des Krieges begann sich auch im Süden abzuzeichnen.

Am 10. Juli 1943 landeten 160 000 britische und amerikanische Truppen an den Küsten von Sizilien – bei einem Einsatz der Marinen von 6 Schlachtschiffen, 15 Kreuzern, 128 Zerstörern, 2 Flugzeugträgern, 26 U-Booten, 422 sonstigen Kriegsschiffen, 1800 Landungsfahrzeugen, 237 Transportschiffen und von fast 4000 Flugzeugen. Das heißt, daß sie mit einer Kampfkraft der Seestreitkräfte operierten, die nicht viel geringer war als die bei der späteren Landung in der Normandie im Juni 1944!

Die ständigen Niederlagen, die immer stärkeren Rückschläge bei den italienischen Streitkräften seit Eintritt Italiens in den Krieg ließen nun zunehmend deren Kampfgeist und deren Widerstandswillen sinken.

Das zeigte sich erschreckend deutlich auf Sizilien, wo sich starke italienische Truppeneinheiten auflösten, weiße Fahnen gezeigt wurden oder die Truppen kampflos zum Gegner überliefen. Nur drei deutsche Divisionen leisteten im Brückenkopf um den Ätna erbitterten Widerstand.

Über die nun folgende Zeit schreibt die deutsche Seekriegsleitung in den »Mittelmeer-Lageberichten«:

> Am 25. Juli 1943 fand in Rom ein Regierungsumsturz statt, der die Beseitigung des Duce und des faschistischen Regimes zur Folge hatte. Der König ernannte Marschall Badoglio zum neuen Regierungschef. Die neue Regierung gab die Erklärung ab, den Krieg fortzusetzen. Die Kampfhandlungen gingen weiter.
>
> 15. August: Die Zusammenarbeit mit der italienischen Marine ist weiterhin gut.
> 31. August: Die Kriegsmüdigkeit der italienischen Bevölkerung nimmt zu, doch nach außen ergeben sich noch keine bedenklichen Anzeichen.
> 8. September: Abends verbreiteten Feindpresse und Rundfunk die Nachricht von der bedingungslosen Kapitulation Italiens. Der Waffenstillstandsvertrag wurde bereits am 3. September von der Badoglio-Regierung unterzeichnet.
> Der Oberbefehlshaber der alliierten Seestreitkräfte im Mittelmeer, Admiral Cunningham, forderte die italienische Marine auf, die Flotte und Handelsschiffe in einen Hafen des ostwärtigen Mittelmeeres, nach Malta oder nach Gibraltar, zu überführen.
> Diesem Verlangen kam der größte Teil der italienischen Flotte unverzüglich nach. Noch im Laufe einer Nacht verließen fast alle fahrbereiten italienischen Kriegsschiffe ihre Stützpunkte, um sich in Feindeshand zu begeben.

Die italienische Flotte unter dem Admiral Bergamini lief von La Spezia mit den Schlachtschiffen *Roma*, *Vittorio Veneto* und *Italia*, den Kreuzern *Duca D'Aosta*, *Montecuccoli* und *Eugenio di Savoia* sowie acht Zerstörern aus und traf mit den Marineeinheiten, die aus Genua kamen, zusammen. Hierbei handelte es sich um die Kreuzer *Garibaldi*, *Regolo* und *Duca degli Abruzzi*. Dieser Flottenverband wurde von der deutschen Luftaufklärung erfaßt und in

Die Flottentorpedoboote *T 25* und *T 22* während des Gefechts am 28. Dezember 1943 am Rande der Biskaya. Die Boote nehmen bei ihrer zwangsläufig hohen Fahrtstufe gewaltige Wassermassen über. Man kann sich leicht vorstellen, mit welchen Schwierigkeiten dabei alle Waffen zu kämpfen hatten.

Flottentorpedoboot *T 25*, dessen Kommandant der Verfasser war, bei Höchstfahrt. Oberhalb der Brücke ist die sogenannte Matratze des Funkmeß-Ortungsgerätes (Radar) zu erkennen – eines Gerätes, das den TA-Booten im Mittelmeer leider allzu lange fehlte.

H.M.S *Enterprise*, einer der beiden weit überlegenen Gegner beim Biskaya-Gefecht. Das Foto zeigt den Kreuzer nach Rückkehr in die Heimatbasis Plymouth (7580 ts Wasserverdrängung, Hauptbewaffnung 7-15,2-cm-Seezielgeschütze, 5-10,2-cm-Flak, 16 Torpedorohre 53,3 cm.

Der ebenfalls in Verlust geratene deutsche Zerstörer *Z 27*, auf dem der Chef der Unternehmung, Kapitän zur See Erdmenger, der Kommandant, Korvettenkapitän Günther Schultz, und der Großteil der Besatzung fielen.

Gefechtsbild von dem zweiten britischen Kreuzer H.S.M. *Glasgow* (9100 ts Wasserverdrängung, Hauptbewaffnung 12-15,2-cm-Seezielgeschütze, 8-10,2-cm-Flak, 6 Torpedorohre 53,3 cm). ▽

der Straße von Bonifacio zwischen Korsika und Sardinien von 11 deutschen Kampfflugzeugen des Typs Do 217 mit Gleitbomben angegriffen. Die *Roma* erhielt einen Volltreffer und sank mit dem Befehlshaber. Auch die *Italia* wurde schwer beschädigt. Zwei Zerstörer gingen unter.

Während die großen Einheiten nach Malta liefen, gingen die kleineren teils nach Bône/Algerien, teils ließen sie sich auf den Balearen internieren.

Von Tarent und aus den Häfen der Adria fuhren weitere Kriegsschiffe nach Malta: die Schlachtschiffe *Andrea Doria, Caio Duilio* und *Giulio Cesare*, das Flugzeugmutterschiff *Guiseppe Miraglia* und die Kreuzer *Cadorna, Pompeo Magno* sowie zwei weitere Zerstörer.

Nicht einsatzbereite Schiffe der italienischen Flotte wurden von ihren Besatzungen in den Häfen versenkt, darunter auch einige Kreuzer.

Deutsche Gegenmaßnahmen kamen aus Mangel an Zeit und Mangel an Seestreitkräften nur zur schwachen Entfaltung.

Nach Feindmeldungen erreichten insgesamt fünf Schlachtschiffe, acht Kreuzer, 27 Zerstörer und Torpedoboote, 19 U-Boote und 40 Hilfsschiffe Häfen des Gegners.

Nach dem Überlaufen der italienischen Flotte war die Seeherrschaft der alliierten Streitkräfte auch im Mittelmeer vollkommen. Wir konnten ihnen nur kleine Küstenfahrzeuge entgegensetzen.

Unter welchen Umständen deutsche Marine-Einheiten im Mittelmeer den Abfall Italiens und die anschließende Übernahme einzelner Italiener-Boote erlebten, schildert der ehemalige Kapitänleutnant Otto Reinhardt, der heute in Stuttgart lebt. Er hatte am 3. Juli 1943 in Toulon-La Seine das ehemals französische Torpedoboot *Bombarde* unter der neuen Bezeichnung *TA 9* übernommen.* Es gehörte seinerzeit noch zur 4. Geleitflottille. Otto Reinhardt schreibt:

»Erstes Auslaufen von *TA 9* unter meinem Kommando war am 6. oder 7. Juli 1943. Wir hatten eine Geleitaufgabe auf der Route Toulon – Ajaccio – Maddalena – Elba – Genua. Dann folgten weitere Einsätze, zusammen mit *TA 11*, ex franz. *L'Iphigenie* bis in die Höhe von Sizilien.

Kurz vor der italienischen Kapitulation wurde die 4. Geleitflottille aufgelöst und die 3. Geleitflottille unter Korvettenkapitän Kramer neu aufgestellt. Ihr wurde mein Boot *TA 9* und auch *TA 11* unterstellt.

Am 8. September 1943 lagen *TA 9/TA 11* zur Maschinen-Überholung in Torre Annunciata vor Pompeji. Volksfestartiger Trubel auf den Straßen veranlaßte mich,

---

* Die Abkürzung TA bedeutete »Torpedoboot Ausland«. Nach dem Einmarsch ins bis dahin unbesetzt gewesene Südfrankreich (»Vichy-Frankreich«) im Herbst 1942 war das genannte Boot *TA 9* – wie auch drei andere Torpedoboote – in Toulon erbeutet worden. Hinzu kamen noch einige französische Avisos und Patrouillenboote. Sie alle mußten wegen ihrer Schäden repariert werden, die sie durch Selbstversenkung oder Sprengung erlitten hatten.

den ital. Signalgefreiten Palmosi auszuschicken. Palmosi kam schluchzend zurück und meldete: ›Ich schäme mich so, diese Kerle haben doch kapituliert.‹ Auf seinen Wunsch wurde er sofort als deutscher Signalgefreiter eingekleidet.

TA 9/TA 11 machten sofort seeklar und liefen mit nur einer betriebsbereiten Maschine aus. Die Neapelbucht lag in hellem Mondschein; über Capri sahen wir den Gefechtsschein von Salerno und hörten die Bomben-Teppiche. Flugzeuge brummten über uns, aber wir verhielten uns mausestill. Zu unserem Ärger bat uns ein Tanker, der aus Neapel geflohen war, um Geleitschutz. Wir krochen im Küstenschatten nach Norden, standen aber vor Gaeta in hellstem Schein, da auf Festung und Stadt ein alliierter Bombenangriff erfolgte. Dieser befreite uns jedoch von dem Tanker, der kehrtmachte.

Wir konnten in der Nacht seewärts Zerstörer beobachten, die nach Norden liefen. Es begegneten uns aber auch ital. Einheiten, die bei unserem Erscheinen nach Norden aufdrehten und ihr ›Eviva Mussolini – Eviva Hitler‹ schrieen und anschließend Torpedos auf uns schossen. Die folgenden Italiener erhielten natürlich gleich Zunder! Da wir nicht genug Öl hatten, gingen wir im ersten Licht vor Piombino vor Anker. Kurze Zeit später kamen um die Nordecke 5 ital. S-Boote. Wir richteten sofort unsere Geschütze auf sie und ließen durch unsere ital. Signalgäste Befehl geben: ›Sofort Einlaufen zur Entwaffnung‹, während wir unsere Anker schnell lichteten, deren Ketten allerdings nur »kurz Stag« gesetzt waren. Nach kurzem, nervenkitzelndem Zögern, die Torpedorohre auf uns gerichtet, liefen die S-Boote, gefolgt von uns, ein. Wir mußten feststellen, daß die Stadt von ital. Panzern besetzt war, die ihre Geschütze auf den Hafen gerichtet hatten. Wir konnten die Besatzungen auch nicht zu einem Gespräch aus ihren Eisenkästen herauslocken; es war ein komischer Anblick, wie wir immer um die Panzer herumtanzten, um nicht in den Schußbereich ihrer Waffen zu kommen, während die Panzer immer drehten – aus Angst, wir würden ihnen ein paar ›verpassen‹.

Kaptltn. Albrand beschloß, Kontakt zu dem Panzerkommandeur aufzunehmen, während ich an die Ölpier ging, um wenigstens halb vollzutanken, damit TA 11 noch vor Dunkelheit auch Öl nehmen konnte.

Kaptlt. Albrand kam mit der Absprache ›italienische Panzer die Stadt – Deutsche den Hafen‹ zurück und befahl mir, in der Mitte des Hafens zu ankern. Mein Vorschlag, daß TA 11 jetzt tanken sollte, wurde von ihm nicht angenommen; TA 11 blieb an der Pier liegen, ohne zu bunkern. Da der Ankerplatz mit Bug hafeneinwärts eingenommen werden mußte, verweigerte ich den Befehl und ging mit TA 9 weit außerhalb des Hafens vor Anker.

Mit Einbruch der Dunkelheit begann der Feuerzauber. Fast alle deutschen Einheiten im Hafen wurden von den Panzern vernichtet. TA 9 ging ankerauf und hat dann die Stadt und die Batterien in der Bucht unter Feuer genommen. Nach Verschuß der gesamten schweren Munition ging TA 9 nicht mit dem einzigen herausgekommenen deutschen Schiff, einem Fährprahm, durch die Piombino-Straße, da hier eine 24-cm-Batterie der Italiener stand, sondern südl. um Elba herum, auch wenn die Gefahr bestand, westlich von Elba auf Gegner zu stoßen. Unser Funkspruch ›Frage: Livorno frei?‹ blieb unbeantwortet; wir hatten vor und nach der italienischen Kapitulation keinen einzigen Funkspruch oder Befehl von oben erhalten.

Wir tasteten uns im ersten Morgengrauen an Livorno heran und konnten zu unserer Erleichterung deutsche Schiffe mit Kriegsflagge erkennen. Auf der Pier wartete ein Kradmelder mit Fernschreiben ›Livorno frei‹; wir waren angenehm überrascht über unsere mitdenkende Führung! Unsere Erzählung von Piombino veranlaßte eine Gruppe R-Boote der 11. R-Flottille unter ihrem ÄK*, ohne Befehl in der Nacht nach Piombino zu laufen und die Stadt und den Gasometer zu beharken. Gegenwehr erfolgte nicht, da die italienischen Panzer nach Elba übergesetzt hatten.

Wenige Tage später wurden wir mit Gebirgsjägern beladen und liefen zur Besetzung Elbas nach Porto Ferraio ein, während gleichzeitig Fallschirm-Truppen absprangen. An der Pier lag *Impavido*, das spätere *TA 23*, das sich mit anderen Einheiten geweigert hatte, zu den Alliierten überzugehen.

Da *TA 9* nicht mehr viel wert war, befahl KKpt. Kramer, das Boot mit einer geringen Besatzung nach Toulon abzuliefern, während die übrige Besatzung das ebenfalls erbeutete uralte T-Boot *Generale Achille Papa* kriegsbereit machen sollte, obwohl nun an der Pier das wertvolle spätere *TA 23* lag.

Das Glück half uns. Ich saß am Abend mit meinen Offizieren im Columbia-Hotel in Genua beim Essen, als ein aufgeregt wieselflinker, dicker Leutnant allen im Saal mitteilte, daß gleich der Admiral (Meendsen-Bohlken) erscheinen würde. Es hat dem Admiral offensichtlich gefallen, daß wir als einzige Offiziere aufstanden und eine zackige Ehrenbezeigung hinlegten, während die übrigen Offiziere nur ein wohlwollendes Heilhitlerchen im Sitzen zelebrierten. Der Admiral ließ mich kommen und verlangte Meldung. Ich meldete mein Bedauern, daß ich eine eingefahrene Zerstörer-Besatzung auseinanderreißen müßte, während ich beim *Impavido* meine Besatzung behalten könnte. Der Admiral: ›*Sie stellen den Impavido in Dienst, machen mir aber auch nebenbei den Papa fertig*‹ (TA 9 hatte 140 Mann Besatzung, während *TA 23* zum Schluß 200 Mann hatte).

Wir bauten dann alles an Fla-Geschützen auf *TA 9* aus und fuhren nach Toulon mit 2-cm- bis 10-cm-Geschützen und einer 2-cm-Flak ohne Munition. Wir standen schön ›auf Stützen‹, als uns ein Aufklärer längere Zeit begleitete; es ging aber gut. Natürlich hatte das unserem Flottillenchef ganz und gar nicht gepaßt, als er uns an *TA 23* herumwerkeln sah. Aber gegen den Befehl des Admirals wollte er lieber nicht eingreifen. Dennoch haben Korvettenkapitän Kramer und ich uns weiterhin gut verstanden und harmonisch zusammengearbeitet.

Übrigens wurden Befehle damals keineswegs immer und gedankenlos ausgeführt, wie es allgemein immer behauptet wird. Als ich mich weigerte, mit *TA 9* im Hafen von Piombino liegenzubleiben und das Boot zur Zielscheibe der abtrünnig gewordenen italienischen Panzer zu machen, hat mir das zwar jemand als ›Befehlsverweigerung vor dem Feind‹ anlasten wollen. Aber bezeichnenderweise hat Admiral Meendsen-Bohlken an den Rand gekritzelt: ›*Hat ein Boot gerettet!*‹ Und damit war dieser Fall für alle Beteiligten erledigt.«

---

* Die Abkürzung ÄK, gesprochen »Ärger-Karl«, bedeutet: Ältester Kommandant.

Soweit der damalige Kapitänleutnant Reinhardt.

Es war darum Aufgabe der deutschen Marine, schnellstens Personal in Marsch zu setzen, das die zurückgebliebenen, nicht fahrbereiten italienischen Zerstörer und Torpedoboote einsatzfähig zu machen hatte. Größere Einheiten waren nicht verfügbar. Die in Frage kommenden Schiffe waren aber entweder bereits außer Dienst gestellt, oder sie waren noch im Bauzustand – oder sie mußten repariert werden.

Insgesamt wurden im Verlauf des Krieges im italienischen Raum 35 Zerstörer und Torpedoboote erbeutet und unter deutscher Flagge in Dienst gestellt.

König Viktor Emanuel und sein Ministerpräsident Badoglio flohen zusammen mit der Regierung nach Süditalien zu den Alliierten.

Am 13. Oktober 1943 erklärte die königliche Regierung dem deutschen Reich den Krieg. Die italienischen Truppen, die sich den deutschen nicht anschlossen, wurden darauf gefangengenommen.

Mussolini aber, den die inzwischen zum Gegner übergelaufene Regierung festgesetzt hatte, wurde von deutschen Spezialtruppen aus seiner Gefangenschaft im Berghotel auf dem Gran Sasso/Apennin befreit. Er gründete eine neue Partei, die Republica Sociale Italiana, in Norditalien, die aber unter der deutschen Besetzung praktisch ohne Gewalt war.

Sein Minister der Einheiten des republikanisch-faschistischen Staates für die nationale Verteidigung Italiens wurde Marschall Graziani.

Mussolinis erneutes Auftreten und sein Machtanspruch führten in Mittel- und Norditalien zu starken Gegenreaktionen bei der Bevölkerung und zur Bildung von »Nationalen Befreiungskomitees«, die von den Alliierten auf dem Land- oder Luftweg mit allem, was für den Kampf im Untergrund erforderlich war, unterstützt und später auch von geeigneten Militärs geschult wurden. Diese Partisanen kämpften im Rücken der Front. Sie zerstörten Nachschub und Nachschubwege (Eisenbahnen, Brücken und Straßen), machten zuerst einsame, später alle Gegenden zu zusätzlichen Kampfgebieten, führten Sabotageakte durch, zersetzten die Moral der noch auf deutscher Seite kämpfenden Italiener und führten so zur Zersplitterung unserer Kräfte und damit zur erheblichen Schwächung. Die gegen unsere Truppen eingesetzten Partisanen werden auf 60000 geschätzt.

Inzwischen war eine zweite Großlandung der alliierten Kräfte bei Salerno – und damit auf dem italienischen Festland – erfolgt (9. September 1943).

Eine weitere große Landung erfolgte Mitte Januar 1944 nördlich der Kampflinie als Landekopf bei Nettuno. Mit weiteren Landungen auf dem italienischen Festland mußte jederzeit gerechnet werden.

Die Front im Binnenland aber schob sich mit wechselnder Geschwindigkeit und unter ungeheurem Materialeinsatz auf beiden Seiten nordwärts.

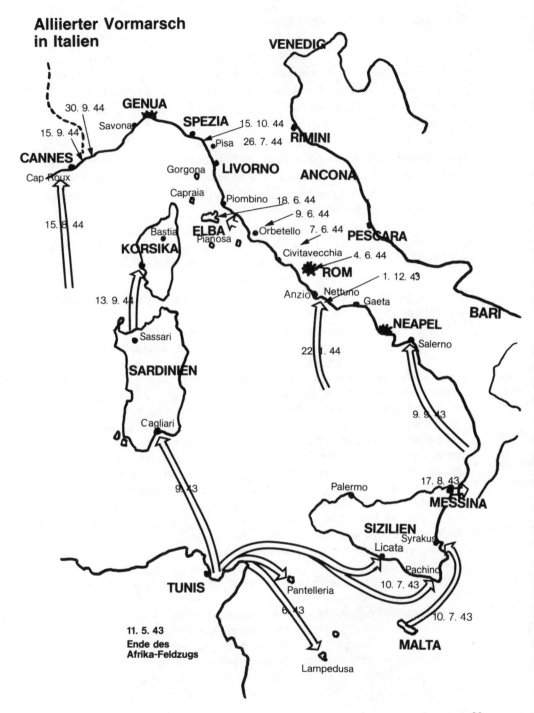

Alliierter Vormarsch in Italien

VENEDIG

30. 9. 44
GENUA
Savona
SPEZIA
15. 10. 44
Pisa
26. 7. 44
RIMINI

15. 9. 44

CANNES
Cap Roux

Gorgona
LIVORNO
ANCONA

Capraia

Piombino
18. 6. 44

15. 8. 44

Bastia
ELBA
Pianosa
9. 6. 44
Orbetello
7. 6. 44
PESCARA

KORSIKA

Civitavecchia
4. 6. 44
ROM
1. 12. 43

Anzio
Nettuno
Gaeta

13. 9. 44

BARI

NEAPEL

Sassari

22. 1. 44

Salerno

SARDINIEN

9. 9. 43

Cagliari

Palermo
17. 8. 43

9. 43

MESSINA

SIZILIEN
Syrakus
Licata

TUNIS

Pachino
10. 7. 43

Pantelleria

11. 5. 43
Ende des
Afrika-Feldzugs

6. 43

10. 7. 43

MALTA

Lampedusa

23

15. Februar 1944: Nachdem ich mich beim Kommandierenden Admiral des Deutschen Marinekommandos Italien, Vizeadmiral Meendsen-Bohlken, gemeldet habe, erhalte ich von ihm Weisungen über die Aufgaben der neuen Torpedobootsflottille und einen ungeschminkten Überblick über die Frontlage. Ziemlich jäh zerstäuben meine Wonneträume von der ruhigen Front im warmen Süden. Mir wird schlagartig klar, daß die Lage hier genauso bitterernst ist wie an allen anderen Fronten.

Das Marinekommando Italien (MarKdo. Italien) hatte Ende 1941, als die ersten deutschen Seestreitkräfte in das Mittelmeer verlegt wurden, seine Arbeit aufgenommen. Dem Befehlshaber unterstanden alle in Italien (und vorher auch in Nordafrika) eingesetzten Überwasserstreitkräfte wie auch Truppenkommandos der deutschen Kriegsmarine an Land.

Die 10. Torpedobootsflottille (10. T.Fl.) wird einsatzmäßig und truppendienstlich dem MarKdo. Italien unterstellt, wird taktisch von der 7. Sicherungsdivision (7. SiDi.) geführt und gehört personell zum Verband des Führers der Zerstörer und Torpedoboote (FdZ).

Die mir gegebene Lagesituation drückt der Admiral in seinem monatlichen »Lagebericht an das Oberkommando der Kriegsmarine« so aus:

»Aufgabe der Kriegsmarine in diesem entscheidenden Kampf ist in erster Linie Sicherstellung der Versorgung für die kämpfende Front, daneben Verteidigung der Küsten gegen Feindlandung. Ich habe große Sorge, daß diese Aufgaben mit den vorhandenen Kräften eines Tages nicht mehr durchzuführen sind. In erster Linie fehlt es an der Luftsicherung. Der Kampf auf See ist im modernen Krieg an und für sich ohne Luftwaffe nicht denkbar, wie die Erfahrungen auf allen Kriegsschauplätzen während dieses Krieges ständig gezeigt haben. Daß die schwachen, erst im Aufbau begriffenen Verbände des Dt. MarKdo. bisher ohne auch nur die geringste Luftsicherung ihren Aufgaben einigermaßen gerecht werden konnten, liegt einzig und allein in der zögernden Haltung des Gegners. Jetzt aber ist der Feind zum Großangriff auch gegen die Seeverbindungen angetreten. Weitere empfindliche Verluste werden unvermeidlich sein, da sowohl die Häfen bei Tag und Nacht fast ungeschützt den feindlichen Bomberverbänden ausgeliefert als auch die Bewegungen der eigenen Geleite und Sicherungseinheiten, die ohnehin nur bei Nacht durchzuführen sind, den feindlichen Angriffen aus der Luft und durch überlegene Seestreitkräfte preisgegeben sind. Das Überraschungsmoment liegt immer beim Gegner, da mangels eigener Luftaufklärung und ausreichender Ortungsmöglichkeit die Feindstreitkräfte nicht rechtzeitig erfaßt werden können.

So ist die Forderung des Oberbefehlshabers Südwest nach Verstärkung des Seenachschubs (wegen weitgehender Lähmung der Landverkehrswege) wahrscheinlich nicht zu erfüllen. Vielleicht gelingt es noch, auf der Höhe der bisherigen Leistung für einige Zeit zu verbleiben. Die ernste Gefahr des Erliegens des Seenachschubs muß aber klar aufgezeigt werden.«

Das waren wirklich klare, ungefärbte Aussagen »unseres Admirals«. So also sieht dieser Kriegsschauplatz aus. Ohne auch nur die geringste eigene Luftsicherung und Luftüberwachung, und die Häfen bei Tag und Nacht ungeschützt!

Einen noch detaillierteren Einblick erhalte ich einige Tage später durch Kapitän zur See Rehm, den Chef der 7. SiDi.

Von diesem Kommando werden wir unsere Einsatzbefehle erhalten, es wird uns von Land aus führen. Alle Sicherungsstreitkräfte der italienischen Westküste sind der 7. SiDi. unterstellt, sie steuert das gesamte Geschehen auf See im zugeteilten Operationsgebiet. Die Geleitzüge werden von Nervi (dem Sitz der SiDi.) aus zusammengestellt und die erforderlichen Sicherungsstreitkräfte zugeordnet. Minenaufgaben wie auch alle anderen Küstensicherungen werden hier erarbeitet.

Unser »Kriegsschauplatz«, unser Operationsgebiet, reicht von Mentone an der italienisch-französischen Grenze bis Porto S. Stefano/Orbetello.

Das entspricht einer Küstenlänge von etwa 245 sm (450 km).

Woraus soll nun meine Flottille aufgebaut werden?

Nach dem Überlaufen der italienischen Marineeinheiten im September 1943 wurden aus zurückgelassenen Schiffen neue deutsche Einsatzgruppen zusammengestellt und unverzüglich die Arbeit an noch vorhandenen Neubauten aufgenommen.

Eine dieser Gruppen war die 3. Geleitflottille unter Korvettenkapitän Kramer. In dieser Flottille waren alle greifbaren und einsatzzweckmäßigen Einheiten zusammengefaßt, darunter auch die ersten französischen und italienischen Torpedoboote.

KKpt. Kramer schreibt in seinem Kriegstagebuch darüber:

»Mit dem 31. Januar 1944 wird die 3. Geleitflottille aufgelöst. Nachdem die TA-Boote (Torpedoboote-Ausland) und SG 15 (Schnelle Geleitschiffe) bereits in die 10. Torpedobootsflottille übergegangen sind, werden jetzt die beiden Minenschiffe der 7. Sicherungsdivision unterstellt.

Die 3. Geleitflottille wurde am 1. Mai 1943 in Marseille mit den drei Flakkorvetten und zwei Minenschiffen aufgestellt. Später traten zu ihr die Boote der 4. Geleitflottille, das Nachtjagdleitschiff *Kreta* und neu in Dienst gestellte italienische Torpedoboote. Durchschnittlich gehörten 1500 Soldaten zur Flottille. In größter Eile wurden in sechs bis acht Wochen Handelsschiffe in Kriegsschiffe umgebaut. – Mit Bewaffnungen von drei 10-cm-Geschützen, drei 3,7-cm- und 16 bis 18 2-cm-Waffen wurden die Schiffe Ende Mai und Anfang Juni in kürzester Ausbildung von Marseille in den italienischen Raum überführt, um hier den Geleitschutz hauptsächlich nach Sardinien und Korsika zu verstärken und durch Minensperren die Inseln zu sichern.

Trotz technischer Schwierigkeiten sind die Schiffe und die am 1. September hinzugekommenen Einheiten der 4. Geleitflottille fast ununterbrochen im Einsatz gewesen.

Als Ende August und im September 1943 der Feind seine Angriffe gerade auf die deutschen Schiffe konzentrierte und diese teilweise verlorengingen, hat die Flottille andere Fahrzeuge aus italienischem Besitz übernommen und in beispielhaftem Einsatzwillen der Offiziere und Besatzungen neue Kriegsschiffe aus ihnen gemacht, die nach kürzester Frist, wenn auch zum Teil unter primitivsten Verhältnissen, an den Feind gingen.

Sofern eine Aufstellung überhaupt die Leistung einer Truppe wiedergeben kann, zeigt die Übersicht auf Seite 170 im Anhang die Entwicklung der 3. Geleitflottille.

Auf gleiche Bootstypen kommt es hier nicht an

An bereits fertigen, einsatzbereiten Fahrzeugen stehen im Februar 1944 für die neue 10. Torpedobootsflottille zur Verfügung:

1. Drei Geleit-Torpedoboote (Torpediniere di Scorta) der *Ciclone*-Klasse mit je 1683/1185 t, 16000 PS, Höchstfahrt 23 sm/h. Armiert mit drei 10-cm-Geschützen und recht schwachen kleinkalibrigen Maschinenwaffen 3,7 und 2 cm sowie zwei Zwillings-Torpedorohrsätzen. Besatzungsstärke etwa 170 bis 180 Mann.

   Es sind die TA-Boote *TA 23*, früher *Impavido*

   TA 25, früher *Intrepido*

   TA 26, früher *Ardito*

2. Drei Torpedoboote der *Ariete*-Klasse mit je 1020/783 t, 22000 PS, Höchstfahrt 30 sm/h.

   Armiert mit zwei 10-cm-Geschützen, zwei Doppel-3,7-cm- und verschiedenen 2-cm-Einzelgeschützen, teilweise auch schon mit einigen 2-cm-Vierlingen. Ferner zwei Drillings-Torpedorohrsätze. Besatzungsstärke etwa 140 bis 150 Mann.

   Es sind dies *TA 24*, früher *Arturo*

   TA 27, früher *Auriga*

   TA 28, früher *Rigel*

Die Waffen beider Bootstypen sind teilweise italienischer Herkunft, teilweise auch deutscher, und sind bei einigen Booten sogar gemischt, was natürlich zu Munitionsproblemen führen kann. Es muß aber genommen werden, was greifbar ist.

Mit diesen sechs Booten mit rein deutschen Besatzungen tritt die Flottille in den Kampf im Mittelmeer ein. Weitere fünf Boote, darunter auch drei Zerstörer, liegen in den Werften in Genua, sie sind noch nicht einsatzbereit, sollen aber so schnell wie möglich in Dienst gestellt werden.

Eine weitere Flottille, nämlich die 9. Torpedobootsflottille, war bereits im Oktober 1943 in Griechenland aufgestellt worden und ist von Piräus aus im Einsatz.

Die technischen Geräte, die wir auf unseren deutschen Booten gewohnt sind, fehlen ebenso wie uns selbstverständliche Systeme in den Maschinen- und Waffenanlagen.

Hier muß wie vor einigen Jahrzehnten schlicht und einfach, ja primitiv zur See gefahren, müssen aber die Aufgaben genau so exakt wie gewohnt durchgeführt werden.

Aber was für Zustände herrschen hier:

Wer etwas benötigt, muß sich selber darum bemühen. Papiere ausfüllen und vom Lager abrufen, das geht hier nicht. Aus der Heimat kommt nur wenig.

Unsere größte Sorge ist das Fehlen von zusätzlichen 3,7- und 2-cm-Waffen, vor allem von 2-cm-Vierlingen für die notwendige Abwehr der gegnerischen Schnellboote und zur Flugzeugabwehr.

Wir müssen uns alle auf die neue Situation umstellen und nach besten Kräften den Anforderungen gerecht werden. Moderne Technik muß durch menschliche Mehrarbeit und durch Ideenreichtum wettgemacht werden.

Und an das Glück muß jedermann glauben – und einen festen Willen haben und immer wieder *improvisieren*.

Es geht los!

Der erste Einsatzbefehl kommt am 16. Februar 1944 für eine Minenunternehmung, als ich noch nicht einmal meine Kleidung aus den Taschen herausgekramt hatte. Die Unternehmung soll abends starten.

Bei einer ersten Kommandantensitzung und Durchsprache der bevorstehenden Aufgabe erwarte ich, daß technische Unzulänglichkeiten, das Fehlen von notwendigsten Geräten, mangelnde Möglichkeiten für Übungen und Ausbildungen der jungen Besatzungen sowie langsame oder schlechte Materiallieferungen nicht Ursache sein dürfen, die gestellten Aufgaben mit weniger gutem Mut und Willen zu erfüllen.

Wir sind uns klar darüber, daß die Notwendigkeit der schnellen Erledigung vieler Aufgaben zur Sicherung des Nachschubs für die Südfront und zur Sicherung der Küste mit den unerfahrenen Besatzungen, mit den anfälligen Fahrzeugen und ohne taktische Ausrichtung und ohne praktische Einfahrtzeit zu Rückschlägen führen muß. Wir sollten uns vorbeugend darauf einstellen.

Mit den Booten *TA 28*, Kapitänleutnant Haberkorn,
              TA 26, Kapitänleutnant Albrand,
              TA 23, Kapitänleutnant Otto Reinhardt
              (der aber infolge einer Verwundung an den Vortagen durch
              Oberleutnant z. S. Iversen ersetzt werden mußte)
läuft die erste Unternehmung der 10. Torpedobootsflottille am 16. Februar 1944 an.

Der Anmarsch, das Werfen der Sperre mit 100 Minen und 125 Sprengbojen sowie der Rückmarsch aus dem Gebiet südlich von Civitavecchia nach La Spezia sind die erste Bewährung.

Sie verläuft trotz einiger Zwischenfälle wie Angriffe durch feindliche Jagdbomber in den Morgenstunden, die abgewehrt werden können, sowie auch durch schwere Bombenangriffe auf den Hafen von San Stefano, den wir zu passieren haben, recht gut.

1. Das auf *TA 23* befindliche Fu.M.B.* Typ »Metox« war von einem tüchtigen Maaten besetzt und brachte mir laufend die auf Korsika stehenden feindlichen Geräte und sehr viele feindliche Flugzeuggeräte, vornehmlich im Gebiet von St. Stefano. Sie waren aber auch während des ganzen Marsches zu beobachten. Ich habe entgegen den Erfahrungen des Westraumes das Gerät auf dem Führerboot immer eingeschaltet gefahren, weil mir einerseits kein Fu.M.O. zur Verfügung steht, mit dem ich jemanden orten bzw. überhaupt bemerken kann, und weil mir andererseits gesagt wurde, daß in dem hiesigen Raum dem Feinde nicht die hochentwickelten technischen Mittel zur Verfügung stehen. Die mir zugesicherten Bord-B-Diensttrupps sind leider nicht an Bord gekommen.
2. Sehr unangenehm war der äußerst starke Funkenflug bei höheren Geschwindigkeiten, den ich erstmalig in solchem Ausmaß sah. Ein Gegner in dunkler Nacht muß, besonders wenn unsere großen Boote eine Fahrtänderung herauf- oder herunter machen, auf mindestens 30 hm auf uns aufmerksam werden. An der Lösung dieser Frage wird gearbeitet.
3. Ich anerkenne die Leistungen der Boote auf dieser Unternehmung. Allein dem Können und der Initiative der Kommandanten ist es zu verdanken, daß ein Verband, ohne je vor einer derartigen Aufgabe gestanden zu haben, den Einsatz durchführen konnte.

---

* Unter einem Fu.M.B. ist ein Funkmeß-Beobachtungsgerät zu verstehen, das jeweils anzeigt, ob gegnerische Funkmeß-Ortungsgeräte (Fu.M.O. = Radar) die eigene Einheit erfaßt haben.

Wir sind insgesamt 17 Stunden auf See.

TA 28 hatte vor diesem ersten Einsatz lediglich eine fünfstündige Probefahrt und eine dreistündige Überführungsfahrt von Genua nach La Spezia hinter sich! *TA 26* hatte noch nie zuvor Minen geworfen, und der »Ersatz«-Kommandant von *TA 23* fuhr dieses Boot zum ersten Mal!

Der Kommandant von *TA 28* schreibt in seinem Bericht:

»Die seemännische und technische Besatzung hatte bisher keine Möglichkeit, an den Waffen bzw. an den Maschinen ausgebildet zu werden, da die Soldaten zur Heranschaffung der Ausrüstung des Bootes eingesetzt werden mußten. Waffen und Munition wurden in einem vollkommen ungepflegten und für den Kriegseinsatz nicht klaren Zustand geliefert . . . die Soldaten mußten die Ausrüstung mit ihren eigenen Seesäcken an Bord holen . . .«

Schon für den nächsten Tag, den 18. Februar, wird uns eine neue Minenaufgabe gestellt. Die Sperre soll südlich des Tibers geworfen werden.

TA 24 Kapitänleutnant Dereschewitz,

TA 27 Kapitänleutnant Thilo L. von Trotha und

TA 28 Kapitänleutnant Haberkorn

werden die Aufgabe durchführen.

Am 18. Februar um 15.00 Uhr verlassen wir La Spezia, die Marschfahrt von 24 kn muß schon nach einer guten Stunde auf 21 sm/h reduziert werden, da auf *TA 24* ein Gebläse ausgefallen ist. Wenig später überfliegen uns neun feindliche Jagdmaschinen von achtern, ohne uns anzugreifen. Sicher werden sie ihre Beobachtung weitergeben. Aber unser Verband steht ohnehin schon in der gegnerischen Ortung.

Wir selbst haben noch kein eigenes Funkmeßgerät. Nachdem wir um 21.40 Uhr die Insel Gianutri passiert haben und auf Civitavecchia zusteuern, steht um 22.19 Uhr plötzlich eine große Anzahl von Leuchtkörpern über uns. Um uns ist es taghell. Da sehen wir weitab voraus Artillerie-Mündungsfeuer von mehreren Einheiten – mittleres Kaliber. Vermutlich Zerstörer. Wir sind in einer schlechten Situation für unsere Aufgabe. Die Gegner stehen vor dem Gebiet, das wir verminen wollen. Wir haben aber bis zur Wurfposition noch gut 30 sm. Dann kann der Feind genau beobachten, was wir vorhaben – falls wir überhaupt so weit kommen, denn unsere drei Boote sind durch ihre Minenlast, die an Deck auf Schienen steht, schwer behindert, weil nur die vorderen Geschütze schießen können und auch nur je Boot ein Torpedorohrsatz einsetzbar ist.

Nun beginnen die Gegner mit ihrem Wirkungsfeuer, das sie weiter mit Leuchtgranaten erhellen. *TA 28* erhält einen Treffer, aber zu unser aller Glück ist es nur ein Blindgänger.

Ein Kessel fällt aus, ein Bunker läuft aus – in den Kesselraum. Höchstfahrt für *TA 24* nur noch 17 sm/h. – Also 17 sm/h auch für den ganzen Verband!
Da zeigt sich erstmals unser Mangel an zeitgerechter Technik, wir stehen im Licht, wir können nicht schießen, weil wir nichts sehen. Die Granataufschläge der Gegner liegen um uns herum. Wir schießen nun unsererseits Leuchtgranaten, müssen aber feststellen, daß unsere Reichweite nicht ausreicht, um die Gegner überhaupt ausmachen zu können.

Nunmehr entschließe ich mich zum Kehrtmachen, weil die Aufgabe nicht lösbar ist – und weil wir keine Reserven hinter uns haben. Unverständlicherweise und sehr zu unserem Glück stößt der Gegner nicht nach. Er hätte uns schnell bei unserer Humpelei eingeholt.

Um Mitternacht treffen wir auf drei oder vier feindliche Motor-Torpedoboote, die bei der Insel Giglio auf der Lauer gelegen haben.

Diese Boote operieren etwa seit Oktober 1943 von La Maddalena an der Nordspitze von Sardinien und später von Bastia/Nordostseite Korsika, aus. Es handelt sich um britische und amerikanische Einheiten, die unter dem Kommando von Commander R. Allan stehen.

31

Es kommt zu einem Nahkampf auf eine Entfernung von nur zehn bis zwölf hm (hm = 100 m), und wir erleben den ersten Raketenangriff, bei dem wir jeweils sechs bis acht Aufschläge neben uns sehen. Das ist nicht gerade gut für uns mit all den Minen an Deck. Es ist eine schneidige Attacke der gegnerischen Boote, aber sie wird auch sehr verlustreich für sie. Die Schnellboote haben zwar die Überraschung für sich, aber sie müssen nach den Abschüssen wieder abdrehen, und das ist für uns der Moment, wo wir unsere gesamten Maschinenwaffen einsetzen können. Die Entfernung ist zu nah, innerhalb von wenigen Minuten sind 854 Schuß aus unseren Rohren gejagt, und zwei Schnellboote lassen wir brennend hinter uns. Nach abermals 17stündiger Fahrt geben wir einen Schwer- und vier Leichtverwundete von *TA 28* in La Spezia an Land.

Mit dieser Unternehmung haben wir einen kleinen Vorgeschmack auf das bekommen, was uns noch bevorstehen dürfte.

Aber noch glauben wir, daß wir doch wohl eines Tages wenigstens zu den so dringend benötigten Funkmeß-Ortungsgeräten kommen werden . . .

20. Februar: Eine für heute Nacht mit *TA 23* und *TA 24* vorgesehene Beschießung von Bastia auf Korsika als Ablenkungsmanöver für ein Unternehmen der deutschen 11. R-Flottille (Räumboote, auch zum Minenlegen eingerichtet) auf der Insel Capraia muß ich leider ändern, da auf *TA 23* nach dreistündiger Fahrt ein Kessel ausfällt. Das Boot muß nach La Spezia entlassen werden. Zwei Stunden später kann auch *TA 24* nur noch 20 sm/h Fahrt halten. So entschließe ich mich, zur Sicherung der R-Boote in deren Nähe zu bleiben. Nach Beendigung des Unternehmens treffen wir am 21. Februar um 06.40 Uhr in La Spezia ein und hören von einem Sabotageakt auf das Minenlager in La Spezia.

Unser Boot *TA 25* mit seinem Kommandanten Korv.Kpt. Eisenberger hatte nach Erledigung seiner Werftarbeiten in der letzten Nacht die Aufgabe, zusammen mit den U-Jägern *2208* und *2209* zwei Handelsschiffe von Genua nach Nizza zu geleiten.

Am Rande einer eigenen Minensperre fahren ein U-Jäger und ein Handelsschiff trotz Mahnung nicht in Kiellinie, laufen auf Minen und fliegen in die Luft.

Nach den Erfahrungen aus den bisherigen drei Fahrten kann zukünftig die Marschfahrt nicht viel höher als 20 kn sein. Nach Meinung der italienischen Werftsachverständigen kann den T-Booten eine laufende Beanspruchung von so hohen Fahrtstufen wie 27 kn nicht zugemutet werden (und dabei galten in internationalen Marinekreisen die italienischen Boote als ungemein schnell).

Das Minenunternehmen »Delphin« im Raum südlich von der Insel Elba ist mit den Booten *TA 24, TA 25* und *TA 27* für den 25. Februar vorgesehen. Ohne in Feindberührung zu kommen, wird die Sperre gegen 23.00 Uhr planmäßig, aber nicht ohne Schwierigkeiten geworfen, weil querlaufende See und Dünung beim Überbordschieben der Minen große Schwierigkeiten machen.

Als wir auf dem Rückmarsch um 01.49 Uhr die Straße von Piombino passiert haben, sichten wir an Backbordseite voraus drei Schatten und tauschen mit Morselampen Erkennungssignale aus. Es sind die uns gestern nachmittag durch einen Funkspruch avisierten drei deutschen Marinefährprähme (MFP) auf Parallelkurs. Als wir die MFP etwa 700 m fast querab haben, eröffnen erst eine Waffe des letzten Prahms, dann dessen sämtliche Waffen und schließlich der ganze Verband das Feuer gegen unser Führerboot! Ich lasse unsere Boote hart nach Steuerbord und auf äußerste Kraft gehen, um aus dem Geschoßregen herauszukommen. Gleichzeitig zeigen wir als Führerboot ein vorher festgelegtes Signal »Rotes Licht im Vortopp« als Zeichen für unseren Verband, daß es sich bei den gesichteten Fahrzeugen um eigene Kräfte handelt. Nach unserem Abdrehen nehmen sich die Prähme nun unsere taktische Nummer 2, also *TA 25*, vor und wenig später auch *TA 27*.
Nun sind unsere Torpedobootsleute nicht mehr zu halten. Sie vermuten einen Irrtum auf dem Führerboot.

TA 25 und *TA 27* erwidern das Feuer. Es ist entsetzlich! Ebenso entsetzlich ist es aber auch, daß sämtliche deutschen Einheiten mit ihren Signalpistolen das für heute gültige Erkennungzeichen zu schießen versuchen. Alle ES-(Erkennungssignal-)Patronen versagen, wirklich alle! Wir fahren hier zur See wie die ersten Menschen.

Aber dieser grausame Irrtum bei den MFPs und das Gefecht unter uns locken gegnerische Schnellboote heran, die dann *TA 25 und TA 27* auch noch von der Steuerbordseite aus angreifen.
Beide Boote erwidern das Feuer zum wirklichen Gegner und erzwingen dessen Rückzug.

Um 02.34 Uhr melden *TA 25* und *TA 27* Tote und Verwundete und wenig später *TA 27* auch noch den Ausfall seiner Kompaßanlage. Wir geben darauf einen Funkspruch ab und erbitten Ärzte und Sanitätswagen zur Pier in La Spezia.

Um 06.00 Uhr machen wir dort fest. Alles steht bereit.
Sofort nach dem Einlaufen wird mit den Klärungen der Vorgänge, die für uns alle ein Novum waren, begonnen.
Das Kriegstagebuch der Flottille beschreibt die Lage so:

Vormittags Rücksprache mit dem Kommandanten. Besuch durch Chef 7. SiDi. und Besprechung. Nachmittags Besichtigung der Boote und Besprechung mit dem Führer der 1. Kampfgruppe. Abends Besprechung des nächtlichen Gefechtes mit einem von MarKdo. Italien zu mir gebetenen Kriegsgerichtsrat. Die Besprechung mit dem Kampfgruppenführer hat keinerlei Differenzen in der Betrachtung und Entwicklung des Gefechts unter eigenen Fahrzeugen ergeben. Zwei von den drei Kampfbooten der 1. K.G. (Kampfgruppe) sind auf ihrer zweiten oder dritten Fahrt gewesen, und ihnen mangelt jede Erfahrung. Die beiden vorderen Boote haben den ES-Austausch des letzten Bootes nicht mitbekommen, haben die Schatten der drei TA-Boote erst querab erkannt, ebenfalls vergeblich ES-Sterne zu schießen versucht und dann sofort mit allen Waffen das Feuer eröffnet.

Zur Betrachtung der Schuld:

1. Sowohl zwei der TA-Boote wie auch zwei Kampfboote sind wenig im Kampf geschult. Sie wissen, daß feindliche S-Boote im eigenen Seegebiet drohen. Sie haben ihre Finger am Abzugsbügel und schießen auf Befehl und – wenn sie sich oder ihre Kameraden bedroht fühlen.
2. Nach Anlaufen der Unternehmung erhalten die im Seegebiet fahrenden Verbände eine unmögliche Anzahl von Begegnungs- und Überholungsmöglichkeiten, die aber immer nur ein Anhalt sein können, da stündliche Verspätungen auftreten können. Die Führer der Verbände sind durch diese laufenden Begegnungsmöglichkeiten in ihrem Entschluß und ihrer Angriffsfreudigkeit unerhört gehemmt. Im Kampf gegen feindliche S-Boote entscheiden Sekunden, und es kann nicht erst unter langem ES-Austausch bzw. durch Versuch des ES-Austausches eine Abwehr oder Angriffsgelegenheit begonnen werden, wenn Erfolge erzielt werden sollen.
3. Ich kann, rein menschlich und soldatisch gesehen, die wenig geschulten Soldaten auf den MFPs verstehen, daß sie, als unsere großen Schatten querab fuhren, sich bedroht sahen und in ihrer Unerfahrenheit unverzüglich das Feuer eröffneten. Den vorhergegangenen ES-Austausch kannten die zwei vorderen Boote nicht, und außerdem war dem ganzen MFP-Verband die Überholungsmöglichkeit nicht bekannt, da sie vor Eintreffen eines entsprechenden Fernschreibens ausgelaufen waren.
4. Ich kann andererseits auch meine Kommandanten verstehen, daß sie sich zur Wehr setzten, obwohl ich ihnen Signale gegeben hatte, daß eigene Einheiten uns gegenüberstanden. Die Kommandanten sahen die Beschüsse um sich herum und mußten an Hand der Lage annehmen, daß der Flo.-Chef sich geirrt hatte.
5. Ich kann auch die Soldaten an den Waffen verstehen, die aus gleichem Grund handelten wie ihre Kommandanten und in dem schweren Beschuß nun ihre Waffen selbständig ansetzten.

Der Chef der 4. T-Flottille, Korvettenkapitän Franz Kohlauf, begrüßt die von U 305 in Brest angelandeten Überlebenden von T 25.

Blockadebrecher Alsterufer (2700 BRT), der nach Einbringen der Osorno als nächstes Schiff nach seiner langen Reise aus Fernost aufgenommen werden sollte, ist durch schwere Bombenangriffe in Brand geworfen und geht anschließend unter.

Diesel-Elektroschiff Osorno (6951 BRT), das als letzter Blockadebrecher glücklich in die Gironde geleitet werden konnte, hat trotz Krieg zwei komplette Japan-Rundreisen vollbracht. Sein Kapitän Paul Hellmann wurde als einziger deutscher Handelsschiffsoffizier – also Zivilist – mit dem Ritterkreuz zum Eisernen Kreuz ausgezeichnet.
▽

Blick von der Brücke des Mittelmeer-Torpedobootes *TA 9* auf das ebenfalls aus französischen Beständen stammende Schwesterboot *TA 11* vor dem Vesuv und der Stadt Neapel (September 1943).

6. Ich habe nach eingehender Prüfung der Sachlage keine fahrlässige Handlungsweise erkannt und sehe auch in dem Verhalten der Kommandanten keine Tat der Nichtbefolgung von Befehlen.
7. Das Hinzutreten ungewisser feindlicher Einheiten von der anderen Seite hat die Situation noch verschärft.
8. Die UK-Geräte 1-Watt-Lorenz-Tornister Typ 135 (drahtlose Telefonie) haben, wie bei allen Unternehmungen, so auch dieses Mal nicht funktioniert. Für Hafen und Reede reichen die Geräte wohl, aber in Fahrt ist nichts zu hören. Anlage, besonders der Strahler, werden geprüft.

Schäden:
1. *TA 27* hat 30–40 Treffer vom Kaliber 2–7,5 cm erhalten. Werftliegezeit 14 Tage bis drei Wochen.
2. *TA 25*: 8 – 10 Treffer ohne besondere Ausfälle. Zwei Tage Werftliegezeit.
3. *TA 24*: kleine Schäden ohne Werftzeit.

Verluste:
1. *TA 27* hat sieben Tote, acht Schwer-, 15 Leichtverletzte,
2. *TA 25* hat einen Toten, einen Schwer-, fünf Leichtverletzte,
3. *TA 24* hat einen Schwer-, einen Leichtverletzten.

Gegen feindliche Einheiten wird die alte Lehre des Zuerstzuschlagens, um damit im Vorteil zu sein, in diesem Operationsgebiet nicht zu praktizieren sein, weil alle deutschen Kräfte auf festgelegten Wasserwegen, die zwischen der Küste und den vorgelagerten Minensperren führen, sich begegnen. Der Gegner hat diese Wege auch längst in seine Seekarten eingezeichnet und sucht sie allabendlich ab.

Wir alle werden mit dem Einsatz der Waffen also sehr vorsichtig sein müssen, zumal wir auch bei unseren Kräften sehr viele ungeschulte und unerfahrene Männer an den Waffen haben.

Nie weiß man, ob einem Freund oder Feind begegnet.

1. März:

Wir alle sind nach diesen letzten Ereignissen sehr niedergeschlagen. Der Tod von Kameraden durch eigene Waffen vor dem Feind ist für uns unvorstellbar. Wir müssen also mehr und schneller ausbilden, damit sich derartige Vorkommnisse nicht wiederholen. Aber die Situation hier ist doch schon so, daß der Krieg uns überrollt. Es ist einfach keine Zeit da für eine Ausbildung, sondern nur noch Zeit, sich zu wehren. Eine bittere Erkenntnis. Und das schon nach nur zehntägigem Aufenthalt in Italien!

Das Marinekommando Italien stellt heute fest:

»Es ist kein Verlaß mehr auf die Italiener, besonders bei Feindeinwirkung . . .«

Einsatz gegen Bastia

Am 2. März sind *TA 24* und *TA 28* auf See – mit Kurs auf den Hafen von Bastia. Die Boote, die durch ein Flugzeug unterstützt werden, das Leuchtbomben wirft, beginnen eine Beschießung fast auf die vorgesehene Zeit, nämlich um 01.01 Uhr. Sie belegen den Hafen mit 170 Schuß der 10-cm-Geschütze und mit 4 Torpedos bei sichtbarem Erfolg. Um 01.13 Uhr ist die Aktion beendet. Das Abwehrfeuer von acht bis zehn Batterien rund um die Stadt bleibt ohne Erfolg. Um 07.35 Uhr sind die beiden Boote unangefochten wieder in La Spezia.

Noch am gleichen Tag lesen wir über einen V-Mann (Vertrauensmann auf Gegnerseite), daß durch die Beschießung in den Hafenanlagen schwere Schäden entstanden sind. Die Zivilbevölkerung des Hafenviertels wurde evakuiert. Wir lesen auch, daß im Dezember 1943 und Januar 1944 über 9000 Italiener auf unserer Seite fahnenflüchtig geworden sind und daß vor einigen Tagen ein Zug zwischen La Spezia und Parma durch Partisanen überfallen wurde, wobei man 21 Mann verschleppte.

Am 6. März können wir *TA 29* (ex *Eridano*) in Genua unter dem Kommando von Oberleutnant zur See Schmidt-Troje in Dienst stellen. Dieser Offizier und seine Besatzung haben Unwahrscheinliches geleistet, um »ihr« Boot seeklar zu bekommen. Sie sind besonders dadurch aufgefallen, daß sie zu Flugzeugabwehrwaffen kamen, obwohl eigentlich gar keine da sein konnten.

Auch dieses Boot gehört wie schon *TA 24*, *TA 27*, *TA 28* zur *Ariete*-Klasse. Die übrigen Boote liegen in den Werften, laufen kurz zu Erprobungen aus, zeigen dabei neue technische Mängel oder geraten sogleich vor dem Hafen in Gefechte mit feindlichen Flugzeugen. *TA 24* und *TA 28* führen noch einen Aufklärungsvorstoß an die Nordspitze von Korsika durch, um gegnerische Einheiten von unseren Geleitzügen entlang der Küste nach dem Westen abzulenken.

Aber schon wenige Tage später trifft es dann auch *TA 24* direkt vor La Spezia: Sechs Spitfire-Flugzeuge stürzen sich auf unser Boot, das sich heftig wehrt, eine Maschine abschießt, aber dann durch einen Bombenhagel, der dicht an den Bordwänden niedergeht, so durchgeschüttelt wird, daß schwere Bootsdeformationen entstehen, alle Kommandoelemente und beide Kessel ausfallen. Hinterher stellt das Werftarsenal fest, daß die Schäden so groß sind, daß sie erst Ende April beseitigt sein können. Das Boot ist regelrecht verbogen!

Schon elf Tage nach der Indienststellung muß *TA 29* zusammen mit *TA 28* zum ersten Einsatz in das feindliche Ortungsgebiet zu einem Aufklärungsmarsch von La Spezia nach Korsika und zwei Tage später, damit die Wettervorhersagen im Ligurischen Meer besser werden, zum neuen Einsatz, nämlich zum Auslegen einer Wetterboje beim Cap Corse im Norden von Korsika.

TA 28 und *TA 29* führen noch einen Aufklärungsvorstoß in das Ligurische Meer durch und unterstützen einen Tag später die 11. R-Bootsflottille bei einer Minenunternehmung westlich von der Insel Capraia.

Es ist doch ein trauriger Zustand, daß von sieben Einheiten nur zwei einsatzbereit sind, wobei man bei *TA 29* noch »bedingt« hinzufügen müßte. Aber die Boote sind eben anfällig, die Werften arbeiten nur mit halber Kraft, und es ist so schwer, Ersatzteile zu bekommen, weil ja eine Industrie für den Schiffbau hier gar nicht mehr existiert.

Da die gegnerischen Kräfte nach Norden drängen und unsere Seestreitkräfte zu schwach sind, um erfolgversprechenden und den Gegner aufhaltenden Widerstand leisten zu können, sind Minensperren zum Aufhalten einer freien Gegnerentfaltung jetzt dringender denn je.

Aber es fehlen die Minen und die Minenträger, also die Boote. Am 20. März werden aus operativen Gründen, aber wohl auch auf Grund mehrfacher Bitten des FdZ bei OKM/SKL, die drei langsamen Geleitboote *TA 23*, *TA 25* und *TA 26* von der 10. T-Fl. abgezweigt und als Geleitgruppe West-Italien in der 13. Sicherungsflottille der 7. Sich.Div. direkt unterstellt. Dennoch werden sie auch weiterhin mit uns zusammen eingesetzt.

Am 24. März können wenigstens *TA 28* und *TA 29* Minen laden und fahren am 25. morgens um 01.00 Uhr von La Spezia aus zum Absprunghafen für das Werfen der Sperre, nach Porto Ferraio auf der Insel Elba. Dünung und See sind sehr grob, die Boote arbeiten heftig und nehmen viel Wasser über die Achterschiffe. Auf *TA 29* bricht dadurch eine Minenbühne, also der Schienenteil, von dem aus die Minen in das Wasser geschoben werden, ganz ab. Auf der anderen Seite brechen die Stützen der Bühne.

Während bei deutschen Booten die Schienen mit den Bühnen am Heck enden, laufen die italienischen Schienen an beiden Seiten etwa in der Höhe des Schraubenschutzes aus. Das führt zu zusätzlichen Schwierigkeiten bei querlaufender See.

Kurz nach 06.00 Uhr machen wir auf Elba fest.

Die für heute abend vorgesehene Sperrlegung muß aus Wettergründen entfallen. Wir haben Windstärke 7 und grobe See. Da heute mehrere feindliche Flugzeuge über die Insel flogen, der Hafen sehr gut einzusehen ist und keine Flak-Abwehr im Hafen stationiert ist, schicke ich am nächsten Tag den größten Teil der Besatzung bis auf die Bedienungen der Flugzeugabwehr aller

Kaliber und der Feuerlöschgruppen an Land. Die Wetterlage am 26. ist auch nicht besser. Nordnordwest in Stärke 6. Hohe Dünung. Wir können es uns nicht einmal leisten auszulaufen und wenigstens versuchen zu werfen. Ein Mißerfolg mit dem Zwang des Rücklaufens nach Ferraio und des Wieder-Hinfahrens zum Sperrziel am nächsten Tag ist aus Brennstoffgründen nicht möglich. Wir kommen dann nämlich nicht mehr nach La Spezia zurück. Und nur dort ist eine Bunkermöglichkeit. Endlich ist am 27. das Wetter günstiger. Um 19.00 Uhr wollen wir auslaufen, da fällt auf *TA 28* der Kreiselkompaß aus. Das ewige Leiden! Da der Kreisel auf *TA 29* auch nicht präzise läuft und das Boot immer hinter dem Vordermann steuern mußte, können wir wieder nicht auslaufen, zumal auch noch die Kühlwasserpumpe auf *TA 28* ausfällt.

Es ist zum Verzweifeln, aber wir können nicht mit ungenauer Navigation durch die engen Lücken der bereits früher geworfenen Sperren hindurch-fahren.

Diese Anfälligkeiten der Anlagen müssen wirklich mit ruhigem Blut überstan-den werden.

Wenn wir ausgelaufen wären, dann hätten wir wohl viele Marinekameraden retten können.*

Endlich können wir am 28. März abends auslaufen und die defensive Sperre »Gazelle« in der Nähe der kleinen Insel Monte Christo südlich von Elba werfen. Während des Werfens detonieren acht Minen hinter unserem Ver-band. Wahrscheinlich sind diese Minen infolge der notdürftig geflickten Bühne beim Werfen auf den Schraubenschutz gefallen und dabei wurden die Bleikappen angeschlagen.

Während der Rückfahrt werden wir laufend von Bordgeräten geortet. Die Einheiten müssen an der Straße von Piombino stehen.

Es sind sicherlich Schnellboote, die auf unsere Geleitzüge warten. Gern hätte ich sie mit Leuchtgranaten aus ihren Lauerstellungen gelockt, aber diese Granaten hätten sicher einen Großalarm an unserer ganzen Küste entlang ausgelöst, was uns wiederum wohl nicht gut bekommen wäre. Es ist zum Verzweifeln! Aber der Gegner verhält sich zu unserem Glück ruhig. So machen wir um 05.05 Uhr in La Spezia fest.

Ein für den 31. März beabsichtigtes Minenunternehmen mit *TA 27, TA 28* und *TA 29* muß abgebrochen werden, weil auf *TA 29* während des Anlaufens zum Sperrziel im schlechten Wetter beide Minenbühnen wieder abgerissen werden. Außerdem haben sich auf zwei Booten die Wasserbomben achtern losgerissen.

---

* Aus britischen Unterlagen wissen wir jetzt, daß in eben dieser Nacht die britischen *MTB 634*, die *MGB 662, 660, 659*, die *LCG 14, 19, 20* und die amerikanischen *PT 218* (mit Cdr. Allan), *212, 214* und *208* zwischen Livorno und Piombino bei Vado sechs deutsche Nachschubfährprähme versenkt haben . . .

1. April: Auf *TA 29* zeigen sich doch erschreckend die Ergebnisse der Eile, mit der alles weitergetrieben werden muß. In einer so kurzen Ausbildungszeit mit wirklich jungem, nicht selten seeunerfahrenem Personal läßt sich trotz bestem Willen eben noch kein einsatzbereites Kriegsschiff machen. Man kann da niemandem Vorwürfe machen. Man muß mit den Mißständen nach Kräften fertig werden.

TA 29 mußte schon nach elf Tagen in den ersten Einsatz. Bei *TA 28* waren es immerhin noch 26 Tage. Und es wird bei den bevorstehenden Indienststellungen alles noch problematischer werden, denn wie sollen die Boote ihre Maschinen bewegen, wenn sie sich nicht aus dem Hafen entfernen können, ohne gleich in ein Gefecht zu laufen? Nur nachts dürfen sie noch auslaufen. Aber wer kann in völliger Dunkelheit seine Maschine, seine Waffen überhaupt ausreichend kennenlernen?

Da sah es in der Heimat auch in den Kriegsjahren doch noch wesentlich anders aus:

Die Indienststellung meines damaligen Zerstörers *(Z 29)*	1. Juni 1941
Seeklarbesichtigung	9. Juli
Erprobungen und Ausbildung bis	10. Sept.
Restarbeit in der Werft bis	25. Nov.
Ausbildung, Schießabschnitt und Verbandsfahrübungen bis	12. Jan. 1942

Anschließend erste Geleitaufgabe Norwegen.

Das bedeutete eine siebenmonatige Ausbildung.

Natürlich hinkt der Vergleich, denn die Anlagen eines modernen Zerstörers sind erheblich komplizierter als die unserer TA-Boote, aber dafür war auch die Zerstörerbesatzung schon mit vielen vorgeschulten Fachkräften versehen.

Mal wieder Kompaßausfall

Am 3. April um 20.00 Uhr laufen *TA 27* und *TA 29* zur Minenunternehmung »Antilope« aus. Wieder funktioniert auf *TA 27* der Kompaß nicht. Trotzdem fahren wir und nehmen Kurs auf Piombino. Bei Insichtkommen von Land voraus müssen wir feststellen, daß wir auf Porto Ferraio zusteuern. Damit sind wir innerhalb von drei Stunden um mehr als fünf Seemeilen zu weit nach Westen gekommen. Wenig später muß *TA 29* die Führung übernehmen, weil auf *TA 27* der Kompaß um 100 Grad falsch zeigt! Trotzdem legen wir die Sperre mit astronomischer Navigation ohne Schwierigkeiten genau und können den Rückmarsch nach Porto Ferraio antreten, wo wir um 04.50 Uhr festmachen. Dort können wir sehen und hören, daß am 29. März – eine Nacht nach unserem letzten Auslaufen aus diesem Hafen – das Gebiet um unsere damaligen Liegeplätze völlig zerbombt worden ist. Wie schon festgestellt: Dieser Hafen ist kein sicherer Aufenthaltsort. Aber wo ist hierzulande schon etwas sicher?

Wir werden versuchen, zukünftig unsere Durchführungsabsichten, die wir vor jedem Unternehmen an das Marinekommando Italien und an die Sicherungsdivision zu geben haben, so zu treffen, daß die Aufgaben ohne Anlaufen von Porto Ferraio erledigt werden können.

Abends um 21.30 Uhr laufen wir, ohne daß wir während des Tages durch Flugzeuge belästigt werden, erneut aus, um Bastia zu beschießen. Auf dem Marsch in diese Richtung finden wir zunehmend sehr schlechte Wetterbedingungen: Wolkenhöhe nur etwa 200 m, starker Dunst, fast Nebel. Also keine Fernsicht. Ohne diese, da wir ja ohne Radar, halte ich die Aktion für wenig erfolgversprechend und laufe östlich von Korsika in nördlicher Richtung nach La Spezia, wo wir um 04.23 Uhr eintreffen.

Noch am gleichen Abend laufen *TA 27* und *TA 28* bei Vollmond zu einer Minenunternehmung aus. Sie verläuft gut, obwohl um Mitternacht der Angriff von zwei Bombern, die Splitterbomben werfen, abgewehrt werden muß. Während von unserer Flak Treffer an einem Flugzeug beobachtet werden, kommen unsere Boote ohne Schaden davon.

Am 6. April bin ich in Genua und unterrichte mich über den Stand der Werftarbeiten an den in Reparatur befindlichen Booten und an denen, auf deren Indienststellung wir alle warten.

Der Zerstörer *TA 31* (ex italienischer *Dardo*) interessiert mich besonders:

Die Einrichtungen sind schiffbaulich und maschinell klar bis auf Arbeiten an den Waffen, und der F.T. *Dardo,* seit 1930 in Dienst, lief 40 sm bei 44 000 PS. Länge 96 m, Breite 9,30 m und 3,50 m Tiefgang. Boot war sehr rank und kippte im Hafen von Salerno um, wurde gehoben, ein schweres 4-t-Funkmeß- und Artilleriegerät wurde vom vord. Stand heruntergeholt und das Boot um 1,20 m verbreitert. Es soll dann noch 32 sm gelaufen sein. Boot macht einen guten Eindruck. Maschinenanlage einfacher als auf anderen TA-Booten. Verdrängung: 1570/1206 t.

Bewaffnung: 2 Doppeltürme 12,5 cm Ansaldo
2−3,7 cm Breda,
3−2 cm Dopp.-Breda,
5−2 cm Breda,
2 Drillingstorpedorohrsätze
Boot erhält noch zusätzlich je zwei weitere 3,7-cm- und 2-cm-Waffen.

Vorläufige Besatzungsstärke wurde festgelegt:
6 Offiziere,
5 Port. U.O.,
32 Unteroffiziere,
152 Mannschaften.

Das Fahrzeug fehlt uns noch, das kann uns eine rechte Kampfkraft bringen! Die Boote *TA 23, TA 26, TA 27* und *TA 28* sind in den folgenden Tagen wechselnd im üblichen Einsatz: Minen werfen, aufklären, geleiten. Abends bei Anbruch der Dunkelheit auslaufen, morgens im ersten Tageslicht zurück. Am Tage die Schäden, die durch die Anfälligkeit der verschiedenen Anlagen im navigatorischen, im maschinellen oder im waffentechnischen Sektor entstanden sind, beseitigen, meist noch bei Fliegeralarm. An den Waffen stehen oder am Alarmplatz. Neue Munition an Bord nehmen oder Minen oder Brennstoff. Keine Ruhe für die Besatzungen, nur wenig, häufig unterbrochener Schlaf . . . und abends wieder hinaus zum neuen Einsatz.

15. April: Heute stellt Kapitänleutnant Kopka sein *TA 30* (ex *Dragone*) in Genua in Dienst. Auch dieses Boot mit 142 Mann Besatzung gehört zur *Ariete*-Klasse. Der Flottillen-Ingenieur, Kaptlt. (Ing.) Nuber, vertritt mich bei dem Zeremoniell, weil wir heute mit *TA 27* und *TA 28* ein Minenunternehmen durchführen wollen.

TA 27 und *TA 28* laufen abends von La Spezia aus.

Südkurs, dunkle Nacht, leichte Dünung. Bestes Wetter für eine Sperrlegung. Fahrt 24 sm.

43

Um 22.00 Uhr signalisiert unser Hintermann *TA 28: »Kurs gefährlich!«*.
Obwohl es nach Kopplung noch zwölf Minuten bis zur nächsten Kursände-
rung sind, lasse ich schon jetzt den neuen Kurs steuern, weil mich ein ungutes
Gefühl bezüglich der Navigation befällt, wir haben ja schon einige schlechte
Erfahrungen gemacht.
Leider geht auch unser Echolot nicht, das Spiegelrelais hakt und fällt nicht. Ein
Ersatzteil ist aber im ganzen italienischen Raum nicht verfügbar. Wenige
Minuten später haben wir etwa 15 Sekunden heftige Erschütterungen im Boot.
Deutlich spürbares Rutschen über eine Sandbank. Sofortiges Signal »H« an
Hintermann:
»Boot durch äußerste Kraft zurück zum Stehen bringen!«
Aber auch *TA 28* schafft es nicht mehr und berührt trotz weiteren Abdrehens
noch den Ausläufer der Sandbank.
Die Boote machen noch viel Fahrt, werden zum Stehen gebracht und probie-
ren die Maschinen aus. Nach kurzer Zeit kann ich hören, daß bei beiden
Booten je eine Welle schlägt, aber keinerlei Wassereinbrüche bzw. Bodenschä-
den feststellbar sind.
Wir haben den Rückmarsch angetreten. Nun übernimmt *TA 28* die Führung,
und *TA 27* stellt erneut Kompaßfehler fest. Noch zehn Grad, später zunehmend. Um 05.45 Uhr machen wir wieder in La Spezia fest.
Hier treten Pannen auf, mit denen man während der ganzen Zeit in der Marine
nicht zu rechnen brauchte. So unerfreulich dieser Ausfall ist, so halte ich es
doch noch für eine glückliche Fügung, daß kein solch schwerer Schaden
entstand, daß die Boote nicht mit eigener Kraft hätten zurückfahren können.
Da Schlepper zum Abbringen überhaupt nicht zur Verfügung stehen, wäre der
Tag mit feindlichen Flugzeugeinsätzen den Booten wohl zum Verhängnis
geworden.
Der neue Kommandant von *TA 28*, Kaptlt. Wenzel (Walter), der sein Boot
zum ersten Mal führte, wußte von den ständigen Kompaßausfällen und
rechnete mit Unregelmäßigkeiten seiner eigenen Anlage. Aus diesem Grund
hat er nur einmal das Warnsignal über gefährlichen Kurs gegeben. Auch sonst
ist keiner Stelle der Bootsführungen ein Vorwurf zu machen. Die Navigation
war mit den verfügbaren Mitteln einwandfrei. Astronomische Bestecke waren
wegen des bewölkten Himmels ebensowenig möglich wie Landpeilungen im
Dunkeln, ohne Befeuerungen.
Die beiden Boote müssen nun in die Werft nach Genua und sollen unter
Sicherung von *SG 15* und *UJ 2220* fahren. Um 24.00 Uhr verlassen die vier
Einheiten den Hafen von La Spezia.
Bei sehr dunkler Nacht und leichtem Nieselregen trifft dieser Verband auf ein
von Genua kommendes und südwärts steuerndes Kleinfahrzeuggeleit. Dabei

rammt *TA 27* die Peniche *Köln**, die schwere Wassereinbrüche hat, ihre Fahrt aber noch fortsetzen kann.

Eine weitere Kollision ereignet sich wenig später zwischen *UJ 2220* und einem italienischen Geleitfahrzeug, die aber zum Verlust des letzteren führt.

Man möchte meinen, daß so etwas nicht passieren dürfte. Doch die Wege zwischen unseren eigenen Minensperren und der Küste sind nicht eben sehr breit. Gerade vor einigen Tagen hat sich ein gegnerisches U-Boot durch eine Lücke hindurch auf den Geleitweg gemogelt und einen Geleitzug angegriffen. Dabei ist allerdings das U-Boot von unseren Kräften versenkt worden. Als vorbeugende Abwehrmaßnahme fahren die Geleitzüge, weil sie sich auf den Wegen nicht mehr sicher fühlen, nun Zickzack-Kurse. Und eben dieses mehr oder weniger »Querfahren« war die Ursache der Kollision. Sie fuhren nämlich gerade auf der Seite des Weges, wo die vier nach Norden steuernden Boote ihnen begegneten.

Für die Nacht vom 21. zum 22. April ist für die Boote *TA 23*, *TA 26* und *TA 29* das Minenunternehmen »Schimmel« befohlen. Für die dann folgende Nacht eine erneute Beschießung von Bastia, wobei gleichzeitig ein deutscher Luftangriff stattfinden und Luftbeleuchter für uns gestellt werden sollen. Wir sollen dafür zum ersten Mal eine Gruppe vom B-Dienst, dessen Aufgabe das Abhören des Funk- und Funksprechverkehrs des Gegners ist, an Bord nehmen. Außerdem werden die TA-Boote ein Minenunternehmen eigener R-Boote, das etwas weiter südlich von unserer Bastia Position anlaufen soll, decken.

Noch am 20. April geben wir unsere Durchführungsabsichten an das Deutsche Marinekommando Italien: *TA-Boote auslaufen Ferraio am 22. um 20.30 Uhr. R-Boote Campo (im Süden von Elba) um 21.00 Uhr. Zusammentreffen bei Punkt Emil um 21.45 Uhr. Marsch mit zwölf kn Fahrt bis Pkt., der drei sm südlich Pkt. Z, welcher 23.00 Uhr erreicht und für R-Boote navigat. Abgangspunkt. Trennung T-Boote mit 20 sm Marschfahrt auf Via Appia bis Höhe Sperre Rappen, dann Kurs auf Objekt. Dort ist der Aktionsbeginn für 00.40 Uhr festgelegt, wofür ein Luft-Beleuchter erbeten wurde. Rückmarschantritt nach etwa zehn Minuten mit Kurs Nordspitze Capraia. Auf Wegen nördlicher Kurse Richtung Spezia, wo gegen 06.30 Uhr einlaufen. Hals-Lücke** wird nur im Notfall benutzt.*

---

* Peniche: ursprünglich ein Kahn der französischen Binnenschiffahrt von etwa 300 t. Hier ein kleines Küstenfrachtschiff im Marine-Transporteinsatz.

** eine Lücke zwischen eigenen Sperren nördlich von Elba. Siehe auch Karte von den Sperr-Gebieten [Minensperren].

Irgendwie habe ich das Wort »Notfall« in die Durchführungsabsicht hineinge-
bracht. Es ist das erste Mal und mehr eine Randerscheinung. Der Notfall tritt
auch am 23. nicht ein.

Am 21. April um 21.00 Uhr verlassen *TA 29*, *TA 23* und *TA 26* La Spezia. Die
Boote werfen ihre Sperre südlich von Elba planmäßig und laufen am nächsten
Morgen um 06.30 Uhr in Porto Ferraio ein. Nachmittags geht ein Funkspruch
ein, wonach der Bombenangriff unserer Luftwaffe entfällt und nur ein
Beleuchter um 00.40 Uhr gestellt wird.

Dadurch, daß kein Angriff unserer Bomber stattfinden kann, wird für uns die
Aufgabe schwieriger. Abgesehen von der geringeren Zerstörungswirkung auf
den Hafen nur durch Granaten und Torpedos, ohne Bomben, könnte für
unsere Boote und für die Luftwaffe der Vorteil einer notwendigen Verzette-
lung der Artillerieabwehr des Hafens sehr groß sein. Soweit bekannt, ist Bastia
noch nicht mit reinen Seezielgeschützen bestückt, sondern es werden vielmehr
Flakbatterien für beide Zwecke eingesetzt.

Um 20.30 Uhr laufen wir aus.

Wir treffen pünktlich mit unseren R-Booten zusammen und begleiten sie
entsprechend unseren Absichten. Die R-Boote werden am vorgesehenen
Punkt entlassen, und wir fahren auf Bastia zu. Von 22.00 Uhr an und während
der nächsten Stunden werden wir von Bastia aus geortet und sind unter
»Kontrolle«. Unsere Positionen werden laufend an gegnerische Einheiten
weitergeleitet. Dabei stellen wir leider fest, daß die Ortungen mit Meßfehlern
von nur einer Seemeile gemacht werden.

Wir können uns auf etwas gefaßt machen.

Tatsächlich werden gegnerische S-Boote auf unsere Gruppe angesetzt. Um
00.37 Uhr überfliegt uns ganz niedrig ein Flugzeug, dessen Nationalität und
Typ wir nicht erkennen. Vielleicht ist es unser Beleuchter?

Eine Minute bevor wir mit der Beschießung beginnen wollen, eröffnet erst
eine Batterie das Feuer von Bastia aus gegen unsere Boote, dann folgen
weitere. Eine Überraschung bringen wir also nicht, ist ja auch infolge der
Ortungen kaum möglich.

Wir gehen mit der Fahrt herunter, sehen deutlich die grünen Lichter der
Hafeneinfahrt, die vermutlich zum Auslaufen der S-Boote angezündet wurden, und beginnen bei einer Entfernung von 70 hm (Hektometer = 100 m) die
Beschießung des Hafengebietes. Da in den ersten Minuten noch keine Leucht-
bombe geworfen ist, eröffnet unser in der Mitte fahrendes Boot mit zwei
Geschützen den Leuchtgranatenbeschuß, um dann mit den anderen Booten
zum Wirkungsschießen überzugehen.

Aber dann beginnt unsere Maschine doch noch Leuchtbomben zu werfen. Auf
Gegnerseite schießen jetzt drei bis vier Batterien mit mittlerem Kaliber. Die

Aufschläge liegen um uns herum, werden dann aber zunehmend schlechter, und man spürt und sieht die Uneinigkeit bei den Landbatterien darüber, wer nun nach See zu und wer nach oben schießen soll. Dann fangen auf den Höhen um Bastia auch noch Scheinwerfer zu leuchten und zu suchen an. Damit ist die Verwirrung beim Gegner perfekt, und wir haben eine noch bessere Möglichkeit, uns auf unsere Ziele zu konzentrieren und auf die Aufschläge der Granaten und die Detonationen unserer Torpedos.

Fünf Minuten nach Feuereröffnung morst unser achteraus stehendes Boot *TA 25*: »*S-Boots-Alarm an Steuerbordseite!*« Das ist natürlich die »dunkle Seite«, auf die wir schon vom ersten Schuß an unser besonderes Augenmerk gerichtet haben. *TA 25* schießt einige Fla-Maschinengarben, und wir sehen nichts mehr.

Nach elf Minuten ist unsere Kanonade beendet, wir gehen wieder auf hohe Fahrt und nehmen Kurs auf La Spezia. Noch lange Zeit sehen wir ausgedehnte Brände in Bastia hinter uns. Feindliche S-Boote hören wir mehrfach, sind auch in ihrer Ortung, aber sie kommen nicht zum Angriff. Auch wir können nicht angreifen, da keine Zeitreserven mehr vorhanden sind. Wir müssen vor dem hellen Tag im Hafen sein. Wir sind sozusagen »lichtscheu«. Um 06.30 Uhr laufen wir deshalb in La Spezia ein.

Wir haben 172 Schuß Kalibermunition und fünf Torpedos gegen Bastia geschossen.

Das Drama von »TA 23«

Schon beim Einlaufen in Spezia liegt eine neue Sperraufgabe für morgen, den 24. April, vor. Die Sperre soll einige Seemeilen südlich von der Insel Capraia geworfen werden. Die Boote *TA 26*, *TA 29* und *TA 23* werden die Aufgabe durchführen. Um 20.00 Uhr legen wir ab und laufen mit Südkursen zum Wurfort. Bereits ab Mitternacht werden wir von der Nordspitze Korsikas auf eine Entfernung von 20 Seemeilen durch Ortung erfaßt. In zwei Meilen Abstand passieren wir die Südküste von Capraia. Fern von uns in Richtung Bastia beobachten wir eine mächtige Detonation. Um 01.18 Uhr beginnen wir mit dem Minenwerfen, das zwölf Minuten später beendet ist.

Als sich der Verband um 01.45 Uhr zur Marschformation sammelt und auf eine Marschfahrt von 21 kn geht, wird in der Nähe eine mittelstarke Detonation gehört.

Kurz darauf meldet *TA 23* einen Unterwassertreffer.

Wie der Gegner nun in den nächsten sechs Stunden über uns herfällt, das soll der Originaltext des Flottillen-Kriegstagebuchs aussagen:

Wir vermuten einen Minentreffer, da

1. weder eine feindliche Ortung gehört noch Feindstreitkräfte bei der herrschenden guten Sicht beobachtet wurden und

2. die Wahrscheinlichkeit eines Angriffes von einem im Schutz von Capraia still liegendem, feindlichen S-Boot nicht dem am weitesten ab in Deckung *TA 29* stehenden *TA 23* gegolten haben würde.

Verband wird durch Haltesignal zum Stehen gebracht. *TA 23* meldet, daß beide Kesselräume voll Wasser sind, und bittet gleichzeitig um Bergung von mehreren durch die Detonation über Bord geworfenen Soldaten. Letztere werden durch TA 29 aufgenommen. Während *TA 26* langsam zum Inschleppnehmen vorbeischeert, hält sich *TA 29* hinter beiden Booten auf.

Um 02.00 Uhr und um 02.14 Uhr werden je eine Minenortung auf *TA 26* gemacht. Wir stehen also in einem gegnerischen Minenfeld.

02.20 Es wird laufend Funkverkehr zwischen Bastia und einem Bewacher, später zwischen Bastia und S-Booten beobachtet. Auf Grund der Lautstärke kann der Bewacher nicht weitab sein. *TA 26* läuft langsam an unter Steuerung von westlichen Kursen. Nach den bisherigen Ortungen handelt es sich um eine in nordsüdlicher Richtung gelegte Minensperre.

02.24 Nach Herstellen der Schleppverbindung und langsamem Angehen von *TA 26* ortet dieser recht voraus und um

02.27 in rw. 300° eine 4. Mine. Beim harten Andrehen zum Ausmanövrieren der Minen bricht Schleppverbindung. Ich gebe dem Kommandanten *TA 26* Befehl, bei *TA 23* längsseit zu gehen und ihn so zu schleppen.

02.57 ist Schleppverbindung hergestellt. *TA 23* meldet weitere Wassereinbrüche vorn und achtern.

Umdrehungen auf *TA 26* erst zehn kn, um 04.00 Uhr 15 kn. Der Fahrtverlust beträgt etwa 3½ Knoten. Ab 03.00 Uhr laufend feindliche S-Boot-Ortungen. S-Boot-Alarm.

Entschluß, *TA 23* auf dem schnellsten Wege in einen Hafen zu schleppen. Nach Süden durch das feindliche S-Bootsgebiet vor Bastia zu laufen erscheint mir unzweckmäßig, deshalb Entscheid, durch Sperrlücke »Hals« nach Porto Ferraio zu laufen. Kompromittierung der Lücke muß in Kauf genommen werden.

03.27 meldet das Fu.M.B., daß S-Boote anscheinend auf hohe Fahrt gehen. Verband klemmt sich hart nördlich unserer eigenen Sperre durch die Sperrlücke »Hals«. Bis 04.02 Uhr werden noch weitere Minenortungen festgestellt, denen durch kleinere Kursänderungen ausgewichen wird. Ich bin froh, den Verband aus diesem Minenfeld herauszuhaben.

04.30 Bastia setzt Funkspruch ab an S-Boote: »Kurs des Feindes ist Ost«.

04.42 Eigener Verband steuert jetzt rw. 50°.

Laufender Telefonieverkehr zwischen Capraia und S-Booten sowie Funkverkehr zwischen Bastia und S-Booten.

NNO 1, Seegang 0–1, einzelne Wolken. S-Boot-Alarm.

Mehrere S-Boot-Ortungen beobachtet.

B-Gruppe meldet, daß S-Boote Angriffsbefehl bekommen hätten.

Um 04.46 Uhr werden Schatten in rw. 140° bis 180° gesichtet. Entfernung 5000 m. Feuererlaubnis für Lg. und schwere Artillerie. Im Leuchtgranatenschein sind S-Boote gut auszumachen*. Die Artillerie liegt wider Erwarten sehr gut. Die Salven sind deckend.

S-Boote drehen ab und nebeln. Ich lasse noch etwa drei Minuten weiterlaufen und gebe dann Befehl zum Abdrehen auf Kurs 350°. Das Drehen hat trotz der beiden zusammenliegenden Boote recht gut geklappt. Auf *TA 23, TA 26* werden an beiden Seiten vier Torpedos ausmanövriert, von *TA 29* zwei weitere. Nach Passieren der Torpedos neuer Kurs 90°.

Während des Angriffes durch die S-Boote greifen zwei Geschütze, die entweder auf Capraia an der Nordostseite oder auf einem Wachfahrzeug stehen, in das Gefecht ein, ohne daß aber Aufschläge beobachtet werden. Es handelt sich um ein geringes Kaliber von höchstens 7 cm, für das die Entfernung von fünf Seemeilen zu groß war.

---

* Es sind U.S.-Motor Torpedo Boats (PTs)

Die S-Boote kommen außer Sicht. Während des Artillerieschießens vermute ich auf Grund der Augenbeobachtung Treffer auf einem der S-Boote.

Der längsseits fahrende Kommandant *TA 23*, Kapitänleutnant Reinhardt, der mich laufend über seine Lage unterrichtet, meldet Vollaufen des S-Geräte-Raumes und U-Raumes sowie auch der Turbinenräume.

Ich bin überzeugt, daß der Gegner mit Tagesanbruch, das wird gegen 06.00 Uhr sein, alle ihm zur Verfügung stehenden Luftkräfte gegen uns ansetzen wird. Nach Stärke und Art des anfliegenden Verbandes werde ich meine Absichten zu treffen haben. Einen Angriff schwerer Bomber halte ich nicht für so gefährlich, da ich sie ausmanövrieren könnte. Dagegen würde ein Jagdbomberangriff, nach den Erfahrungen von *TA 24*, wohl unseren Ausfall bedeuten. Ich gebe die Hoffnung nicht auf, daß ich mit etwas Glück noch möglichst weit nach Elba rüberkomme. Mir ist klar, daß dort das Boot aufgesetzt werden muß und daß, da Reparaturmöglichkeiten in Ferraio wahrscheinlich schwer zu beschaffen sind und infolge Dockmangels eine lange Zeit in Anspruch nehmen werden, das Erreichen des Zieles, also den Hafen zu gewinnen, höchstens dazu führen würde, das Boot soweit wie möglich »auszuschlachten«. Vorbeugend lasse ich von allen freien Besatzungsmitgliedern alle nur erfaßbaren Ausrüstungsgegenstände von *TA 23* auf *TA 26* herüberschaffen, vornehmlich Geheimsachen, Geräte des Steuermannsabschnittes, F.T.-Geräte, Arzt-Geräte und große Teile der Ausrüstung von der Besatzung.

Um **05.30 Uhr** Sperrlücke passiert. Verband steuert direkt Porto Ferraio mit 135° an. Es sind nun noch 25 sm bis dahin, also zwei Stunden.

TA 23 meldet gegen **05.45 Uhr** den Einbruch von 200 t Wasser. **06.20** meldet der B-Dienst die SOS-Rufe eines S-Bootes an Bastia.

06.25 Fliegeralarm, als von Steuerbord achteraus erst zehn und wenig später weitere sechs Jabos beobachtet werden. Alle drei Boote schießen nach beiden Seiten Sperrfeuer. Feindliche Maschinen fliegen in Richtung der eigenen Küste nach dem Osten. Es ist schon taghell.

06.32 erscheinen weitab Jabos erneut im Anflug. Sie werden uns keine Ruhe geben, und so muß ich nun den schweren Entschluß fassen, *TA 23* aufzugeben, um nicht durch dessen Manövrierunfähigkeit ein weiteres Boot zu gefährden.

TA 23 hat mittlerweile, am Oberdeck gemessen, nur noch 30 cm Freibord, die Anker in der Klüse sind eben frei vom Wasser. Das eingebrochene Wasser hat 300 t erreicht. Ich gebe an *TA 23* Befehl zum Anschlagen der bereits klargehaltenen Sprengmittel und zur schnellsten Übernahme aller leichten Waffen sowie der noch erfaßbaren Munition und befehle Lösen der Verbindung bis auf eine Vor- und eine Achterleine. Boote haben mittlerweile gestoppt.

TA 26 muß sich durch Rückwärtsfahrt von *TA 23* lösen, daher Befehl zum Vorsetzen von *TA 29* gegeben.

Nach Übernahme der Besatzung werden die Flugzeuge noch weitab beobachtet. *TA 26* geht mit äußerster Kraft zurück, setzt sich dann wieder vor, und um den Untergang zu beschleunigen, befehle ich, das Feuer mit 10 cm gegen *TA 23* zu eröffnen. Da keine große Wirkung beobachtet wird, gebe ich *TA 29* Befehl zum Schießen eines Torpedos.

Die Flugzeuge fliegen von achtern an.

06.45 feuert *TA 29* erst einen Torpedo auf *TA 23*, der zwar trifft, aber keine Wirkung zeigt, und dann einen zweiten, der eine Munitionskammer trifft und das Boot buchstäblich in ein Nichts auflöst. Es waren kaum Überreste auf der Oberfläche zu erkennen.

Mit wehender Flagge ging dieses stolze Torpedoboot unter. Ein Torpedoboot, das seit 21. Oktober 1943 unter der Führung seines tüchtigen Kommandanten, des Kapitänleutnant Reinhardts, an 23 Unternehmungen teilnahm und sich immer wacker geschlagen hat.

Gleichzeitig mit dem Untergang des Bootes setzen die Jagdbomber im Sturzflug aus etwa 2000–3000 m Höhe zum Angriff an. Sämtliche Angriffe, die sich über eine Zeit von neun Minuten hinziehen, erfolgen von achtern. Die Jabos

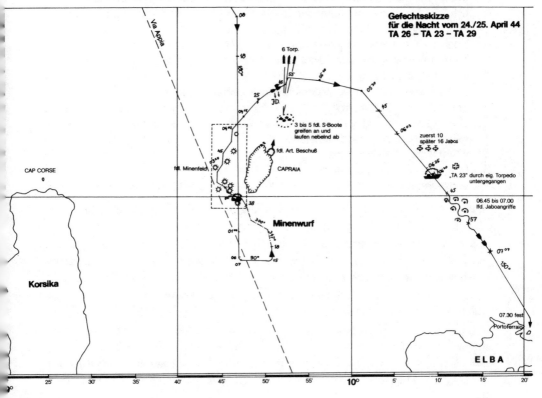

tragen zwei Bomben, die sie in etwa 800 m Höhe lösen, stürzen dann weiter und setzen ihren Bordwaffenbeschuß an. Die Bomben liegen bei *TA 26* verhältnismäßig schlecht, nämlich in Abständen von 100–200 m. *TA 29* dagegen hat Bombeneinschläge unmittelbar neben Heck und seiner Bordwand.

Wie sich später beim Docken herausstellt, wurde ein Propellerflügel auf *TA 29* um etwa 20 cm nach innen verbogen, ohne daß Stoßschäden durch ein Sprengstück oder andere Berührungen festzustellen waren.

Boote sind auf äußerste Kraft gegangen und versuchen mit hart Ruder den gezielten Bombenwürfen zu entgehen bzw. die Bomber an ihrer achterlichen Angriffstaktik zu hindern.

Während der Bordwaffenbeschuß auf *TA 26* ohne Wirkung bleibt, erhält *TA 29* etwa 30 13-mm-Einschläge, deren Wirkung glücklicherweise durch die Munition als Vollgeschoß ohne Sprengwirkung gering bleibt.

Es wurden insgesamt mindestens 26 schwere Bomben auf die Boote gezielt. Eine Feindmaschine gerät in die volle Wirkung eines Vierlings und stürzt ab. Eine weitere brennt mit längerer Rauchfahne und verliert an Höhe. *TA 29* gibt an, auch diese im Absturz beobachtet zu haben.

06.50 Funkspruch an Deutsches Marinekommando Italien: *»TA 23«* Minentreffer, *mit neun kn Fahrt nördlich Capraia Kurs Ferraio, dringend Jagdschutz.*

Um **06.54** ist der Angriff beendet. Boote sammeln sich und setzen Marsch mit 24 kn Fahrt nach Porto Ferraio fort.

Nach den erfolgten Angriffen sind mir die trüben Gedanken, ob TA 23 doch hätte vielleicht weitergeschleppt werden können, restlos zerstreut worden. Es wäre niemals klargegangen.

07.46 Funkspruch an Deutsches Marinekommando Italien:
»06.45 Uhr ›TA 23‹ mit 300 t Wassereinbruch selber versenkt. Vorher S-Boots-Angriff und nachher schwerer Jabo-Angriff auf Verband. Einlaufen Ferraio 07.30 Uhr, dann Näheres.«

07.50 in Porto Ferraio fest.

Boote haben an je einer der beiden Piere festgemacht. Die Besatzungen verlassen die Boote bis auf eine Leckwache und die 3,7-cm-Bedienungen.

Der Kommandeur der Marineartillerie auf Elba, Korv.Kapt. Schreiber, und der Hafenkapitän Leutnant Döhler haben vom Gefechtsstand aus unser Gefecht verfolgen können. Sie hatten auch den Verlust eines Bootes gesehen und vorsorglich bereits alles Notwendige zum Abtransport der Verwundeten vorbereitet. So hält sich der Stabsarzt Dr. Nußbaum bereits am Pier auf und sorgt für unsere Verwundeten, die auf einem Fährprahm dem Lazarett zugeführt werden. Korv.Kapt. Schreiber hat nach dem letzten Flugzeugangriff das nochmalige Eintreffen feindlicher S-Boote auf dem Gefechtsplatz beobachtet. Nach dem Einlaufen geht ein Kurzbericht an die übergeordneten Dienststellen. Dann gehen wir zum Krankenrevier, um dort mitzuhelfen, weil es nur eine kleine Dienststelle ist. Später höre ich, daß mein sehr dringender KR-

Der italienische Oberbefehlshaber, Admiral Diusioni Romeo Oliva (rechts), bergibt im September 1943 in Tarent seine Flotte formell an den Oberbefehlshaber der Alliierten Seestreitkräfte im Mittelmeer, Admiral Cunningham/Royal Navy (Mitte).

Das Flaggschiff der italienischen Flotte, das 35 000 ts verdrängende Schlachtschiff *Italia*, auf dem Marsch zur Übergabe an die alliierten Streitkräfte im September 1943.

7

Das italienische Torpedoboot *Impavido*, von den Deutschen kurz darauf als *TA 23* übernommen, im Hafen von Portoferraio/Elba (September 1943).

△ Torpedoübernahme auf *TA 23* im Einsatzhafen. Im Hintergrund werden per Bahn Minen angefahren.

◁ Auf beiden Seiten des Torpedobootes stehen die Minen auf ihren fahrbaren Minenstühlen.

Einige Kommandanten der 10. Torpedobootsflottille nach einer Einsatzbesprechung in Genua. Von links nach rechts: Vorn Kaptlt. v. Trotha *(TA 27,* später *TA 33)* und Oblt. z. S. Schmidt-Troje *(TA 29).* Hintere Reihe Kaptlt. Wenzel *(TA 28),* Kaptlt. Burkart *(TA 31),* Kaptlt. Dereschewitz *(TA 24)* und Kaptlt. Kopka *(TA 30,* später *TA 32)*

Torpedoboot *TA 23* ex *Impa-*
▽ *vido* in der Bucht von Genua

Funkspruch mit der Bitte um Jagdschutz wirkungslos bleiben mußte, weil die Luftflotte infolge Beanspruchung im gegnerischen Landegebiet Nettuno keinen Jäger stellen konnte (7. SiDi.).

Wir haben auf den Booten vier Vermißte, zwei Gefallene sowie 16 Schwer- und 14 Leichtverwundete zu beklagen.*

Um 17.30 Uhr kommt ein Auslaufbefehl für 20.00 Uhr, wonach wir das Gefechtsfeld eines gestrigen Kampfes unserer Geleitzüge mit feindlichen Schnellbooten an der Küste bei Vincenzo absuchen sollen, um danach eine Vorpostensicherung in der heute früh von uns befahrenen Sperrlücke »Hals« einzunehmen.

Die Zeit zum Seeklarmachen ist etwas zu knapp, weil wir in der Zwischenzeit unseren Marsch nach La Spezia mit der zusätzlichen Besatzung von *TA 23* für 20.45 Uhr gemeldet haben. Wir können aus diesem Grunde den Hafen erst um 20.45 Uhr verlassen und fahren dann zur angegebenen Position, wo wir lediglich große Ölflächen auf dem Wasser sehen.

Um 22.50 Uhr, als wir bereits die Vorpostenstellung eingenommen haben, geht ein Befehl durch das MarKdo. Italien an alle schwimmenden Einheiten ein, sofort zum Zielhafen zu laufen, da schnelle Wetterverschlechterung zu erwarten sei. Sie trifft auch ein. Um 04.30 Uhr sind wir in La Spezia.

Sicher haben sich da in der letzten Nacht, während wir draußen in der offenen See tätig waren, die feindlichen Schnellboote an einem unserer Küstengeleitzüge ausgetobt. Die Schnellboote sind ungemein aktiv und gefährlich für die ganze Küste. Sie legen sich im Schutz der Nacht und des bergigen Landes auf die Lauer und warten, bis etwas vorbeikommt.**

Unsere beiden Boote beginnen sofort mit dem Reparieren der erlittenen Schäden in der Werft. Einsatzbereit ist nun aber keine Einheit mehr.

---

* Heute wissen wir durch Dudley Popes Buch »Flag 4«, daß das italienische T-Boot *Sirio* (aus der *Spica*-Klasse), das auf alliierter Seite kämpfte, begleitet von MGBs und PTs, in der Nacht vom 10. zum 11. April 1944 südwestlich von der Insel Capraia zur Unterstützung der eigenen Seestreitkräfte italienische Minen geworfen hatte.
   An eben dieser Sperre scheiterte *TA 23*, und nur durch viel Glück konnten unsere anderen beiden Boote durch die Sperre hindurchfahren.

** Durch englische Quellen kennen wir heute die Vorgänge:
   In der Nacht vom 24. zum 25. April hatte Cdr. Allan mit einem gemischten Verband von 16 Fahrzeugen zwei deutsche Konvois angegriffen und dabei sieben Prähme, einen kleinen Schlepper und ein Geleitfahrzeug versenkt. Nun waren sie auf dem Heimmarsch nach Bastia, als gegen 04.00 Uhr der Befehlsstand in Bastia mitteilte, daß drei unbekannte Fahrzeuge drei Seemeilen westlich von Capraia gestoppt lägen.
   In der Annahme, daß es sich hier wohl um deutsche, auf Lauer liegende Schnellboote handele, befahl Allan, daß seine langsamen Boote nach Bastia zurückfahren sollten, während er auf seinem Führerboot *PT 218* gemeinsam mit *PT 202* und *PT 213* um den Norden von Capraia herumfahren wollte, um die Lage zu überprüfen, und *PT 211* und *PT 216* zur Unterstützung südlich der Insel fahren sollten.
   Diese Gruppe erkannte unsere *TA 23*, *TA 26* und *TA 29* und merkte, daß ein Boot manövrierunfähig war. Sie erkannte auch, daß dieses Boot von den anderen versenkt wurde.
   In dieser Situation trafen die beiden Schnellbootsgruppen zusammen, Allan ließ seine Torpedos starten – ohne sichtbaren Erfolg –, und dann begann auch ein heftiges Artilleriefeuer von unserer Seite.

»Dicke Luft« allerseits

Am nächsten Tag bin ich bei dem Marinekommando in Montecatini, um über die Erfahrungen der ersten sechs Wochen mit den TA-Booten zu berichten. Dort wird mir auch beeindruckend ernst die allgemeine Lage im italienischen Raum erklärt. Die schwersten Probleme des Augenblicks sind der zunehmende Druck der Gegner zu Wasser und zu Lande und die zunehmenden Gefahren durch die zweite Front, die der Partisanen.

Durch die verstärkte Feindpropaganda sowie durch Zuführung von Kräften und Material auf dem Landwege wächst die Bandentätigkeit im gesamten italienischen Raum. Es ist bereits für unsere Soldaten ein grundsätzliches Verbot des Alleinfahrens ohne Eskorte in den Apennin befohlen. Nachtfahrten sind überall zu vermeiden.

Auf unserer Seite kämpfen noch italienische Marinesoldaten auf italienischen Schnell- und Sturmbooten. Doch sie kommen durch dauernde Schäden, schlechten Nachschub und fehlende Ausrüstungsteile nie recht zum Einsatz. Es handelt sich um die »Decima Flottiglia MAS«, die mit fünf Booten in Savona liegt. Zuletzt waren drei Sturmboote und zwei MAS-Torpedoschnellboote Ende Februar ausgelaufen.

Von der Unternehmung kommen nur die beiden MAS-Boote zurück, die Sturmboote sind gestrandet. Jetzt müssen wir hören, daß mehrere MAS-Besatzungen ihre Offiziere erschossen haben und zum Gegner übergelaufen sind. Das sind hier schon Zustände! Unsere Aufgaben werden auch weiterhin auf das Legen von Minensperren konzentriert sein. Wir müssen Minenwälle bauen, da mit überholenden Landungen etwa im Raum Civitavecchia und Livorno gerechnet werden muß und man bei der nicht ausreichenden Aufklärung durch unsere Luftwaffe einen Aufmarsch für eine Landungsoperation kaum rechtzeitig erkennen kann. Abends wird uns mitgeteilt, daß vor Bastia zehn Gegnereinheiten unsere Minen räumen.

1. Mai: Die nächsten Tage sind ausgefüllt mit dem Lösen immer neuer auf uns zukommender menschlicher und militärischer Probleme. Es geht um die Verpflegung, bei der der Nachschub oft sehr schleppend ist, es geht immer wieder um den Schlaf und damit um die Frage, wo Platz an Land für die Besatzung ist. Überall taucht die Unsicherheit auf: Wie und woher bekomme ich nur . . .? Wir haben zu Anfang des Bestehens der Flottille bis zu 2000 Soldaten täglich verpflegen müssen, weil nämlich zusätzlich zu unseren Booten

uns noch drei Minenschiffe *Oldenburg*, *Kehrwieder* und *Dietrich von Bern* sowie *SG 15* angeschlossen sind.

Unangenehm wirkt sich auch das Auseinanderliegen unserer Kräfte in La Spezia und Genua aus. Notwendige Kraftwagenfahrten sind ein Abenteuer und dauern länger als einen halben Tag, weil feindliche Tiefflieger emsig um jeden Wagen bemüht sind.

Bis zu zehnmal mußten wir schon aus unserem kleinen Fiat in die Straßengräben flüchten, wenn wir auf dem Wege von La Spezia nach Genua waren.

Der Feind ist immer um uns, auch und gerade in den Standorten.

Am 2. Mai haben wir zwischen 12.00 Uhr und 14.07 Uhr Bombenangriffe mehrerer feindlicher Verbände, die gezielt gegen unsere Boote gerichtet waren, zu überstehen. Unser Flottillen-Tagebuch berichtet:

TA 25, das an einer Boje liegt, kommt in den Bereich eines Bombenteppichs, wodurch Kondensatschieber abgerissen wird. Ölleitungen und Schmierölleitungen T 2 werden undicht. Hauptölleitung der Turbinenölpumpe gerissen. Boot fällt dadurch für das vorgesehene Unternehmen »Bergheide« aus.

Ich habe die Absicht, »Bergheide« mit *TA 24*, *TA 29* allein duchzuführen.

Beim Zünden auf *TA 24* stellt sich heraus, daß Wasser im Heizöl ist. Störung kann bis Auslaufen nicht behoben werden, daher Verschiebung Unternehmung »Bergheide«.

Während des Angriffes wurde ein großer Betonbunker an der Zerstörerpier durch Erschütterungen und Luftdruck der niedergehenden Bomben mitten durchgebrochen.

Durch den Bombensog wurden drei Besatzungsmitglieder der Flottille aus dem Bunker herausgerissen und getötet.

Dieser Angriff und die Angriffe in den letzten vier Tagen und Nächten, die jeweils vier bis fünf Stunden anhielten – bis zu einer Gesamtzeit von elf Stunden innerhalb der 24 eines Tages – geben Veranlassung, die Unterkunft des Flottillenunterstabes in den bombensicheren Luftschutzstollen zu verlegen, bis mehr Ruhe eingetreten ist. Wir kommen einfach nicht mehr zu unseren Arbeiten.

Leider stellt sich am nächsten Tag heraus, daß auch *TA 24* infolge der Bombeneinschläge in nächster Nähe am gestrigen Tag Schaden erlitten hat. Verschiedene Zellen in den Bunkern sind gerissen, und es erfolgte Wassereinbruch in den Hauptgefechtsbunker.

Als nun am 5. Mai ein Unternehmen mit *TA 29* und *TA 25* anlaufen soll, fällt die Überhitzeranlage K I auf *TA 29* aus. Wieder muß das Auslaufen verschoben werden.

Die Reparaturen und Störungen auf den Booten haben momentan einen Höhepunkt erreicht. Natürlich traten sie auch schon vorher auf, aber es staut sich jetzt alles, weil die Arbeiten in den Werften so langsam vor sich gehen. Schon bei der Flugzeug-Vorwarnung verlassen die italienischen Arbeiter schnellstens ihren Arbeitsplatz und laufen in die Luftschutzbunker, aus denen sie in der Regel erst frühestens eine halbe Stunde nach der Entwarnung zurückkehren.

Dieselbe Schwierigkeit tritt mit den wenigen Schleppern auf, deren Besatzungen entweder ebenfalls sofort den nächsten Bunker aufsuchen oder aber – wenn die Schlepper unterwegs sind – sich in irgendeine entlegene Stelle unserer Spezia-Bucht verholen, unerreichbar bleiben und erst Stunden nach Alarm-Ende wieder erscheinen. Menschlich durchaus zu verstehen, aber sie tun nichts mehr für uns.

Endlich, am 11. Mai, können *TA 24* und *TA 29* zur Minenunternehmung »Languste« auslaufen. Diese Aufgabe wird ebenso planmäßig und ohne Zwischenfälle durchgeführt wie ein Aufklärungsvorstoß am nächsten Tag nach der Insel Giglio. Leider haben beide Boote wieder kleine Schäden genommen.

TA 30 versucht die Zeiten zwischen Fliegeralarmen für Torpedo-Erprobungen vor Genua zu nutzen. Das Boot hat diese Arbeiten noch nicht erledigt, hat auch noch keine Kompasse kompensiert, noch keine Gefechtstorpedos an Bord und hat noch nicht seine K.B. (Kriegsbereitschaft) gemeldet. Für morgen aber ist für dieses Boot ein Vorposteneinsatz zusammen mit einem U-Jäger vorgesehen!

Ob bereit oder nicht, die Lage erfordert den Einsatz.

Am 12. Mai wird »Alarmstufe 2« für die ganze Küste gegeben. Es erfolgen schwerste Luftangriffe auf Livorno, Piombino, Civitavecchia und San Stefano. *TA 30* läuft abends zum Vorpostendienst aus, muß aber nach wenig mehr als zwei Stunden wieder nach Genua zurück, da die Hauptkühlwasserpumpe ausgefallen ist.

15. Mai: In den nächsten Nächten versuchen die Boote immer wieder, wenigstens für kurze Zeit aus den Häfen zu kommen, um ihre Maschinen zu überprüfen. Aber es kommt immer wieder ein neuer Rückschlag an anderer, unvermuteter Stelle.

Am 19. Mai haben wir in La Spezia von 09.35 Uhr bis 12.35 Uhr erneut Fliegeralarm und erleben innerhalb dieser Stunden den bisher konzentriertesten Angriff eines Verbandes von etwa 150 Maschinen. Wir haben schwere Schäden an unserer Dienststelle und Unterkunft der Flottille, aufgrund deren zwei Tage später das Gebäude geräumt werden muß. Wir ziehen in das erste bereits vorbereitete Ausweichquartier um. Hier ist des Teufels Küche!

Durch die schweren Luftangriffe in den letzten Tagen sind die Telefonverbindungen entlang der ganzen Küste infolge Zerstörung von Kabeln und Oberleitungen immer problematischer geworden. Auch die Fernschreibverbindungen sind tot.

Die militärische Lage zwingt zu harten Maßnahmen. Aus diesem Grund muß *TA 30* am 20. Mai zusammen mit zwei U-Jägern von Genua nach Spezia verlegen und Vorpostendienst machen. Die Boote kommen jedoch ohne Unannehmlichkeiten wieder zurück. Zwischen 14.00 Uhr und 18.00 Uhr am 22. Mai führe ich die Seeklarbesichtigung von *TA 30* durch. Sie wird mehrfach durch Fliegeralarme intensiviert oder gestört, bis mehrere Bomberverbände gleichzeitig das Boot zum Ziel nehmen. Der größte Teil der Besatzung (und mit ihm der Stab der Flottille) wird durch die in nächster Nähe niedergehenden Bomben schwer durcheinandergeworfen. Kein Mensch findet sich dort wieder, wo er sich hingeworfen hatte. Verletzt aber wird wie durch ein Wunder kein einziger Soldat – und auch das Boot nimmt keinen Schaden.
TA 30 ist einsatzbereit!

Nachdem *TA 29* wieder seine Anlage klar gemeldet und von Genua nach Spezia verholt hat, laufen *TA 29* und *TA 30* am 24. Mai zum Minenwerfen nördlich von Elba aus. Die Sperre wird – mit nur kleinen Schwierigkeiten auf *TA 30* – geworfen, und die Boote sind nach achtstündiger Fahrt wieder heil in Spezia.

Weil alles so gut verlief, werden die beiden Boote sogleich wieder mit Minen beladen und werfen in der nächsten Nacht das Anschlußstück an die gestrige Sperre. Auch diese Fahrt verläuft ohne Probleme. Also müssen die Boote auch noch eine dritte Nacht zum Einsatz auslaufen. Sie werfen die Sperre »Widerhaken« in der Nacht vom 27. zum 28. Mai ebenfalls nördlich von Elba.
Also drei Tage und drei Nächte ohne jeden Schlaf!

Die deutsche Seekriegsleitung meldet, daß laut deutscher Luftaufklärung 34 Schnellboote und fünf Vorpostenboote der alliierten Streitkräfte im Hafen Bastia liegen. Wir haben wirklich Glück mit den letzten Sperren gehabt.

Die deutsche Aufklärung stellt fest, daß im Gebiet von Livorno und in der Bucht von Genua ständig feindliche S-Boote stehen und laufende Jagdbombertätigkeit von 06.00 bis 20.30 Uhr beobachtet wird. Der Gegner hat die absolute Luftherrschaft und unterbindet damit einen geregelten Seenachschub. Um so mehr muß man die Leistungen der Männer auf den Geleitzugfahrzeugen bewundern, die Nacht für Nacht am Rande des Schreckens entlangfahren und sich auf den Schutz durch die Sicherungsfahrzeuge verlassen müssen.

Die 7. Sicherungsdivision berichtet von folgenden Leistungen:
Im Mai 1944 wurden 203 979 BRT bewegt, und zwar mit

> 54 Dampfern
> 384 Marinefährprähmen
> 309 Penichen (mit sechs Knoten Fahrt!)
> 129 Schleppern und Küstenmotorschiffen
> bei einem Einsatz von 353 Sicherungsfahrzeugen.

Die Fahrten dieser Einheiten liefen meist von Genua aus bis S. Stefano/ Orbetello.

Eine für die Nacht vom 29. auf den 30. vorgesehene Schnellbootsjagd in der Straße von Piombiono mit *TA 29/TA 30* muß leider entfallen, da auf *TA 29* die Heizölpumpe ausgewechselt werden muß.

Die beiden Boote laufen aber zur Maschinenüberprüfung mit gleichzeitigem Aufklärungsvorstoß nach dem Süden am 31. Mai morgens um 01.30 Uhr aus. Sie laufen bis zur Höhe von Livorno und gehen dann auf Gegenkurs. In der Höhe von Marina di Pisa werden Steuerbord voraus mehrere Schatten ausgemacht, mit Leuchtgranaten beschossen und als feindliche Artillerie- und Torpedoschnellboote in drei Gruppen zu je zwei Booten, die still liegen, erkannt. Es beginnt ein kurzes Feuergefecht auf eine nahe Distanz von etwa fünf hm! Die feindlichen S-Boote lösen – deutlich zu erkennen – vier Torpedos, denen ausgewichen werden kann. Ein Torpedo-Schnellboot wird versenkt, ein weiteres erhält viele Treffer.

Aber auch *TA 29* muß 15 Treffer mittleren Kalibers einstecken, und, was noch unangenehmer ist, das Ruder klemmt in Hartlage. Während *TA 29* zurückbleibt, jagt *TA 30* den Feind in Nordrichtung und verliert ihn außer Sicht, obwohl äußerste Kraft gefahren wird.

TA 30 fährt zu *TA 29* zurück und nimmt das Boot, dessen Ruder immer noch feststeht, längsseits in Schlepp.

TA 29 hat einen Toten und 25 Verwundete.

Kleine maschinelle Schäden werden nach dem Einlaufen festgestellt, im wesentlichen aber sind viele Kabel zerrissen.

Munitionsverbrauch: 135 Schuß 3,7 cm
1500 Schuß 2 cm
45 Schuß 10 cm
85 Schuß Leuchtgranaten.

Bei diesem Gefecht fehlte, wie sich herausgestellt hat, neben einem Ortungsgerät vor allem eine mehrläufige Maschinenwaffe auf der Back. Die gegnerischen Boote waren nämlich so dicht vor dem Bug, daß sie mit dem vorderen Geschütz nicht erreicht werden konnten.

Wer ist eigentlich unser Gegner?

Am 24. Mai haben die amerikanischen Schnellboote *PT 218*, *PT 213* und *PT 202* einen deutschen Nachschubverband angegriffen und dabei die Sicherungsboote *UJ 2223* versenkt und *UJ 2222* kampfunfähig gemacht.

Schon drei Nächte später versenkten die PTs unseren U-Jäger *UJ 2210*.

Bei dem nun überstandenen Gefecht zwischen *TA 29* und *TA 30* gegen die feindlichen Boote hat es sich wieder um die PTs, nämlich um *PT 304*, *PT 306* und *PT 307*, gehandelt.

Es vergeht kaum eine Nacht, wo diese schnellen Boote* nicht auftreten und, wenn sie da sind, nicht auch stets das »Brust-an-Brust-Gefecht« fällig ist. Es sind schneidige Angreifer, die unsere unermüdliche Wachsamkeit erzwingen. Ihre nächtliche Angriffstaktik haben wir oft genug erfahren.

Die eingesetzten britischen Schnellboote der Coastal Forces gehören zum größten Teil zum Typ Fairmile D, die man »Dogboats« nennt. Sie verdrängen 102 ts und haben eine Länge von 35 m. Die Packardmotoren leisten 4800 PS auf vier Wellen, die für eine Geschwindigkeit von 30 sm/h gut sind. Tiefgang 1,5 m. Sie sind waffenmäßig wie folgt ausgerüstet:

Als Gunboats (MGBs), armiert mit einem 2-lbs-Pompom (automatische Waffe), zwei 2-cm-Oerlikon-Maschinenwaffen und acht Maschinengewehren sowie zwei Wasserbombenwerfern.

---

* Heute wissen wir von dieser 7. MTB.-Flottille mehr:
Schnellboote waren zu Kriegsbeginn in nennenswertem Umfang nur bei den Briten, den Amerikanern, den Italienern und bei uns einsatzbereit. Die Boote sollten besonders nachts zum Einsatz kommen; sie konnten schlecht gesehen werden, sich aufgrund geringen Tiefganges leichter durch feindliche Minensperren bewegen und schließlich durch ihre hohe Geschwindigkeit besser manövrieren und sich auch blitzschnell zurückziehen. Ihre Geschwindigkeit betrug bis zu mehr als 40 kn.
1500 Einheiten der Schnellboote waren bei Kriegsende noch in der Gruppe der anglo-amerikanischen Coastal Forces im Einsatz.
Fast einhundert dieser Fahrzeuge gingen während des Krieges verloren, aber sie brachten in allen Küstenbereichen große Unruhe und für uns schwere Verluste.
Bevor diese 7. MTB-Flottille in den ersten Monaten 1944 nach Bastia verlegt worden war, hatte sie von den Einsatzhäfen Messina und Maddalena (an der Bonifacio-Straße zwischen Korsika und Sardinien) aus operiert. Sie war neun Monate hindurch im »totalen« Einsatz und hatte 122 Unternehmungen durchgeführt, bei denen 31 deutsche Fahrzeuge – überwiegend Küstenschiffe und deren Bewacher – vernichtet sein sollen.
Ihr Flottillenchef war Robert Allan, Commander RNVR. Ihm standen im April 1944
   drei LCG (Landungsartillerieboote)
   vier MGB (Artillerieschnellboote)
   vier MTB (Torpedoschnellboote)
   sieben PT (Torpedomotorboote) zur Verfügung.

Als Motor Torpedoboats (MTBs) mit zwei Torpedorohren mit 53,3 cm oder auch vier Rohren mit 45,7 cm, zwei 6-lbs-Geschützen oder statt dessen mit einem vollautomatischen 2-lbs-Geschütz sowie zwei bis drei 2-cm-Waffen und einigen Maschinengewehren.

Die Besatzungsstärke liegt je nach Bewaffnung des Bootes bei etwa 20 Mann. Die Torpedos sind vom Typ Mark VII mit Magnetpistole. Bei einer Laufstrecke von 4500 m haben sie eine Geschwindigkeit von 44,5 sm/h.

Wie schon angedeutet, sind die Boote sehr unterschiedlich mit Waffen bestückt worden. So haben auch einige Gunboats zwei Torpedos geführt.

Die PTs sind amerikanische Boote vom Higgins-Typ bis auf *PT 552*, *PT 558* und *PT 559*, die zum Typ *Elco* gehören (45 ts). Sie haben Motoren mit 4050 PS auf drei Wellen und sind wesentlich schneller als die britischen Boote, sie laufen bei Höchstfahrt mehr als 40 sm/h. Die Boote haben auf dem Vorschiff eine automatische 3,7-cm-, achtern eine 4-cm-Kanone und zwei Doppel-MG. Sie haben ferner vier MARK-VIII-Torpedos an Bord. Einige Einheiten sind auch mit Raketenwerfern ausgerüstet.

Später kommen nach und nach Boote vom Vosper-Typ hinzu. Die wesentliche Aufgabe all dieser Boote ist natürlich das Stoppen unseres Nachschubs für die Landfront.

Bei den nächtlichen Angriffen, die von Cdr. Allan von *PT 218* aus, dem Boot, das die beste Radaranlage hat, geführt werden, versuchen die MGBs die Sicherungsstreitkräfte von den Konvois abzulenken und zu beschäftigen, damit dann die MTBs an die Frachtschiffe herankommen und ihre Torpedoangriffe ansetzen können.

Das Eintreten der 10. T-Flottille in die Küstenkämpfe ist eine unangenehme Überraschung für die leichten Boote, denn ihre Waffenausrüstung ist nicht für die Bekämpfung eines solchen Gegners vorgesehen. Aus diesem Grund wurden der Schnellboots-Flottille auch einige Landungsfahrzeuge mit ebenbürtigem Geschützkaliber angehängt, die eine bessere Feuerunterstützung sicherten. Diese haben nur den Nachteil, daß sie zu langsam sind (15 sm/h).*

---

* Übereinstimmend aber wird in der britischen Lektüre die immer stärker werdende Feuerkraft und Einsatzfreudigkeit der deutschen Fährprähme und Transportfahrzeuge betont, die sich aber mit der Abwehr allein nicht genügend wehren konnten, weil sie viel zu schwerfällig gegenüber den sehr schnellen und wendigen Motorbooten waren.

Wir verlieren drei weitere Boote

2. Juni: um 21.00 Uhr laufen *TA 25* und *TA 30* zur S-Boots-Jagd aus. Sie kommen, ohne Feindberührung gehabt zu haben, am nächsten Morgen um 05.00 Uhr wieder in Spezia an. Immer ist der Gegner da, wenn man ihn nicht will, nur dann nicht, wenn man ihn sucht. Nachmittags treiben vier englische Minen auf die Küste bei Vincenzo. Es besteht Verdacht der Verseuchung unserer Nachschubwege.

In der darauffolgenden Nacht legen wir von Spezia aus mit *TA 30* und *TA 27* die Minensperre »Gemse« planmäßig und wieder ohne Feindberührung, obwohl wir beim Anmarsch zur Sperre westlich und beim Rückmarsch östlich um Elba durch die Piombinostraße nach Ferraio laufen. Wie üblich treffen wir in diesem Hafen alle Vorsichtsmaßnahmen gegen überraschende Angriffe.

Aber der Gegner ist friedlich, und erst abends um 22.00 Uhr bei unserem Auslaufen ertönen im Hafen die Fliegeralarmsirenen. Wir merken jedoch nichts von einer Gegneraktion und marschieren in Richtung Spezia mit der Absicht, im Gebiet Livorno und Viareggio feindliche S-Boote aus ihren Schlupfwinkeln herauszulocken. Tatsächlich stoßen wir zweimal auf gegnerische Verbände, aber nachdem wir mittels Leuchtgranaten die Szenerie aufgehellt hatten und die Boote sich erkannt fühlen, laufen sie mit hoher Fahrt ab. Sie sind wohl auf unentdeckte Angriffe ausgerichtet. Um 05.00 Uhr machen die Boote in La Spezia fest.

Am 4. Juni räumen unsere Truppen kampflos Rom. Die Front rückt also immer näher.

Für morgen nacht, den 6./7. Juni, ist die Sperrlegung »Astra«, südöstlich von Elba, für die Boote *TA 27* und *TA 30* mit erneuter S-Boots-Jagd in der darauffolgenden Nacht von Ferraio aus vorgesehen.

Diese Jagden müssen sein, weil diese Boote eben unseren ganzen Nachschub in Gefahr bringen.

Wegen des stürmischen Wetters muß die Unternehmung jedoch zweimal verschoben werden.

Ich nutze den Tag ohne Unternehmung und fahre nach Genua. Dort informiere ich mich über den Zustand der Boote und erläutere den Kommandanten die ernste militärische Lage und damit die zwingende Notwendigkeit der schnellsten Einsatzbereitschaft der Boote. Leider muß ich aber auch feststellen, daß den ganzen Mühen der Besatzungen doch erhebliche Grenzen gesetzt sind. Die Boote können nun einmal nicht ohne Materialien, die nicht angeliefert werden oder irgendwo auf der Strecke liegen, weiterkommen. Auch die Improvisationskünste haben ihre Grenzen.

Bei dem Marinenachrichtenmittelbetrieb muß ich leider ein neues Mal hören, daß Funkmeßortungsgeräte für uns immer noch nicht eingetroffen sind. Monate warten wir nun schon darauf und sind ohne sie doch so gut wie wehrlos.

Ein Besuch bei der 7. Sicherungsdivision dient meiner Information über vorgesehene Unternehmungen in der nächsten Zeit.

Infolge Wetterbesserung befiehlt das Marinekommando Italien schon für heute den Durchführungsbefehl für das Minenunternehmen. Die Boote sollen um 22.00 Uhr auslaufen.

Nachmittags beeilen wir uns, um rechtzeitig zum Auslaufen bei *TA 27* und *TA 30* zu sein. Aber die Absicht mißlingt, weil wir während der PKW-Fahrt fast ununterbrochen von Jagdbombern angegriffen werden und nicht vorankommen. Die Bootsgruppe läuft nun unter Führung des Kommandanten von *TA 27*, Kaptlt. v. Trotha, aus.

Am nächsten Abend um 22.10 Uhr müssen wir durch einen Funkspruch vom Marinekommandanten von Elba hören, daß *TA 27* um 13.50 Uhr einen Bombenangriff und Bordwaffenbeschuß durch sieben Jagdflugzeuge Typ Spitfire und acht Jagdbomber in Porto Ferraio erlebte, dadurch 14 Verwundete habe und das Boot außer Kriegsbereitschaft abgeschleppt werden müsse. Um 15.20 Uhr sei ein weiterer Jagdbomberangriff gegen das Boot erfolgt. Wenig später meldet Kaptlt. Kopka, der Kommandant von *TA 30*, ebenfalls durch Funk: »*TA 27*« *durch Naheinschläge Wassereinbruch in den Abteilungen III und IV, Maschine unklar. Keine Möglichkeit, Leck zu dichten. Waffen nur beschränkt klar. Absicht, 21.30 Uhr »TA 27« im Schlepp von »TA 30« nach Spezia zu überführen. Falls Abschleppen unmöglich, Versuch, »TA 27« an die Pier zu bringen, Besatzung von »TA 27« auf »TA 30« zu übernehmen und Alleinmarsch nach Spezia anzutreten.*

Mit Funkspruch von 21.30 Uhr ist das Marinekommando Italien mit dem Abschleppen von *TA 27* nach Spezia einverstanden, reagiert aber um 22.45 Uhr negativ auf den Spruch von *TA 30*, womit die Absicht der Mitnahme der Besatzung *TA 27* nach Spezia gemeldet wird. Das Marinekommando erwartet vielmehr das Verbleiben der Besatzung *TA 27* auf Elba, damit am nächsten Tag und bei Helligkeit die zu treffenden Maßnahmen in aller Ruhe erwogen werden können.

Mitternachts erhalten wir aus Ferraio die Nachricht, daß *TA 27* im Hafen gekentert und *TA 30* danach mit der Besatzung von *TA 27* nach Spezia ausgelaufen sei.

Auf dem Marsch Porto Ferraio – La Spezia hat *TA 30* Gefechtsberührung mit einer starken feindlichen S-Boots-Gruppe.

Nach Abwehr und beim Ablaufen sind zwei S-Boote anschließend auf der Minensperre »Widerhaken« explodiert.

TA 30 läuft am 10. Juni um 04.30 Uhr in La Spezia ein.

Aus den Meldungen der beiden Kommandanten ergibt sich für mich folgende Situationsentwicklung in Porto Ferraio:

Nach planmäßiger Durchführung des Minenunternehmens liefen die Boote gestern um 04.15 Uhr in Ferraio ein. Um 11.00 Uhr wurden zwei feindliche Jagdflugzeuge über dem Hafen beobachtet. Um 13.50 Uhr griffen drei amerikanische Jagdbomber *TA 27* – vor Anker liegend – mit sechs Bomben, die dicht neben dem Boot niedergingen, und mit Maschinenwaffen an. Auf dem Boot fielen mehrere Flugzeugabwehrwaffen aus, und es entstanden verschiedene Schäden in den Betriebsleitungen der Maschine, wodurch ein »Dampfaufmachen« unmöglich gemacht wurde.

Ein Schwer- und 13 Leichtverwundete sind zu beklagen. Schlepper sind im Hafen nicht vorhanden. So versuchte der Kommandant, das Boot mit seiner eigenen Motorpinaß wegzuschleppen. Während dieses Versuchs wurde ein neuer Angriff durch sechs Bomber herangetragen. Sie warfen etwa zehn bis zwölf Bomben wieder ganz in die Nähe des Bootes, wobei zwei Bomben unter dem Boot detonierten. *TA 30* griff in die Abwehr mit allen Waffen ein und konnte ein Flugzeug abschießen.

Das Achterschiff von *TA 27* war bei Abtlg. III angebrochen. Hier und in Abtlg. IV drang Wasser in das Boot. Eine Lenzmöglichkeit bestand infolge Ausfalls der Maschinenanlage und damit auch der Pumpen nicht. Die Schiffsführung hatte aber noch den Eindruck, daß das Boot gehalten werden könnte und ein Abschleppen noch möglich sei.

Um 20.00 Uhr aber »sackte« das Boot achtern kräftig weg und bekam zunehmend Schlagseite nach Backbord.

Um 21.15 Uhr versuchte *TA 30*, das angeschlagene Boot, das es längsseit nahm, abzuschleppen, aber der Anker, der mit Handspill gehievt werden mußte, war nicht aus dem Grund zu bekommen. Deswegen muß *TA 30* voll rückwärts schleppen, damit die Ankerkette geslippt werden konnte.

Nun sollte *TA 27* am Pier festmachen. Während des Manövers um 22.45 Uhr kippte *TA 27* innerhalb von Sekunden nach der Backbordseite um. Alle Schleppleinen zu *TA 30* brachen, und *TA 27* fiel schräg – bei etwa 80° Schlagseite – auf die Pier, wobei das Heck von *TA 27* bis zur Abtlg. IV unter Wasser lag. Mittschiffs brach ein Feuer aus. Die Besatzung rettete sich teils auf *TA 30*, sprang teils an Land, und etwa 20 Mann sprangen ins Wasser, aus dem sie sämtlich wieder herausgeholt werden konnten.

Nun ist an eine Heimfahrt nicht mehr zu denken. Es werden in aller Eile alle wichtigen und wertvollen Ausrüstungsteile, die demontierbar sind, von *TA 27* abgeborgen.

Wenig später legt *TA 30* ab, um noch während der Dunkelheit mit seinem Boot und der zusätzlichen *TA 27*-Besatzung heil nach La Spezia zu kommen. Der Aufenthalt in Ferraio war schon immer mit Befürchtungen gespickt, weil der Hafen unter ständiger Gegnerkontrolle liegt und ein Hauptziel ist. Wir können aber auf diesen Hafen einfach nicht verzichten, weil die Strecken zu den Sperrenpositionen zu weit sind, um von Spezia aus im Laufe einer Nacht hin- und zurückzukommen.

Ferraio wurde im Verlauf der letzten Wochen zu einem einzigen riesigen Trümmerhaufen zerbombt, in dessen weiterer Umgebung sich kein Lebewesen mehr aufhielt.

Nun ging hier ein weiteres Boot verloren.

Aus allen Berichten ist zu entnehmen, daß alle Verantwortlichen ihr Äußerstes getan haben, um Herr der Situation zu werden, und daß die Männer an den Waffen sich vorzüglich gewehrt haben.

Wenn der Kommandant von *TA 27* sich auf seinem Wrack entschloß, vor allem an die Rettung seiner Besatzung zu denken und sie auf *TA 30* überführte, ohne den Zustand seines Bootes eingehend untersucht zu haben, so resultiert dieser schnelle Entschluß wohl aus den schweren, schnell aufeinander folgenden Entscheidungsnotwendigkeiten und aus den stückweise erfolgten Ausfällen seines Bootes.

Am gleichen Tag noch trifft der I. Admiralstabsoffizier des Marinekommandos Italien, Kapt. z. S. Wachsmuth, bei uns ein, um sich über die Ereignisse in Ferraio zu informieren und um notwendige Maßnahmen zu treffen.

Es wird in Ferraio zu prüfen sein, ob nicht doch eine Abbergung – und sei es nur von Teilen des *TA 27* – möglich ist, weil wir doch wirklich jede Kampfkraft brauchen. Zu diesem Zweck wird der Kommandant von *TA 27* mit einem Sonderkommando nach Porto Ferraio zurückkehren und mit einem Vertreter einer Bergungsgesellschaft den Zustand des Bootes eingehend prüfen und gegebenenfalls den Abbau noch vorhandener Waffen einleiten.

Für die Flottille aber und für die Durchführung all der so dringenden Kriegsaufgaben ist dieses Boot nicht zu ersetzen. Auch wenn es geborgen werden könnte, wird es bis zur erneuten Einsatzbereitschaft doch zu lange dauern. Gerade in den letzten Tagen mußten wir an der italienischen und französischen Front schwere Rückschläge hinnehmen: Seit dem überholenden Landeunternehmen der Alliierten südlich der Tibermündung bei Anzio/Nettuno im Januar 1944, das jetzt zur Einnahme von Rom und zum Abschneiden des Nachschubs für unsere Landtruppen führen sollte, dauerten die sehr harten und verlustreichen Kämpfe auf beiden Seiten bis zum Ende Februar an, ohne daß der Landekopf von unseren Truppen beseitigt werden konnte. Aber auch der Gegner konnte erst Ende Mai, nachdem er enormen Nachschub herangeführt hatte, unsere Front durchbrechen.

Dadurch kam unsere gesamte Front von Ost- bis Westitalien in Bewegung und führte, wie gesagt, zum – zwecks Schonung der Kulturgüter dieser Stadt – absichtlich kampflosen Rückzug unserer Truppen am 4. Juni aus Rom.

Am 6. Juni läuft die alliierte Invasion in der Normandie an, am 7. Juni wird Civitavecchia vermint, werden die Hafenanlagen gesprengt und der Ort geräumt . . . am 9. Juni wird San Stefano geräumt und der dortige Hafen zerstört. Beide Orte konnten ohnehin von unseren Geleitzügen infolge der ununterbrochenen Überwachung und ständiger Angriffe durch feindliche See- und Luftstreitkräfte nicht mehr angelaufen werden.

Es geht heute ein Befehl an die Flottillen ein:
Zur Entlastung der Werften sollen für kleinere Schiffe und Boote Ausweichreparaturstellen außerhalb Genuas geschaffen werden. Hierfür stellen die Marineeinheiten einen kleinen Stamm deutscher technischer Soldaten, die die Fertigungsarbeiten überwachen.
Nachsatz: Diese Anordnung gilt nicht für die 10. T-Fl.
Nachdem *TA 24* wieder einsatzbereit ist, werden von den Booten *TA 24*, *TA 25*, *TA 26* und *TA 30* zwischen dem 9. und 13. Juni vier kleinere Aufgaben gelöst.

Am 13. Juni abends laufen *TA 24* und *TA 30* zur Minenunternehmung »Weide« – Verseuchung der südlichen Piombinostraße – aus. Während wir in den ersten Minuten des 14. Juni unserem Ziel näherkommen, beobachten wir mit Schrecken, wie weit die Landfront schon nach Norden vorgeschoben ist. In Richtung San Stefano, schon davor, sehen wir die Abschüsse und Einschläge von schwerer Artillerie der Landfront auf eine Entfernung von etwa 60 km. Zwischen 00.59 Uhr und 01.35 Uhr werfen wir die Sperre etwa 15 sm südöstlich von Piombino. Kurz nachdem die letzte Mine über Bord ist, stehen – und bleiben auch für längere Zeit – vier feindliche S-Boote in unserer Nähe, ohne uns anzugreifen. Beim Durchlaufen der Piombino-Straße wird das Erkennungssignal von deutschen Einheiten an der Küste angefordert. Mit hellster Lampe geben wir es – noch mehrfach. Da leuchtet die Lichtsperre über der Straße auf, erfaßt unseren Verband, und man beginnt uns mit erst mit leichten Waffen, später mit der Mittelartillerie zu beschießen. Wieder einmal versagen – wie schon bei dem Gefecht mit den Booten des Geleitzuges am 26. Februar – unsere Patronen für die farbigen Stern-Erkennungssignale. Wir drehen hart nach Backbord auf Elba zu und steuern genau auf eine weitere feindliche S-Boots-Gruppe zu. Die Boote aber kümmern sich gar nicht um uns und fahren gen Westen. Die eigenen Landbatterien stellen dann ihr Feuer ein.

Um 02.35 Uhr stehen auf unserem nördlichen Kurs wieder Schatten vor uns. Es sind drei von unseren R-Booten, von deren Arbeit in diesem Gebiet wir wissen. Sie geben uns zur Begrüßung »Minenalarm«-Signale. Die Boote fahren mit Räumgeräten, und wir hängen uns ihnen an. Nach einiger Zeit machen wir uns wieder selbständig und laufen mit hoher Fahrt nördlich nach La Spezia, wo wir um 05.30 Uhr festmachen.

Im Stabsquartier finde ich einen Funkspruch von Kaptlt. v. Trotha aus Elba vor, wonach der Abbergungsversuch seines Bootes nach Gutachten der Sachverständigen unter den gegebenen Umständen mehr als zwei Monate in Anspruch nehmen würde. Das Boot sei daher befehlsgemäß nachhaltig gesprengt worden.

Die Landfront ist, wie wir ja sehen konnten, stark in Bewegung geraten. Minensperren sind zum Aufhalten des Gegners zur See dringender denn zuvor, und deshalb sollen heute (14. Juni) durch zwei TA-Bootsgruppen zwei verschiedene Sperren geworfen werden.

1. *TA 26* und *TA 30* sollen unter der Führung des Chefs der 13. Sicherungsflottille eine Sperre und
2. *TA 24* und *TA 29* unter Führung des Chefs der 10. Torpedobootsflottille eine weitere Sperre werfen.

Da *TA 29* verschiedene technische Schwierigkeiten hat, muß das zweite Unternehmen auf die folgende Nacht verschoben werden.

Die erste Gruppe aber mit *TA 26* und *TA 30* läuft um 21.50 Uhr aus.

15. Juni: Die Nacht vergeht, der Morgen – es wird 08.00 Uhr, und noch ist keines der Boote zurückgekommen.

Wir telefonieren nach allen Himmelsrichtungen, um über die Boote irgendwelche Nachrichten zu hören. Schließlich erfahren wir von der Sicherungsdivision, daß eine unserer Landbatterien vor La Spezia gegen 04.20 Uhr fernab im Westen Detonationen, Scheinwerfer und rote Sterne beobachtet habe.

Uns ist klar, daß diese Beobachtungen mit den TA-Booten zusammenhängen. Wir mobilisieren alle Küstenorte um Hilfe für die offenbar Schiffbrüchigen. Ein vom Seenotdienst Spezia angefordertes und ausgelaufenes Boot wird von feindlichen Jagdbombern vernichtet.

Um 09.15 Uhr teilt die 7. Sich.Div. mit, daß unsere Funküberwachung dem Feindfunk entnommen hat, daß amerikanische Patrol Boats die Versenkung von zwei deutschen Zerstörern meldeten.

Die bangen Zweifel werden nun zur Wahrheit. Um 10.30 Uhr trifft der Oblt. (Spr.)* Heilmann in einem beschlagnahmten Wagen ein und meldet, daß die Boote *TA 30* und *TA 26* auf dem Rückmarsch von der Minenunternehmung von kleinen Fahrzeugen – vermutlich U-Booten – torpediert worden seien. *TA 26* sei auf der Stelle, *TA 30* nach etwa 15 Minuten gesunken.

H. habe sich mit noch sieben Soldaten in einem schwerbeschädigten Boot an die etwa 14 km entfernte Küste retten können und gemeldet, daß viele Schiffbrüchige im Wasser trieben.

Inzwischen waren schon bei den nördlich Spezia stehenden Hafenkapitänen Fahrzeuge zum Retten der Schiffbrüchigen angefordert worden. Diese Rettungsaktionen machen große Schwierigkeiten, da während des ganzen Tages Jagdbomber über der Unfallstelle und der Küste stehen. Dt. MarKdo. Ital. teilt wenig später mit, daß das Lazarettschiff *Erlangen* Befehl zum Auslaufen erhalten habe und auf dem Marsch sei. Nachmittags geht jedoch Mitteilung ein, daß dieses Lazarettschiff schon auf dem Anmarsch mit Flugzeug-Bordwaffen beschossen und kurz vor der Unfallstelle mit Bomben beworfen worden sei und einen Volltreffer in das Vorschiff erhalten habe. Es liefe brennend zur Küste zurück.

Unsere ganzen Hoffnungen gehen nun auf die Nacht, in deren Verlauf ein Seenotboot, eine Hafenschutzflottille und verschiedene RA-Boote zur Suchaktion auslaufen werden. Abends geht die Nachricht ein, daß italienische Fischerfahrzeuge aus verschiedenen Häfen doch schon viele Kameraden, darunter auch den Kommandanten von *TA 30*, an Land bringen konnten.

Erst am 16. Juni morgens um 02.00 Uhr trifft ein angeforderter Lazarettzug mit 90 Schiffbrüchigen, dabei etwa 30 Verwundete, aus Monte Rosso ein.

Die meisten geretteten Seeleute sind von *TA 30*.

TA 26 hat entsetzlich hohe Verluste hinnehmen müssen.

---

* (Spr.) ein Sperroffizier – also Minenspezialist

Kaptlt. Kopka, der Kdt. von *TA 30*, beschreibt das Unglück in seinem Kriegstagebuch wörtlich so:

---

14. Juni 1944: Das vom Chef 13. Sicherungsflottille auf 21.00 Uhr festgelegte »Seeklar« kann nicht eingehalten werden, da die Heranschaffung von Brennstoff Schwierigkeiten macht. Nach Übernahme von etwa 30 cbm (ich benötige 80 cbm)

21.50 NNO 1–2, See 1 abgelegt. Ausgelaufen zur Aufgabe »Nadel«. Lange Dünung, Führung Chef 13. Sich.Flottille auf *TA 26*.

22.40 sternenklar, gute Sicht. An *TA 26* angehängt.

22.55 Punkt C passiert.

15. Juni 1944

00.28 Punkt Y passiert.

01.40–01.57 Sperre geworfen. Rückmarsch wie Hinmarsch.

04.00: 43° 58' N Kurs 0°, Fahrt 20 sm, K-Gelb, Abstand 200–300 m.

04.14: 9° 29' O, SW 1, See 0–1, sternklar, Mond mittlere Sicht. Ich sehe in etwa rw 300° einen Luftschwall, 400–500 m ab, befehle: hart Bb., Alarm! Ich sehe von diesem Schwall vier Laufbahnen. Boot dreht der langen achterlichen Dünung wegen nicht besonders gut an. Etwa vier bis sechs Sekunden nach meinem Alarm fliegt TA 26 in die Luft. Der Torpedo traf ungefähr mittschiffs. Das Vorschiff geht sofort unter, das Achterschiff schwimmt noch etwa zwei Minuten. Etwa zwei Sekunden nach Treffer TA 26 erhält TA 30 einen Torpedotreffer in Abt. II. Boot lag etwa auf 330°. Das Heck bis Achterkante Aufbauten Offz.-Niedergang bricht ab. Alle elektrischen Anlagen fallen aus. TA 30 wird von den Splittern TA 26 übersät, die jedoch keinen größeren Schaden hervorrufen.

04.20 Meldung von Maschine: Beide Maschinen ausgefallen, Kessel Feuer aus. Feuer im Achterschiff. Ich lasse die achtere Munitionskammer fluten. Wegen Ausfall F.T. kann ich kein F.T. absetzen. Ich lasse mit der Vartalampe SOS an das etwa 6–8 sm östlich von mir fahrende Lazarettschiff Erlangen und an die Marine-Signalstelle Tino geben und gleichzeitig rote Sterne schießen. Von beiden Stellen wird Signal erkannt, wie ich noch am gleichen Tage erfahre. Erlangen kommt jedoch nicht zu Hilfe, sondern hält Kurs bei.

04.25 Meldung vom L.I.: Großer Wassereinbruch in achtere Maschine. Da ich nun das Gefühl habe, daß das Boot nicht zu halten ist, befehle ich: Alle Rettungsmittel klar!

04.28 Ausbringen! U-Boot taucht Stb. querab auf, Entfernung etwa 600 m Befehl von mir: An die Waffen, auf das U-Boot Stb. querab Feuererlaubnis. Boot wird mit allen Fla.-Waffen und vorderer »10 cm« beschossen und taucht weg. Etwa 200 Schuß Fla.-Munition, fünf Schuß 10 cm. Ich lasse alle Geheimsachen versenken und mir die Ausführung melden.

04.31 Boot taucht Bb. achtern mit Oberdeck unter Wasser. Befehl: Alle Mann mit allen Rettungsmitteln von Bord. Von den 14 Flößen sind elf zu gebrauchen, drei sind durch Splitter zerfetzt. Weiter werden Jolle und Dingi, zwei Schlauchboote, acht Leitern, 14 Rettungsringe und vier breite Seefallreeps zu Wasser gebracht. Mit äußerster Ruhe, Haltung und Disziplin springen die Soldaten ins Wasser und erreichen die Flöße und Leitern. Sie müsen dabei zum Teil durch dickes Öl schwimmen.

TA 23 ex *Impavido* beim Dampfaufmachen für einen Einsatz im Tyrrenischen Meer. Am Heck sind wurfbereite Wasserbomben sichtbar.

Wegen Platzmangels machten die Torpedoboote im Mittelmeer sehr häufig »römisch-katholisch« fest, d. h. nur mit dem Heck an der Pier, während sie vorn vor beiden Ankern »vermoort« wurden. Das Foto zeigt *TA 24* ex *Arturo*.

Der Leitende Ingenieur von *TA 24* ex *Arturo*, Leutnant (Ing.) Paetzold, mit den drei Wachmaschinisten Larbs (links), Fischer und Simonsen (rechts).

Mitte links: Durchlöchert wurde auch der Niedergang zur Maschine auf *TA 27* ex *Auriga* beim tragischen Gefecht mit eigenen Marinefährprähmen am 26. Februar 1944.

TA 25 ex *Intrepido* übernimmt Minen für die nächste Unternehmung.

▽ Das mit Minen beladene Torpedoboot *TA 25* verläßt die Bucht von La Spezia.

04.33 *TA 30* kentert nach Bb. Ich verlasse in diesem Augenblick das Boot von der Stb.-Brückennock, schwimme vom kieloben liegenden Boot durch das Öl und werde nach etwa 20–30 Minuten von dem Dingi aufgenommen. 44° 08,5' Nord 09° 29' Ost. Beim Kentern werden drei Hurras auf unseren *TA 30* ausgebracht. Das Boot schwimmt noch etwa zehn Minuten kieloben und sackt dann über den Achtersteven weg. Auf der Wasseroberfläche entsteht noch ein großer Ölbrand, der etwa eine Stunde andauert. Das Rettungsfeld wird immer größer, da sich die Soldaten mit ihren Rettungsmitteln nach allen Seiten aus dem Öl retten. Durch das schnelle Sinken von TA 26 sind dort nur wenige Flöße ausgebracht worden. Die im Wasser schwimmenden Soldaten von *TA 26* retten sich daher zum Teil auf die Flöße von *TA 30*, wodurch die Flöße sehr stark besetzt werden (14–16 Mann). Ich erreiche die Küste bei Levanto gegen 11.00 Uhr, benachrichtige Spezia, veranlasse, daß Fischerboote auslaufen zum Retten, die jedoch der starken Jaboangriffe wegen bald zurückkommen bzw. nicht auslaufen wollen und in die Berge verschwinden. In Levanto wie auch in Monte Rosso ist kein Motorboot vorhanden. Die Telefonleitungen sind zerstört, Verbindung zum Hafenkapitän Sestri-Levante ist nicht zu bekommen. Am Abend laufen dann Fischerboote aus Monte Rosso aus, die bis gegen 02.00 Uhr ca. 60 Soldaten an Land bringen. Bis 16. Juni 1944 18.00 Uhr sind von meiner Besatzung (142 Mann) 122 Soldaten gerettet. Darunter befinden sich etwa zehn mit leichten Ölbrandwunden.

Obwohl die Soldaten teils bis zu 30 Stunden im Wasser waren, sind ihre Haltung und ihr Geist zu bewundern. Sie haben im Wasser schwimmend gesehen, wie ein Seenotboot der Luftwaffe und das Lazarettschiff *Erlangen,* die beide die Untergangsstelle ansteuerten, von Jagdbombern angegriffen wurden und daher von der Rettung absahen, weil sie Beschädigungen erlitten und sich auf Strand setzen mußten.

Beteiligt beim Retten waren:

1. italienische Fischer mit Ruderbooten
2. Luftwaffe
3. 70. M.S.-Flottille
4. 2. L.-Flottille

TA 30 stand nur gut drei Wochen im Einsatz. Das Boot hat in dieser kurzen Zeit 14 Unternehmungen erfolgreich durchgeführt. Es sind sieben Minenaufgaben gefahren, ein S.-Boots-Gefecht erfolgreich geführt (zwei S-Boote beschädigt), ein direkter Jabo-Angriff mit einem Abschuß erfolgreich abgewehrt worden. Zwei eigene Torpedoboote wurden von *TA 30* nach einem S-Boots-Gefecht bzw. Jaboangriff abgeschleppt. Geist, Haltung und Disziplin der Besatzung waren von der ersten bis

> zur letzten Unternehmung vorbildlich und trugen sehr zum Erfolg des
> Bootes bei. Wenn dieses Boot eben diesem Pech zum Opfer fiel*, so ist
> dieses nicht zuletzt auf die Müdigkeit der Besatzung, die vier Nächte
> nacheinander im Einsatz stand und am Tage durch die Luftangriffe
> wenig Ruhe fand, zurückzuführen. Auch hier hat es sich wieder einmal
> gezeigt, daß der beste Ausguck die beste Waffe ist.
>
> * Aus englischer Quelle: Am 15. Juni versenkten *US PT 552, PT 558* und *PT 559* zwei deutsche
>   Torpedoboote.

Der Verlust der vielen Kameraden von zwei Booten ist uns sehr nahegegangen.
Unsere Hilflosigkeit, daß wir nicht helfen, nicht retten konnten, hat uns
besonders stark beschäftigt.
Von *TA 30* sind 20 Soldaten vermißt,
von *TA 26* sogar 90 Soldaten.
Die Durchführung der bereits für den 14./15. Juni vorgesehenen Sperraufgabe
muß abermals verschoben werden, da das Sperrwaffenkommando meldet, daß
nicht genügend Minen klar sind. Die bedrückenden Nachrichten setzen sich in
diesen Tagen fort. Am 15. Juni schreibt das MarKdo. Italien: *Ich habe große
Sorge, ob der oberitalienische Raum bei dem jetzigen Kräfteverhältnis und
besonders bei der immer feindlicher werdenden Haltung der Bevölkerung wird
gehalten werden können . . .*
*Viele italienische Militäreinheiten werden von ihren Offizieren zu den Partisa-
nen überführt . . .*
*. . . Banden hinter der Front verursachen Verkehrs- und Nachrichtenstörungen
und bringen uns eigene Verluste . . .*

Da das deutsche Luftflottenkommando infolge Verschärfung der Feindlage auf
die in Genua im Umbau befindlichen beiden großen italienischen Zerstörer
Premuda und *Corsaro* verzichtet*, kann uns das MarKdo. Italien mitteilen,
daß es beantragt habe, diese beiden Einheiten für die Aufgabe unserer Flottille
zu bewaffnen und mit den Besatzungen der in Verlust geratenen TA-Boote der
10. T-Fl. nach Indienststellung zuzuteilen.
Wir sollen die Forderung bezüglich Artillerie, Fla-Waffen, Torpedo- und
Sperrwaffeneinrichtungen übermitteln.
Wir lassen uns die Baupläne der Boote durch Kurier aus Genua kommen.
Dieser Zuwachs wäre schon ein rechter Trost in der momentan für uns alle so
mißlichen Lage.

---

* Diese beiden Boote waren als Nachtjagdleitschiffe der Luftwaffe vorgesehen. Ihr Umbau war bereits
begonnen. Ihr Einsatz erübrigte sich jedoch inzwischen mangels eigener Flugzeuge.

Am 17. Juni wird *TA 31* (ex *Dardo*) unter dem Kommando von Kaptlt. Burkart in Genua in Dienst gestellt. Die Situation ist derart hektisch, daß nicht einmal ein Mitglied des Flottillenstabes bei dem kleinen »Festakt« dabeisein kann.

Von diesem Zerstörer, übrigens dem ersten Ein-Schornstein-Zerstörer der Welt, versprechen wir uns eine besondere Stärkung unserer Kampfkraft. Das Boot wurde 1930 in Genua gebaut, hat 1570/1206 t, eine Maschinenleistung von 44 000 PS für eine Höchstfahrt von 35 kn. Die Bewaffnung besteht aus zwei Doppeltürmen 12,5 cm, drei 3,7-cm-Breda, drei Doppel-2-cm- und fünf Einzel-2-cm-Breda, ferner zwei Drillingstorpedorohren. Besatzungsstärke etwa 180 Mann.

Am gleichen Tag laufen *TA 29* und *TA 24* abends mit 25 kn Fahrt nach Süden, um die Sperre »Stein« an der Nordost-Ecke von Elba zu werfen. Schon um 23.33 Uhr sehen wir die ersten Schatten von gegnerischen Booten, die uns mit all den Minen an Deck gar nicht angenehm sind.

Aber sie fahren seltsamerweise an uns vorbei und verschwinden im Dunkel.

Um 23.45 Uhr und weiterhin beobachten wir, daß Schiffe in der Gegend des Kaps Enfola die Insel Elba beschießen.

Wir haben wieder einmal den Funkbeobachtungsdienst bei uns an Bord, und dieser meldet sehr lauten (also nahen) Funksprechverkehr schwerer gegnerischer Einheiten und »Patrolboats« mit Bastia. Um 00.10 Uhr wird unser Verband von einer feindlichen Einheit, die vor uns – etwa vor Porto Ferraio – steht, mit etwa drei Salven zu je vier Schuß größeren Kalibers beschossen. Weiter passiert im Moment nichts, und wir fahren unseren Kurs dem Feind entgegen. Was wir bisher als Wetterleuchten angesprochen haben, das können wir nun als etwas viel Ernsteres erkennen. Es handelt sich um ein schweres Artillerieduell zwischen alliierten Marineeinheiten und unseren Batterien auf Elba. Wir kommen hier wohl gerade zum Zeitpunkt der Vorarbeiten zur Landung des Gegners auf Elba an.

Um 00.46 Uhr müssen wir auf Gegenkurs gehen, um die Sperre an der richtigen Position werfen zu können.

Damit beginnen wir um 00.49 Uhr, nachdem wir mit der Fahrt heruntergegangen sind. Gut fünf Minuten später beginnt ein fast fünfminütiger Feuerwechsel mit allen Maschinenwaffen gegen einen sehr starken gemischten Schnellbootsverband. Wir müssen zeitweise Bordwand an Bordwand nach unten schießen. Da neben uns sind ungemein schneidige Burschen – nur haben sie stärker mit dem Seegang zu tun.

Derweilen fallen im richtigen Takt unsere Minen. Und das Führerboot hat auch noch die Aufregungen wegen auf den Schienen festgeklemmter Minen zu überwinden!

Noch während des Werfens versenken wir ein Schnellboot ganz dicht neben uns. Zwei weitere brennen. Dann müssen wir noch mehrere Male gegnerischen Torpedolaufbahnen ausweichen und bringen dadurch die Minenaktionen wieder zum Unterbrechen, weil wir durch die Hartruderlage das Boot sehr krängen. Der Gegner legt eine Pause von etwa 15 Minuten ein.

Dann geht der Angriff aufs neue los, nun von der anderen Seite. Wieder eröffnen wir, weil wir die schweren Motoren der Boote bei unserer geringen Fahrt gut hören, mit allen Waffen das Feuer. Die Boote ziehen sich zurück. Wir haben immer weiter unsere Minen geworfen und haben die letzte um 01.34 Uhr über Bord.

Nun endlich behindern uns die Minen nicht mehr, wir können uns im Gefecht frei entfalten. Und wirklich, die mutigen Boote greifen ein drittes Mal an und donnern mit Höchstfahrt in das Feuer aller Waffen unserer beiden Boote hinein. Die Gunboats bekommen nicht einen Schuß aus ihren Waffen heraus. Sie müssen abdrehen. Wir haben unsere Aufgabe gelöst und nehmen Kurs auf Spezia. Die gegnerischen Boote aber bleiben hinter uns und greifen um 02.24 Uhr ein weiteres Mal auf Nahentfernung an. Auch diesen Angriff können wir durch vollen Waffeneinsatz stoppen.

Vermutlich haben die Boote größere Einheiten heranbringen lassen, denn um 02.50 Uhr werden wir von achtern mit Leuchtgranaten ins Licht gesetzt und mit stärkerem Kaliber beschossen. Die Aufschläge liegen aber weit hinter uns. Um 06.00 Uhr passieren wir die Hafeneinfahrt La Spezia. Wir haben leider wieder Verluste zu beklagen: zwei Tote, sieben Schwer- und vier Leichtverletzte. Auf beiden Booten haben wir durchsiebte Bordwände, auch »Unterwasser-Durchschüsse« und nicht unerhebliche Leitungsschäden in den Waffenanlagen.

Wir hatten mal wieder einen Munitionsverbrauch von 65 Leuchtgranaten, 31 Sprenggranaten, 235 Patronen 3,7 cm und 1700 Schuß 2 cm. Man sieht – es kommt schon etwas zusammen an der »idyllischen Front unter Palmen«.

Durch die Wochennachrichten des MarKdo. Italien erhalten wir die Bestätigung für die Hintergründe des Artilleriegefechts bei Elba:

»Zwischen dem 17. und 19. Juni wird mittels Kleinbooten, worunter 37 US Patrol Boats die Insel Elba durch französische Divisionen besetzt. Die erste Landungswelle mit 60 Landungsbooten. Alle Italiener laufen über ... italienische Einheiten hissen weiße Fahnen ... die Lage wird für die Batterien des Heeres sehr ernst ...

Nach schwersten Kämpfen gegen den zähen Widerstand der kleinen deutschen Besatzung muß die Insel geräumt werden ... anschließend wird der Hafen auf dem Festland, Piombino, zerstört.«

18. Juni: Der Befehlshaber des Marinekommandos Italien anerkennt die getroffenen Maßnahmen bei dem Gefecht der Boote *TA 29* und *TA 24*[*] während des Legens einer Minensperre durch ein Fernschreiben: *»Habe aus Gefechtsbericht mit Befriedigung entnommen, daß Rotte ›TA 29 und ›TA 24‹ unter Ihrer Führung schwierige Aufgabe gut gelöst hat. Ausspreche hierfür Ihnen und allen Männern vollste Anerkennung. Weiter in diesem Kampfgeist.«* Beide Boote – *TA 24* und *TA 29* – müssen in die Werft.

Wir machen uns an die Arbeit und überdenken die Bewaffnung der beiden Zerstörer *TA 32* und *TA 33*, nachdem wir hören, daß der Oberbefehlshaber der Kriegsmarine mit der Übernahme der Einheiten und der Überstellung an die 10. Torpedobootsflottille einverstanden ist. Natürlich können hier nicht kühne Wünsche im Vordergrund stehen, auch nicht der Lage entsprechende dringende Bedürfnisse, sondern es muß herumgefragt werden, welche Waffen überhaupt greifbar sind.

---

[*] Englischen Quellen entnehmen wir:
Am 17. Juni stand eine Gruppe von vier Booten, die *MTBs 633* und *655* und die *MGBs 658* und *663*, östlich von Elba auf der Lauer, als um 01.00 Uhr das Boot *655* einen Zerstörer, ein Torpedoboot und eine kleinere Einheit meldete. Vermeintlich ein Versuch deutscher Einheiten, Truppen von der Insel zu evakuieren. Das Boot schoß Torpedos, die aber verfehlten und an der Küste detonierten. Der Zerstörer hatte die Aktion bemerkt und setzte zum Rammstoß an. Dicht hinter dem Heck von *MGB 658* schob er sich entlang. Beide Boote schossen mit ihrer ganzen Artillerie. Das Gunboat wurde getroffen, drei Mann waren tot und fünf schwer verwundet, darunter auch der Kommandant Leutnant Bates. Das Boot selbst wurde nicht so sehr beschädigt, aber die Antenne kam von oben, fiel auf den Kommandostand, klemmte das Steuerrad und führte dazu, daß das Boot nicht mehr unter Kontrolle war. Auch *PT 655* wurde getroffen und hatte Tote und Verwundete.

Nun ist der Nächste »dran«!

Am übernächsten Tag können *TA 29* und *TA 25* wieder zu einer Unternehmung auslaufen. Es soll eine Sperre zwischen Livorno und der Insel Gorgona geworfen werden.

Der Anmarsch verläuft fast ohne Schwierigkeiten. Lediglich ist festzustellen, daß die Nervosität unserer Batterien an Land größer geworden ist. Mehrfach schießen sie Leuchtgranaten und zweimal auch mit scharfer Munition gegen unseren kleinen Verband.

Um 00.27 Uhr beginnen wir mit dem Sperre-Legen und haben die Aufgabe um 00.51 Uhr durchgeführt. *TA 25* hat wieder einmal große Schwierigkeiten mit dem Werfen, weil die Minen in den Schienen klemmen und mit Brecheisen in Bewegung gebracht werden müssen. Es liegt einfach daran, daß wir die Schienen so oft mit Schrauben im Oberdeck wechseln müssen, mal Schienen für deutsche, mal Schienen für italienische Minen. Mal breit, mal schmaler.

Auf den vorgeschriebenen Wegen nehmen wir den Heimmarsch auf, begegnen auch einem eigenen Geleitzug, sehen und hören jedoch keinen Gegner.

Das Führerboot *TA 29* läuft etwa sechs bis acht hm vor *TA 25*. Gegen 02.30 Uhr spüren wir auf *TA 29* plötzlich und deutlich zwei dicht aufeinanderfolgende Erschütterungen. Bei uns ist nichts Außergewöhnliches feststellbar. In der Umgebung von *TA 25* sieht man auch nichts, doch haben wir den Eindruck, daß das Boot zurückbleibt. Wir drehen auf Gegenkurs, um in der Nähe zu bleiben, und sehen wenig später, daß um *TA 25* herum viele kleine Lichter im Wasser brennen. Ein Morsespruch wird gegeben: *Minentreffer!*

Wir gehen mit langsamer Fahrt auf *TA 25* zu. Die kleinen Lichter sind Rettungsbojen-Lichter und Lichter von Schwimmflößen. Auch sehen wir viele Schiffbrüchige im Wasser treiben. Wir nehmen sie auf. Als wir noch etwa zwei hm von *TA 25* entfernt sind, wird dieses Boot plötzlich von mehreren gegnerischen Schnellbooten, die wir weder gehört noch gesehen haben, mit einem äußerst heftigen Maschinenwaffenfeuer überschüttet. *TA 29* schießt nun Leuchtgranaten, bei deren Aufleuchten der Angriff der feindlichen Einheiten endet.

Wir sehen keinen Gegner und gehen langsam und vorsichtig bei *TA 25* längsseits. Es sieht alles entsetzlich zerstört aus. Ich steige auf *TA 25* über. Das ganze Boot ist ölverschmiert, und rund ums Boot ist ein riesiger Ölfleck. Das ganze Vorschiff ist bis zur Achterkante der Brücke weggerissen. Es brennt an

78

mehreren Stellen. Der Kommandant, Oberleutnant zur See Iversen, und die Reste seiner Besatzung sind mit den Verwundeten beschäftigt und machen Bestandsaufnahme der noch einsatzbereiten Schiffs- und Waffenteile.

Es sieht schlecht aus – das Boot ist vollkommen deformiert, die Maschine aus den Fundamenten gerissen und keine Waffe ist mehr zu bewegen. Das war aber keine Mine, sondern vielmehr und unübersehbar ein Torpedo, wahrscheinlich waren es sogar zwei, die das Boot zum Wrack gemacht haben.

Der Kommandant und ich sind uns einig, daß sich das Boot, das schon sehr tief liegt, nicht lange mehr wird halten lassen.

Ein Abschleppversuch erübrigt sich aus mehreren Gründen. Wir haben jetzt 04.00 Uhr. Bis Livorno haben wir eine Distanz von 20 sm, wofür wir mit dem Wrack mehrere Stunden brauchen, da wir nur langsam vorankommen würden. Etwa um 05.15 Uhr ist Tagesbeginn. Falls die Schnellboote uns nicht sogleich angreifen, wenn wir dahinschleichen, dann tun es beim ersten Licht die Jagdbomber, und dann ist auch TA 29 in höchster Gefahr. Wir nehmen die Besatzung mit den Verwundeten zu uns an Bord. Weitere Schiffbrüchige werden noch aus dem Wasser geborgen.

Dieses Stilliegen neben dem Wrack und diese deprimierende Hilflosigkeit machen auch die Besatzung von TA 29 unruhig. Ein Torpedoangriff würde jetzt das Ende beider Boote sein.

Ein weiteres Mal muß ich mich dazu entschließen, ein eigenes Boot versenken zu müssen.

TA 29 setzt sich von TA 25 etwa 800 m ab und schießt einen Torpedo, der aber nicht detoniert. Darauf werden einige Salven der Mittelartillerie geschossen, wodurch TA 25 mit einer mehrere hundert Meter hohen Detonationswolke in die Luft fliegt, ohne daß auch nur ein kleinstes Stück übrigbleibt.

Wieder erlitten wir schwere Verluste, wieder haben eine tapfere Besatzung und ihr Kommandant das Boot verloren.

Die quälende Frage tritt an uns heran, ob wir in Anbetracht der schon vorgerückten Zeit nun noch eine Suchaktion nach weiteren Schiffbrüchigen beginnen sollen. Bis La Spezia haben wir aber noch einen Weg von über 25 Seemeilen.

Nachdem unser B-Dienst kurz nach der Versenkung von TA 25 englischen Funksprechverkehr nahebei gemeldet hatte, muß ich – um kein weiteres Risiko gegenüber dem vollbelegten TA 29 einzugehen – schweren Herzens auf Suchen und Retten von noch nicht aufgenommenen Schiffbrüchigen durch TA 29 verzichten und gebe durch Funk eine Anforderung von Seenotbooten für den bevorstehenden Tagesanbruch. In der Höhe von Livorno und Viareggio erbitte ich durch Morsesprüche auch die Hilfe von Fischereifahrzeugen.

Um 04.45 Uhr fällt auf *TA 29* erst eine, später auch die zweite Turbinen-Ölpumpe aus. Mehrfach liegt das Boot still. Um 05.46 Uhr fliegen achteraus von uns mehrere Jagdbomber. Sie sind aber, wie wir merken, gegen Landziele eingesetzt. Mit niedrigen Fahrtstufen können wir unseren Heimmarsch fortsetzen und laufen um 06.15 Uhr in La Spezia ein.

Mit dieser Unternehmung ist das dritte und letzte »große« Boot aus der *Orsa*-Klasse verlorengegangen.

In den frühen Morgenstunden werden durch das Arno-Lotsenboot und durch Fischer 85 Besatzungsmitglieder an Land gebracht. *TA 29* hatte weitere 52 Überlebende von *TA 25* geborgen und in La Spezia gelandet.

Das Marinekommando Italien ordnet an, daß die Besatzung von dem in Verlust geratenen *TA 27* den Zerstörer *Corsaro* – jetzt *TA 33* – besetzt und die Besatzung von *TA 30* den Zerstörer *Premuda* – jetzt *TA 32*.

Schwierigkeiten ohne Unterlaß

Um ein Bild von den Schwierigkeiten zu geben, die von Tag zu Tag immer größer werden – ich bemerke, daß Spezia seit Tagen keine Telefon-, keine Fernschreib-, keine Auto- und keine Eisenbahnverbindung mit der Außenwelt mehr hat –, lasse ich den Bericht des Kommandanten von *TA 31*, Kaptlt. Burkart, für sich sprechen:

> »Unser Boot ist aufgrund der Dringlichkeit aus der Lage heraus in Dienst gestellt, obwohl Ausrüstung und Restarbeiten nicht fertiggestellt sind. Meine Absicht war, Restarbeiten und Ausbildung durch Fahren zu beschleunigen. Noch heute bemühen wir alle uns um die Beschaffung von Ausrüstungsgegenständen. So sind bis zur Stunde noch keine Rettungs- oder Beiboote an Bord. Die Maschinenwaffen sind noch unvollständig.
> Für die Maschinen benötigen wir dringend zwei Lüfter, da wir bei der Werftabnahmefahrt in den Maschinenräumen bis zu 60 Grad messen konnten. Fast alle Heizölventilanschlüsse sind undicht. Es mangelt an noch vielen anderen und überaus wichtigen Dingen. Wir kommen aber durch die fast ununterbrochenen Fliegeralarme nicht voran. In den letzten drei Tagen sind insgesamt nur vier Stunden gearbeitet worden. Ausbildungsmäßig beabsichtige ich, sobald Kessel und Maschine klar sind, allabendlich vor dem Hafen kleine Ausbildungsfahrten zu machen und ein Artillerieschießen durchzuführen. Ich benötige dringend die Seetage, da ein großer Teil der Besatzung noch nie auf einem Schiff war. Die Hafenzeit ohne Möglichkeit des Landganges drückt sehr auf die Besatzung, und ich bemühe mich mit allen Mitteln, so schnell wie möglich einsatzbereit zu sein, weil ich auf dem Standpunkt stehe, daß Einsatz die beste Ausbildung und Wehrbetreuung ist.«

Am 23. Juni erhalte ich die erfreuliche Mitteilung, daß einige Ortungsgeräte für unsere Flottille im italienischen Raum eingetroffen seien.
Am gleichen Tag drückt auch der Kommandant von *TA 29* seine Sorgen über den Ausbildungsstand seiner Besatzung aus:

> »Wir hatten bei fast all unseren Gefechten die Möglichkeit des Einsatzes der Torpedowaffe. Wir mußten darauf verzichten, weil uns die Kräfte fehlen. Zehn Mal in einer Einsatzzeit von drei Monaten mußte infolge von Verwundungen ein Wechsel des Personals vorgenommen werden. Dabei konnten wir nie auf

eine Fachkraft zurückgreifen, sondern mußten neu anlernen. Das gesamte Torpedomechanikerpersonal ist völlig bordunerfahren. Erst hier an Bord lernen sie eine Anlage kennen, während sie vorher nur am Torpedo gewirkt haben. Zehn Tage nach der Indienststellung ging dieses Boot mit einem uneingefahrenen Personal in den Einsatz.

Während der ersten fünf Wochen hatte das Boot 14 Fehlstellen in der Kriegsnotstärke, so daß das Torpedopersonal eine zusätzliche Fla-Waffenausbildung erhalten mußte. Es sind aber da auch noch andere Probleme: Bis auf vier Unteroffiziere und vier Mann hatte zuvor nicht ein einziger Soldat einmal auf einem Torpedoboot gestanden. Sie kommen von Geleitbooten, von U-Jägern, von Minenschiffen und von Hafenschutzbooten. Sie haben all die Alltäglichkeiten eines Kriegsschiffes, wie Klarschiff-, Abblende- oder Manöverrolle, nie gehört. Wir haben nur Anfänger an Bord, und das macht sich auch bei bestem Willen jedes einzelnen bemerkbar.«

Am 25. Juni wird das Munitionslager in La Spezia von Partisanen angegriffen. Die Bandentätigkeit nimmt immer mehr zu. Es gibt schwere Transport- und Nachschubschwierigkeiten.

Am 26. Juni trifft der Marinebefehlshaber Italien bei uns ein, mustert in La Spezia die Besatzungen von *TA 24* und *TA 29* sowie den Flottillenstab und verleiht mir das Ritterkreuz zum Eisernen Kreuz.

Nachmittags sind wir in Genua zur Besichtigung von *TA 31*, *TA 32* und *TA 33* und zu Besprechungen der schiffbaulichen und waffenmäßigen Ausrüstung der drei Boote.

Die Boote *TA 24* und *TA 29* laufen zur Durchführung einer Fernsicherung für ein Minenunternehmen südlich von Genua aus und kommen, ohne Feindberührung gehabt zu haben, am 27. Juni morgens wieder in La Spezia an.

Während der Besprechungen, die ich mit den Kommandanten von *TA 31* und *TA 32* und dem ersten Wachoffizier von *TA 33* über die Ausrüstung der Boote und über den Stand der Dinge im Werftgebiet Genua habe, erfolgt ein Bandenüberfall auf den Hafen von Genua, in den auch die Marineeinheiten mit leichten Maschinenwaffen eingreifen. Die Schäden sind minimal.

Was man an dieser Front doch alles erlebt – sie verläuft plötzlich quer durch den eigenen Heimathafen!

Bei dem anschließenden Besuch in der Marine-Nachrichten-Abteilung höre ich zu meinem größten Entsetzen, daß die Freude über die endgültig eingetroffenen Ortungs- und Meßgeräte umsonst war: Beide Geräte sind bei einem Saboteageakt während des Eisenbahntransportes zerstört worden.

TA 24 und *TA 29* geleiten heute abend, am 27. Juni, das U-Boot *U 230* aus dem Küstenvorfeld.

Über ein in der folgenden Nacht durchgeführtes Aufklärungsunternehmen der beiden Boote in das Gebiet südlich von Livorno berichtet Kaptlt. Dereschewitz von *TA 24* wie folgt:

21.45 Uhr La Spezia ausgelaufen. Mit 17 sm Südkurse. Höhe Livorno vier bis sechs feindliche Schnellboote mit geringer Fahrt. Entfernung 45 hm. Mit schweren Waffen Feuer eröffnet. Unsere Aufschläge liegen gut. Mehrere Treffer beobachtet. Zwei Torpedo-Oberflächenläufer der Gegner rechtzeitig erkannt und ausgewichen. Gleichzeitig beginnender Beschuß unserer Gruppe durch eigene Landbatterien. Auf Schnellboote zugedreht. Diese laufen ohne Gegenwehr nach Nordwesten ab. Im weiteren Verlauf unserer Aktion werden wir noch mehrmals von Scheinwerfern unserer Einheiten an Land beleuchtet. 04.00 Uhr La Spezia eingelaufen.

Obwohl wir laufend Erkennungssignale abgeben, können unsere Boote, die ja eigentlich unentdeckt bleiben wollen, nicht an der Küste entlangfahren, ohne beleuchtet und beschossen zu werden.

Mit dieser Unternehmung hat die 10. T-Flottille ihr 50. Unternehmen gefahren. Hierunter waren 25 Minenaufgaben, bei denen 2031 Minen geworfen sind. Zurückgelegt wurden insgesamt 17 000 sm. Versenkt wurden drei S-Boote, abgeschossen wurden vier Flugzeuge. Beschädigt wurden viele feindliche Schnell- und »Patrol Boats«. Aber unsere Flottille verlor auch über zweihundert Kameraden . . .

Unter Berücksichtigung der hohen Störanfälligkeit der italienischen Boote und der primitiven oder gar fehlenden Mittel, ganz besonders auf dem Gebiet des Funkmeß- und Ortungswesens, verdienen die Leistungen der Kommandanten, ihrer Offiziere und Besatzungen besonders anerkannt zu werden.

Die vor Monaten von unserem Befehlshaber ausgesprochenen Worte, wonach im italienischen Seeraum nicht nur mit Bordmitteln, sondern auch noch »blind« gefahren werden muß, kennzeichnen unsere Lage und haben sich leider voll bestätigt.

Uns beschäftigen die Luftangriffe während des Tages immer stärker. Bei zwei Angriffen mit etwa sechzig Bombern werden zwei Teppiche geworfen, die schwere Schäden im Sperrwaffen- und Artilleriewaffenarsenal anrichten. Ein Drittel des Munitionsvorrates ist dabei detoniert!

Über unsere erwarteten Funkmeßgeräte erfahren wir, daß diese und zwei Störsender in der Nähe von Mailand durch Sprengung von Schienen, die ein Eisenbahnunglück bewirkte, zerstört wurden. Also aus der Traum . . .
Unsere Boote in Genua berichten außerdem, daß viele Werftarbeiter nicht mehr zu ihrem Arbeitsplatz kommen.

La Spezia wird immer mehr Front

Die Landfront kommt immer näher. Südlich und nördlich von Spezia stehen die Straßen unter laufenden Jagdbomberangriffen. Alles, was dort fährt, wird gejagt. Fliegeralarm haben wir von morgens um 06.00 Uhr bis abends um 21.00 Uhr. Der Dienstbetrieb des Stabes und Unterstabes geht vor einem Bunker auf schnell gefertigten Bänken und Tischen zwar weiter, die Arbeit auf den Booten aber, mit den italienischen Arbeitern, steht praktisch still.

Heute, am 30. Juni, ist der Hafen von Livorno durch unsere Spezialeinheiten planmäßig gesprengt worden. Zwischen Livorno und La Spezia haben sich nach Angaben eines Vertrauensmannes zwei gut organisierte und voll ausgerüstete Bandengruppen von je 1000 Mann in den Bergen zusammengezogen und erhalten ihre Weisungen durch Funk von Bastia aus.

Die 7. Sicherungsdivision meldet, daß dennoch im Monat Juni nicht weniger als 164 106 BRT Nachschub auf dem Küstenweg mittels 634 geleiteten Fahrzeugen bewegt seien. Zukünftig ist Viareggio der südlichste Hafen, nachdem Elba, San Stefano und Piombino entfielen. Nunmehr beträgt der Anmarschweg von Genua nur noch ganze 78 Seemeilen!

Ein Problem für uns wird immer mehr der Schlafmangel unserer Besatzungen, die am Tage überhaupt nicht und nachts nur noch gelegentlich zur Ruhe kommen. Seit einiger Zeit werden sowohl am Tage als auch nachts Bomben geworfen. Es ist aber einfach undurchführbar, alle unsere Soldaten in Bunkern unterzubringen. Ganz besonders schwer sind diejenigen belastet, die auf den Booten Einsätze fahren, oft drei Nächte hintereinander. Sie lassen infolge des fehlenden Schlafes in ihrer Wachsamkeit und Reaktion nach. Wir wissen uns noch nicht zu helfen. Eigentlich müßten wir aus dem Hafen La Spezia raus. Der Befehlshaber des Marinekommandos Italien schreibt am 30. Juni 1944:

> **Die Unzuverlässigkeit der italienischen Marine** steigt unaufhörlich. Täglich einlaufende Meldungen über Desertationen von Land und Bordstellen zwingen zur Maßnahme, weitere Aufstellung von italienischen Einheiten und besonders weitere Bewaffnung abzustoppen. Somit ist die Aufstellung der italienischen Hafenschutz- und Transportflottille hinfällig geworden. Verschiedene weitere Vorschläge zur Abwendung einer Gefahr durch die Italiener sind eingereicht. Durch die Zurücknahme der Front an den Küsten ist eine gewisse Ablösung der italienischen Mannschaften aus der Küstenverteidigung möglich.

Die Bandentätigkeit im gesamten besetzten Italien hat sich erheblich verschärft. Unter Führung fremder Offiziere gehen die Banden, wohl organisiert und ausgerüstet, besonders in den Berggegenden des Apennins und der Voralpen zu planmäßigen Überfällen über. Sie erhalten laufend Zuzug aus der männlichen Bevölkerung, die dem Zwangsarbeitseinsatz im Reich ausweicht, und durch Soldaten der italienischen Wehrmacht, Miliz und Carabinieri.

Scharfe Maßnahmen gegen die Banden und unzuverlässigen Teile der italienischen Wehrmacht sind vom OKM angeordnet. Sie werden wohl die Gefahr für die eigene Truppe etwas herabmindern, aber an der Gesamtlage nichts Wesentliches ändern können.

Die bisherige Mitarbeit der italienischen Industrie und Wirtschaft hat aufgrund der Verhältnisse weiter nachgelassen. Der Einfluß des Duce und der Regierung scheint bis zur Bedeutungslosigkeit herabgesunken zu sein.

In der italienischen Marine zeichnet sich eine neue Krise ab. Nicht unwahrscheinlich ist der Plan Borgheses zu einem Staatsstreich.

Bei der sich immer weiter zuspitzenden Lage in Italien sind Führungsmaßnahmen notwendig geworden, die die Billigung des OKM gefunden haben. Es wurden die im Süden frei gewordenen Dienststellen auf die verbliebenen Küstenstriche verteilt. Als Ersatz für die gesunkenen T-Boote der 10. T-Flottille sollen die bisherigen Jagdleitschiffe *Premuda* und *Corsaro* als Zerstörer in Dienst gestellt werden, nachdem sie mangels Einsatzmöglichkeit von der Luftwaffe freigegeben wurden. Die durch den Untergang aller drei Geleit-T-Boote frei gewordenen Besatzungen werden bis zum Klarsein der als Ersatz vorgesehenen ex-französischen Zerstörer als Küstenkampfgruppe in die Küstenverteidigung im Abschnitt westlich Genua eingesetzt, wobei das Beispiel von Narvik richtunggebend ist.

Der Seetransport ist auf einen kleinen Küstenverkehr zusammengeschrumpft. Vorschläge für Weiterverwendung des vorhandenen Schiffsraumes sind eingereicht, wobei beabsichtigt ist, nicht mehr benötigte Penichen dem Fluß- und Kanalverkehr in Südfrankreich wieder zuzuführen und überzählige MFP auf dem Po-Weg in die Adria zu überführen.

Der Ausbau der Küstenverteidigung und des Funkmeßnetzes südlich der Grünstellung wird mit Macht weiterbetrieben. Zuführung weiterer deutscher Kräfte zum Ersatz der italienischen Soldaten ist allerdings unerläßlich.

Die verbliebenen Seestreitkräfte einschließlich der wieder in Auffüllung begriffenen MFP-Kampfgruppen (Marinefährprähme) werden zur Küstenvorfeldsicherung und erweiterten Aufklärung innerhalb des Sperrsystems nach Süden und in der freien Genua-Bucht eingesetzt, um die fehlende Luftaufklärung bei Nacht wenigstens bis zu einem gewissen Grade zu übernehmen.

Es ist zu hoffen, daß es auf diese Weise gelingt, auch von der Kriegsmarine aus feindliche Überraschungen frühzeitig zu erkennen und abzuwehren und den Vormarsch des Gegners so weit zu verzögern, bis der Ausbau der

»Grünstellung« zu einem wenigstens einigermaßen kampfkräftigen Bollwerk durchgeführt ist. Ob es gelingt, diese Stellung mit den stark angeschlagenen Divisionen der Südfront nachhaltig und dauernd zu verteidigen, ohne daß frische Kräfte zugeführt werden, entzieht sich hiesiger Beurteilung. Eine besondere Gefahr dafür wird in der organisierten Bandentätigkeit im Rücken der eigenen Front und im oberitalienischen Raum gesehen ...

Zusammenfassend habe ich aber nach wie vor große Sorge, ob es bei der ungeheueren Feindüberlegenheit an Land, auf See und in der Luft ohne Zuführung von deutschen Kräften, besonders der Luftwaffe, gelingen wird, den oberitalienischen Raum für längere Zeit zu halten.

gez. Meendsen-Bohlken
Vizeadmiral

Die Überlebenden der in Verlust geratenen TA-Boote *23, 25* und *26* wurden in der Kampfgruppe 13. Sicherungsflottille zusammengefaßt.

Diese Kampfgruppe hat die Aufgaben einer Marine-Artillerie-Abteilung.

Die ehemaligen Torpedobootsfahrer übernahmen eine Hafenschutzbatterie in Genua, eine Seezielbatterie und eine schwere Flak-Batterie in La Spezia, Hafenschutzbatterien in Imperia und San Remo und einen leichten Flak-Zug in Pietra Ligure. Alle Batterien haben auch leichte Flak-Geschütze.

Führer dieser Kampfgruppe wurde der letzte Kommandant von *TA 25*, Oblt. z. S. Iversen.

1. Juli Gegen 03.00 Uhr am 1. Juli kommt vom Hafenkommandanten ein Fernspruch: Gefahr von Zwei-Mann-U-Booten im Hafen La Spezia! Ich gebe Alarm für *TA 29*, lasse die Bordwand absuchen und in kürzeren Zeitabständen Handgranaten ins Wasser werfen. Bei Hellwerden wird der Alarm beendet.

In Genua sind heute endlich nach einer Überführungsfahrt aus Deutschland von fast acht Wochen die immer noch fehlenden Ausrüstungsstücke für *TA 31* eingetroffen. Was auf den Schienen bewegt wird, ist am stärksten sabotagean-fällig oder auch hilflos gegen Bombenwürfe.

Während eines ununterbrochenen einstündigen Angriffs gegen die militäri-schen Anlagen in La Spezia werden Bomben schwersten Kalibers auf das Minenlager und die Dockanlagen geworfen. Die Zufahrtstraße zum Sperrwaf-fenkdo. und dessen Gleise zur Minenpier sind schwer getroffen.

Dabei trifft es auch mich in der Nacht während des Schlafs fast voll. Eine Bombe schweren Kalibers fällt etwa zehn Meter neben den Wohntrakt im Marinearsenal, reißt die Außenmauer von unten bis oben weg und mich aus dem Bett in einen meterhohen Sandberg vor dem Haus – aus der 1. Etage geschleudert! Die Zimmerdecke ist auch von oben gekommen, aber wohl erst nach meinem »Tiefflug«.

Man ist apathisch geworden und wie immer übermüdet – ich rappele mich aus meinem Sandhaufen hoch, gehe wieder nach oben und schlafe im gegenüberliegenden Zimmer der 1. Etage weiter.

Mit den Werftarbeiten in La Spezia sieht es ganz schlecht aus, sie kommen überhaupt nicht voran. Darum wird *TA 24* morgen nach Genua verholen und seine Reparaturen dort fortsetzen.

Natürlich fehlt es bei den unermüdlichen Feind- und Partisanenpropaganda-Aktionen an jeglichem Arbeitsinteresse. Und wir können auch nicht hinter jeden italienischen Arbeiter einen Kontrolleur stellen.

So kommen wir ja bis zur Stunde nicht dahinter, warum die Kompaßfehler, die unsere ständige Sorge sind, nicht behoben werden können, obwohl inzwischen deutsche Spezialisten eingetroffen sind.

Auch am 2. Juli wird die ganztägige Jagdbombertätigkeit fortgesetzt, und der gesamte Dienstbetrieb stockt. Entgegen früheren Befehlen, wonach bei Alarm jeder Soldat schnellstens den nächsten Bunker aufzusuchen hat, muß ich nun anordnen, die Bunker erst bei Sichten oder Hören einer Maschine zu betreten. Wir können sonst unsere Arbeiten einfach nicht mehr bewältigen.

Zwei für den 3. und 4. Juli angesetzte Unternehmen für das momentan einzige einsatzbereite Boot, nämlich *TA 29*, müssen wegen schlechten Wetters ausfallen.

Am 6. Juli aber läuft *TA 29* zur Minenaufgabe »Imme« mit Minenschiff *Dietrich von Bern* und einem MFP aus.

Dieser aus drei Fahrzeugen zusammengesetzte Verband, der seine Unternehmung mit einer Marschfahrt von nur 7,5 sm/h durchführte, wirft das treffendste Licht auf die Schwierigkeiten des Raumes und den großen Mangel an Kriegsfahrzeugen.

Für die Nacht vom 11./12. Juli wird uns die Aufgabe »Kautabak« für die Boote *TA 24* und *TA 29* mit drei R-Booten erteilt. Es geht um die Beschießung der Hauptzufahrtstraße des gegnerischen Nachschubs entlang der Küste bei Castiglioncello (etwa 20 km südsüdöstlich von Livorno).

Dafür gebe ich folgenden Durchführungsbefehl an die TA und R.-Boote:

Operierende Einheiten: *TA 24* und *TA 29* und vermutlich drei Boote der 11. R.-Flottille. Führung Flottillenchef 10. T.-Flottille. Absicht: 21.45 Uhr seeklar. 22.00 Uhr stehen Boote an der Spezia-Außensperre. Marschfahrt 21 kn auf Weg »Panther« bis Punkt 726, dann Aufnahme der R.-Boote, die sich anhängen. Marschfahrt 15 kn. Mit Kurs 230° wird Punkt 730 A angesteuert. Von hier aus Kurs 145° auf früheres Feuer Secche di Vada, etwa bis zur Höhe 43° 22′ N, dann mit Ostkursen zur Anfangsschußposition. Es schießen zuerst auf Vorgang Führerboot die Torpedoboote, dann setzen sich die R-Boote ab

---

und setzen Beschuß mit leichten Waffen fort. Ansatz von LGs je nach Sichtverhältnissen. Die Straße bei der Fiume-Fine-Mündung liegt 700 m von der Küste entfernt. Sie läuft von dort ab neben der Eisenbahn, die in der Seekarte eingezeichnet ist. Dauer der Beschießung etwa zehn Minuten. Absicht, nach durchgeführter Beschießung energisch von der Küste abzusetzen. Torpedoboote und R-Boote treten getrennt Heimmarsch an. Rückmarsch mit 24 kn. Zusatz: Die eigene Hauptkampflinie liegt einen Kilometer nördlich Castiglioncello. Zielpunkt C oder Rosignano Solvay freigestellt.

Die beiden Torpedoboote stehen um 22.08 Uhr an der Außensperre. Boote rollen heftig in der Dünung aus Südwest. Um 22.45 Uhr sind wir bei Punkt 726. Die R-Boote sind nicht zu sehen. Dreizehn Minuten warten wir, dann nehmen wir einen Funkspruch auf, daß die Boote wegen des Wetters nicht einsetzbar sind.

Wir fahren also allein weiter. Um 23.20 Uhr beobachten wir etwa im Südwesten vor uns ein langes, helles Morsesignal. Ein Kriegsschiff also. Um 23.40 Uhr stehen wir auf der Höhe der Arnomündung. Die erwartete Wetterbesserung bei Livorno (einer Wetterscheide) tritt nicht ein. Wir müssen mit der Fahrt heruntergehen.

Entlang der Küste sehen wir ständiges Flak-Feuer und viele Leuchtbomben. Um 00.11 Uhr erreichen wir Punkt 730 A und stehen plötzlich durch drei Leuchtgranaten, die aus dem Südwesten geschossen wurden, in hellem Licht. Wenige Minuten später eröffnen drei Schiffe aus südlicher bis südwestlicher Richtung das Feuer mit je vier bis sechs Rohren schweren Kalibers gegen unseren Verband. Es ist jetzt 00.23 Uhr. Die gegnerischen Aufschläge liegen um uns herum. Der Gegner schießt keine Leuchtgranaten mehr, scheint also die Entfernung mit Radar zu messen.

Nachdem mir schon während des Marsches starke Zweifel an der Zweckmäßigkeit der Aktion infolge des sehr starken Arbeitens der Boote in der Dünung gekommen waren, entschließe ich mich, da wir im Feuer des Gegners liegen und damit das Überraschungsmoment unserer Küstenbeschießung für den Gegner genommen ist, zum Kehrtmachen.

Um 00.50 Uhr haben wir den letzten Granataufschlag neben uns. Um 01.10 Uhr müssen wir drei Torpedos ausweichen, ohne daß wir einen Abschuß oder ein Boot sehen können. Bis 02.16 Uhr werden wir ununterbrochen von Flugzeugen in niedriger Höhe (etwa 500 m) überflogen. Die Maschinen greifen uns aber nicht an. Eine gespenstische Sache . . . Um 03.24 Uhr sind wir wieder an der Außensperre von Spezia.

TA 23 ex *Impavido* bei Überholungsarbeiten in Genua. Charakteristisch sind die beiderseits an den Bordwänden angebrachten Rettungsleinen als Vorsorge zur Aufnahme von Schiffbrüchigen.

Blick von der Brücke des Torpedobootes TA 26 ex *Ardito* nach achtern auf einen 2-cm-Flak-Vierling und die nach beiden Seiten abwehrbereiten 10-cm-Seezielgeschütze.

Detailaufnahmen vom Torpedoboot *TA 24* ex *Arturo* beim Seeklarmachen.

Die Schiffsführung hat auf der offenen oberen Brücke die bessere Übersicht.

Geschäftigkeit auf allen Stationen. Neben den Minenschienen Wasserbomben und Nebelfässer.

Diese Aufnahme zeigt den stets problematischen Endteil der italienischen Minenschienen.

Torpedoboot *TA 27* ex *Auriga* an der Festmachboje. Die zum Schattenriß gewordene Aufnahme läßt die charakteristische Laufbrücke erkennen, die über die beiden Drillings-Torpedo-Rohrsätze hinwegführt. Das kastenförmige Etwas über der Brücke ist das von einer Persenning geschützte E-Meßgerät.

△

TA 24 ex *Arturo*, Kennung »Herz im Schornstein«, läßt einiges von der Fla-Bewaffnung erkennen. Rechts ein 2-cm-Vierling, in der Bildmitte und links je ein 3,7-cm-Zwilling. Markant sind die abwurfbereiten Rettungsflöße und die »vorsintflutlichen« Bootsdavits für die Jolle.

Bild oben rechts: Neben den eigentlichen Flottillenwappen existierte noch die von einem Kriegsberichter erfundene Karikatur davon, die alle Mühen der Beschaffung von Waffen und Munition symbolisiert. Der nur spärlich kopfbehaarte Kapitän in der Mitte soll der Flottillenchef sein! Links der emsige Flottillen-Ingenieur, Kaptlt. (Ing.) Nuber, rechts der ewig um Nahrung bemühte und hier sogar Minen schleppende Flottillen-Verwaltungsoffizier. Es ist Kaptlt. (V) Fritzsche.

△ Fla-Wache auf der oberen Brücke von *TA 25* ex *Intrepido*. Links der II. WO, Leutnant zur See, Rohde, rechts Oberstückmeister Peltzer, daneben der Leitende Ingenieur, Leutnant (Ing.) Paetzold.

TA 29 ex *Eridano* in Genua, rechts im Hintergrund Lazarettschiff *Erlangen*, das am 15. Juni 1944 beim Anlaufen zur Rettung der Schiffbrüchigen unserer versenkten Torpedoboote *TA 26* und *TA 30* von Gegnerflugzeugen in Brand geworfen wurde und zu sinken drohte. Vorn eine Netzsperre gegen U-Boote und Lufttorpedos. ▽

TA 30 ex *Dragone* beim Verlegungsmarsch von La Spezia nach Genua. Im Hintergrund die Bergzüge der Küste von Ligurien, mit deren Hilfe eine äußerst primitive Landmarkennavigation betrieben werden mußte, wenn mal wieder die Kompasse ausgefallen waren. Leuchtfeuer brannten ja während des Krieges nicht.

Der Befehlshaber des Marinekommandos Italien, Vizeadmiral Meendsen-Bohlken, verleiht am 26. Juni 1944 auf *TA 24* das Ritterkreuz zum Eisernen Kreuz an den Flottillenchef und Autor dieses Buches. Links im Bild der Kommandant von *TA 24*, Kaptlt. Dereschewitz.

ich so etwas gibt es trotz der ständigen Alarmbereitschaft und drohenden Überraschungen: »Badefest« auf rstörer *TA 32* ex *Premuda*. (Natürlich sind sämtliche Flakwaffen dabei voll besetzt!) Die vielen Leitern werden Rettungszwecke an Bord gehalten.

hon wieder einmal müssen die Minenschienen, er auf *TA 31* ex *Dardo*, mühselig umgesetzt werin, weil deutsche und italienische Minen verschien breite Rollsysteme haben. ▽

Proviantausgabe an Oberdeck. Eine besondere Rolle spielen dabei Miesmuscheln (im Hintergrund), die bei den allzu häufigen Proviantsorgen die letzte Rettung ▽ darstellen.

Recht gewaltig dimensioniert, fast wie bei einem Kreuzer, bietet sich hier die vom Funkmeß-Ortungsger
überragte Kommandobrücke von *TA 32* dar. Bemerkenswert ist der daneben montierte 2-cm-Zwilling r
Schutzschild und der schwarz-weiß gefelderte Rohrbegrenzungsbügel, der Schüsse in die eigenen Aufbaut
verhindern soll.

An der Molo Vecchio von Genua. Blick über das Vorschiff von *TA 32* auf einen sehr friedlich-harmlos anmutenden hölzernen Dreimastschoner, dessen Flakpodeste jedoch darauf hinweisen, daß auch dieser Oldtimer eine Aufgabe im Dienste der Kriegsmarine erfüllt!

Auf Feindfahrt im Ligurischen Meer. *TA 32* aus der Perspektive seines »Hintermannes«.

Der Flottillenchef begrü[...]
die Oberfeldwebel vo[...]
TA 32 nach der Indiens[...]
stellung des Zerstörer[...]
an der Ponte Andre[...]
Doria von Genua[...]
Links im Hintergru[...]
der Artillerieoffizi[...]
Oblt. z.S. Schwar[...]

Torpedoübernahme
auf TA 32. Man be-
achte den absonder-
lichen Verlauf der Mi-
nenschiene um den
Torpedokran herum.

Eine kleine Unte[...]
brechung des fa[...]
ständigen Fliege[...]
alarms im Haf[...]
gibt Gelegenh[...]
zum Geschü[...]
exerzieren a[...]
TA 32 unter persö[...]
licher Leitung s[...]
nes Artilleri[...]
offizie[...]

Das Marinekommando beruhigt uns und stellt fest: »*Auch wenn vorgesehene Unternehmungen der TA-Boote nicht voll durchgeführt werden können, ist doch durch das Erscheinen der Boote in dem Seegebiet eine Bindung der Seestreitkräfte des Gegners erreicht worden.*« (Unser kleines Häuflein ist jetzt auch noch die »fleet in being« gegen einen übermächtigen Gegner!)

In der Nacht vom 12. zum 13. Juli sind wir mit *TA 24* und *TA 28* wieder unterwegs auf dem Marsch gen Süden. Wir werfen bei Punkt 730 A, wo wir gestern mit Granaten empfangen wurden, die Sperre »Werra«.

Trotz sternklarer Nacht und schönsten Mondscheins läßt man uns merkwürdigerweise in Frieden. Kein Gegner, den man sieht, und keiner, den man hört. Und trotzdem kommen wir überhaupt nicht zur Ruhe, denn beide Boote kommen wieder einmal mit den Minen und den Schienen überhaupt nicht zurecht. Es ist eine entsetzliche Quälerei für die Besatzungen und nur ein Glück, daß sie sich intensiv mit der Arbeit beschäftigen können. Dieses ständige Wechselnmüssen von deutschen auf italienische Minenschienen und umgekehrt, das bis zu zehn Stunden in Anspruch nimmt, ist kaum noch zu ertragen und birgt im Einsatz bei den schlechten Paßformen große Gefahren für die gesamte Besatzung. Nur stockend und bei der für die Arbeit notwendigen langsamen Fahrt, die uns in so große Gefahr durch den Gegner bringen kann, können wir die Minen über Bord bringen. Leider aber nicht alle Minen, denn einige haben sich derartig festgeklemmt, daß sie auch mit Brecheisen nicht mehr zu bewegen sind. Mit großen Zickzackkursen treten wir den Heimmarsch an und machen um 04.00 Uhr in La Spezia fest.

Nachmittags verlegt der Flottillen-Stab in das nun fertige Ausweichquartier in La Foce oberhalb von La Spezia.

Noch am gleichen Tag laufen wir wieder zu einer Aufklärungsaufgabe mit *TA 24* und *TA 28* aus. Es ist nun die dritte Nacht hintereinander. Der Vorstoß verläuft trotz immer noch heller Nacht störungsfrei am Rande der Bucht von Genua.

15. Juli: Um 05.35 Uhr sind wir wieder in Spezia.

Für abends ist ein weiteres Minenunternehmen mit *TA 24*, *TA 28* und *TA 29* befohlen. Die Sperre soll im Gebiet Livorno gelegt werden. Auch dieses Unternehmen läuft gut an. Zwar beschießen uns wieder einige unserer Landbatterien, aber das nehmen wir nicht mehr so sehr tragisch. Erst nach zweistündiger hoher Fahrt stoßen wir auf einen feindlichen Schnellbootverband. Wir schießen einige Leuchtgranaten und eröffnen mit unseren drei Booten ein mächtiges Feuerwerk, das die Schnellboote zum Einnebeln und Abdrehen zwingt. Zwanzig Minuten später können wir sogar unsere Minen reibungslos und komplett werfen. Um 02.19 Uhr stehen wir wieder an der Außensperre von Spezia. *TA 24* und *TA 28* marschieren weiter nach Genua.

TA 28 passiert die Außensperre und wird in diesem Augenblick durch einen Nachtjagdbomber angegriffen. Vier Bomben fallen. Eine direkt hinter dem Boot, eine weitere trifft das Sperrfahrzeug.

Auch am 16. Juli laufen die drei Boote wieder zu einer Minenunternehmung aus. *TA 24* und *TA 28*, die ja aus Genua kommen (weil dort noch Minen lagern), treffen sich vor Spezia mit *TA 29*. Es ist eine Fahrt mit kranken Booten. Sie alle melden schon vor der Fahrt Unregelmäßigkeiten in den Maschinenanlagen. Wir müssen daher mit 15 kn Fahrt laufen. Außer den üblichen Schwierigkeiten mit dem Klemmen der Minen geht aber alles gut. Die Sperre wird planmäßig geworfen, nur können *TA 24* und *TA 28* nicht wieder nach Genua zurückkehren, sondern müssen in Spezia die Werft aufsuchen.

Die Boote benötigen zwei Werfttage.

Am 18. Juli haben wir für alle Militäreinheiten Alarmstufe I, am 19. nachts sogar Alarmstufe II, ohne daß sich etwas ereignet. Erwartet wurde ein Partisanenangriff auf Spezia. *TA 28* und *TA 29* laufen am 20. Juli um 03.00 Uhr nach Genua aus und treffen dort um 05.15 Uhr ein.

Die beiden Boote laufen abends um 21.30 Uhr wieder zu einem Aufklärungsvorstoß aus und fahren die Küste entlang bis querab von der Mündung des Arno.

Kaptlt. Wenzel führt die Aktion und berichtet:

»Um 00.20 Uhr sichten wir in 20 hm Entfernung mehrere S-Boote, gegen die wir nach einigen Leuchtgranaten mit allen Waffen das Feuer eröffnen. Die S-Boote erwidern es, drehen ab und lösen Torpedos. Wir können die vier Laufbahnen gut erkennen, da ein Oberflächenläufer darunter ist. Das Ausweichen ist kein Problem. Der Gegner nebelt sich ein und verschwindet. Unser B-Dienst hört im gegnerischen Funksprechverkehr, daß ein S-Boot 16 Minuten lang gerufen wird, sich aber nicht meldet. Ein weiteres Boot bittet um Erlaubnis, zur Basis zurücklaufen zu dürfen.

Auf dem Rückmarsch kommt es um 03.11 Uhr zu einem weiteren Zusammenstoß mit S-Booten. Das Feuer wird von uns auf eine Entfernung von 30 hm mit großer Heftigkeit eröffnet und zwingt den Gegner zum kampflosen Rückzug. Er verschwindet im Nebel. Unser B-Dienst hört nun, daß ein S-Boot seine Kameraden bittet: Stehen Sie mir bitte bei, indem Sie längsseits kommen. Daraus kann man wohl entnehmen, daß der Gegner nicht ohne Schaden davongekommen ist.

2914 Schuß sind von den TA-Booten gefeuert.

Um 04.37 Uhr laufen die Boote in Genua ein.«

Die deutsche Seekriegsleitung schreibt unter dem 20. Juli:

»Seit September 1943 wurden im italienischen Marinebereich über 10 000 Minen und 1300 sonstige Sperrmittel geworfen, wovon an der Westküste – also dem Tyrrhenischen und Ligurischen Meer – 8659 Stück, und hiervon wieder von den TA-Booten und Geleit-Torpedobooten 3267.«

Zur Durchführung eines weiteren Minenunternehmens unserer Boote zusammen mit dem Minenschiff *Dietrich von Bern* fahre ich nach Genua.

Mit *TA 28* und *TA 29* laufen wir um 21.00 Uhr in Genua aus und schleichen, durch die niedrige Fahrt des Minenschiffes bedingt, mit zehn Seemeilen Fahrt südwärts. Um 00.35 Uhr erkennen wir feindliche Schnellboote, die wir sofort mit allen Waffen beschießen und zum Abdrehen nach Westen zwingen.

Zwischen 01.54 und 02.12 Uhr wird die Sperre westlich von La Spezia geworfen. Ohne weitere Feindberührung machen wir um 04.05 Uhr in La Spezia fest.

Man hat Respekt vor uns

Rückblickend betrachtet scheinen wir beim Gegner doch an Respekt gewonnen zu haben, denn solche Nahkämpfe, wie wir sie noch vor einigen Wochen hatten, sind nicht mehr vorgekommen, weil sich der Gegner bei geballtem Feuereinsatz unserer Boote zurückzog.

Für den nächsten Tag abends, also den 22. Juli, ist wieder ein Aufklärungsvorstoß der drei TA-Boote vorgesehen.

Zum Vortrag bei unserem neuen Befehlshaber des Marinekommandos fahre ich nach Genua/Nervi. Vizeadmiral Löwisch, seit Juli 1944 der neue Befehlshaber des Deutschen Marinekommandos Italien, hört sich unsere Schwierigkeiten und alle Probleme an und läßt sich auch über die bisherigen Unternehmungen berichten.

Zu einer großen Abschiedsmusterung des bisherigen Befehlshabers, Vizeadmiral Meendsen-Bohlken, treten am nächsten Tag in Genua Abordnungen aller Flottillen der 7. Sicherungsdivision und unserer TA-Boote *TA 31, TA 32* und *TA 33* an.

In La Spezia angekommen, höre ich, daß die für gestern vorgesehene Unternehmung abgeblasen werden mußte, da schlechtes Wetter herrschte. Dieser Aufklärungsvorstoß wird nun heute nacht durchgeführt. Er endet nach planmäßiger Durchführung ohne Ereignisse besonderer Art.

Am 24. Juli kommt ein neuer Einsatzbefehl für *TA 24, TA 28* und *TA 29*: La Spezia aus 00.00 Uhr, Beschießung der gegnerischen Hauptkampflinie am Südufer Arno. Rückkehr auf Weg »Panther«.

Mein Durchführungsbefehl lautet:

Taktische Reihenfolge der Boote ist 24, 29, 28. Verband sammelt sich um 00.15 Uhr Außenkante Spezia-Sperre. Marschfahrt 21 sm. Formation »Max Gelb«. Marschweg: »Panther« bis 726, dann Kurs 175° bis zur Höhe 43° 39' N. Schwenkung auf Ost-Kurs bis »Panther«. Andrehen auf Kurs 356° und Fahrt vermindern auf zwölf Seemeilen.

Schon beim Andrehen versuchen die Artillerieoffiziere der Boote gegnerische Stellungen auszumachen. Diese sind unter Feuer zu nehmen. *TA 29* wird als Beleuchter eingesetzt. Das Boot eröffnet das Feuer nach vollendeter Kursänderung auf 356° ohne weiteren Befehl. Falls ein Geschütz nicht genügend erhellt, muß ein zweites dazugenommen werden. Andere Boote Feuererlaubnis bei Aufleuchten erster

Leuchtgranate. Sicherstellen, daß auf keinen Fall ein Ziel am Nordufer des Arno beschossen wird. Nach Erreichen der Höhe Arno-Mündung Kursänderung 315° und Aufnahme Marschfahrt 24 sm. Schlußboot hält Nebelmittel bereit. Heimmarsch auf Weg »Panther« Spezia.

Die Boote passieren nachts pünktlich die Sperre La Spezia und laufen bei bestem Wetter nach Süden gemäß Plan. Über und auf dem Festland ist dauernder Einsatz von Flugzeugen und Artillerie mit vielen Leuchtbomben. Wir sichten neben uns zwar eine Treibmine, schießen auch einen Leuchtgranaten-Fächer in westliche Richtung, weil es dort nach einem Schatten aussah, aber sonst ereignet sich bis 01.20 Uhr nichts. Zu der Zeit empfangen wir einen Funkspruch, wonach die bevorstehende Beschießung entfallen muß. Also alles für die Katz, obwohl gerade heute die Luft in diesem Seegebiet rein ist.
Um 03.50 Uhr sind wir wieder im Hafen.
Woran mag die Notwendigkeit des vorzeitigen Abbruchs gelegen haben? Hatten die Abschnitte der Landfront noch keine Nachricht über unser Eingreifen erhalten? War der Gegner inzwischen ein weiteres Stück nach dem Norden vorgerückt?
Anscheinend gilt unsere erste Annahme, denn nachmittags trifft der Befehl für die heutige Durchführung der Beschießung ein!
Am 25. Juli um 23.54 Uhr legen die Boote in La Spezia erneut zur Beschießung feindlicher Stellungen ab. Der Anmarsch vollzieht sich bei glatter See und klarem Himmel nach Plan.
Um 01.59 Uhr wird »Alarm« auf allen Booten geläutet: »Klar zur Küstenbeschießung!«
Um 02.02 Uhr eröffnet TA 29 als mittleres Boot das Feuer mit Leuchtgranaten, von denen immer vier bis fünf während des Wirkungsschießens am Himmel schweben. Das Küstengelände ist gut einzusehen. Der Abstand von der Küste beträgt 2,7 Seemeilen. Nun fallen alle Geschütze der Boote als Kampfbatterien in die Leuchtgranaten-Salven ein. Die Einschläge sind gut beobachtungs- und daher auch gut verbesserungsfähig. Sie werden zwischen 50 hm und 80 hm hin und her geholt. Als der Verband um 02.09 Uhr querab von der gut sichtbaren Arno-Mündung steht, wird das Feuer eingestellt. Wir treten den Rückmarsch an.
Um 02.52 Uhr sind drei Schnellboote, aus dem Nordwesten kommend, mit Anlaufkurs auf uns zu in Sicht. Wir drehen auf sie zu und schießen Leuchtgranaten. Infolge unserer an Backbordseite liegenden eigenen Sperren können wir die Boote leider nicht jagen. Also gehen wir wieder auf alten Weg und Kurs, um mit Sprenggranaten zu schießen. Die Gegnerboote laufen nebelnd ab.
Als wir nach der Unternehmung wieder in La Spezia festmachen, haben wir 252 Granaten auf die Landstellen verschossen.

Nachdem wir unseren Gefechtsbericht abgesetzt haben, kommt ein neuer, gleicher Einsatzbefehl auch für heute nacht. Nur werden wir die Aktion eine Stunde später starten.

Kurz vor unserem Auslaufen ruft der Seekommandant von La Spezia an. Es muß in dieser Nacht mit erhöhter Partisanentätigkeit gerechnet werden. Daher sind alle Vorbeugungsmaßnahmen zu treffen und ist erhöhte Aufmerksamkeit erforderlich.

Sämtliche zur Flottille gehörenden Wachen werden daraufhin verstärkt. Zusätzliche Waffen werden ausgegeben. Aber nichts geschieht.

Am 27. Juli um 00.45 Uhr verlassen *TA 24*, *TA 29* und *TA 28* den Hafen und laufen auf den gestrigen Kursen zum Ziel.

Schon von weitem sehen wir im Gebiet von Livorno vier große Flächenbrände. Um 02.32 Uhr sind wir klar zum Küstenbeschuß. Wieder beginnt *TA 29* mit dem Schießen seiner LGs, und die anderen Boote fallen mit Sprenggranaten in die Küstenbeschießung ein. Heute liegen die Schußentfernungen zwischen 50 hm und 100 hm. Eine feindliche Landbatterie ist – vermutlich aus der gestern gemachten Erfahrung heraus – zur Abwehr des Angriffs angesetzt, denn wir beobachten (in allerdings weiter Entfernung) Aufschläge unseres Gegners. An Land entstehen zwei Brände, wobei einer auf Grund immer höher lodernder Stichflammen und Explosionen als Treffer in ein Munitionslager angesehen wird.

Um 02.45 Uhr ist der Beschuß beendet. Abermals, ohne Feindberührung gehabt zu haben, laufen wir um 04.31 Uhr in La Spezia ein. Wir hatten gottlob auch diesmal keine Verluste. Munitionsverbrauch: 340 Schuß Sprenggranaten. Aus Fernschreiben des MarKdo. Italien und durch Telefonanrufe des Armeeoberkommandos hören wir Dank für die Erleichterung, die unser artilleristisches Eingreifen geschaffen hat.

Die Beschießungen, vor allem die letzte, haben zu einem durchschlagenden Erfolg – mit fühlbarem Nachlassen der feindlichen Angriffswucht – am darauffolgenden Tag geführt.

Unsere Besatzungen sind von dieser Art Aufgabe verständlicherweise hell begeistert. Man kann sich leicht vorstellen, daß ein nächtliches unerwartetes Trommelfeuer von einigen hundert Schuß heftige Verwirrung beim Gegner auslöst und unseren Kameraden an der schwer bedrängten Landfront spürbare Entlastung, zumindest eine Atempause bringen konnte.

Am heutigen 27. Juli gab es Unklarheiten. Das Marinekommando rief an und sagte den Booten für heute Nacht Ruhe zu. Die Sicherungsdivision ordnete drei Stunden später die erneute und damit dritte Beschießung an. Nachdem darauf unser Durchführungsbefehl (zähneknirschend, weil wir schon im Stehen einschliefen) mit der Auslaufzeit 22.30 Uhr an alle Stellen durchgegeben ist und alle Vorbereitungen getroffen sind, kommt der letzte und endgültige Befehl: »*T-Boote heute nacht Ruhe.*« Der Befehl kam vom Marinekommando und galt.

Nach fünf hintereinanderliegenden Einsatznächten erscheint mir Ruhe für die Besatzungen zwingend notwendig, da infolge der ungewöhnlichen Hitze und auch der laufenden Alarme am Tage die Besatzungen keinen Schlaf zwischen den Einsätzen hatten.

Wir waren alle überhaupt nicht mehr aus den »Anzügen« gekommen.

Wie schon mehrfach bemerkt, ist der fehlende Schlaf zunehmend ein ganz besonders bedrückendes Problem. Wir hatten im Marinearsenal La Spezia einige Stollen in den Berg treiben lassen, dort etwa hundert Feldbetten aufgestellt und versuchten etwas Ruhe zu finden. Leider ist aber die Installation einer Lüftung nicht möglich gewesen, so daß die »Schlafwache« immer völlig benommen an das Tageslicht trat. Es war also nichts. Der Verbrauch von Kaffee, von aufputschendem Pervitin und von Schokakola nimmt zu.

Nun herrscht Ungewißheit über den nächsten Einsatztermin. Das Boot *TA 28*, das eigentlich in die Werft müßte, weil es nur eingeschränkt kriegsbereit ist, steht nun immer noch im Einsatz und müßte eigentlich nach Genua. Es ist von Übel, daß wir von La Spezia aus keine telefonische Verbindung mit dem nach Levico umgezogenen MarKdo. Italien haben und daß die Fernschreiben »eine Ewigkeit« bis zum Ziel brauchen.

Man hängt einfach irgendwie in der Luft.

Wir müssen am nächsten Tag hören, daß der Mangel an Munition, vor allem auch an Sprenggranaten und Leuchtgranaten, eine häufige Wiederholung der Beschießungen wie an den Vortagen einfach nicht zulieiße.

Am 30. Juli ist der Befehlshaber des Marinekommandos Italien bei uns in La Spezia. Er mustert die Besatzungen von den drei Booten und besichtigt dann *TA 24*, auf dem noch verschiedene Fragen besprochen werden. Dabei tritt erstmalig auch das Thema »Brennstoffmangel« auf. Der Befehlshaber bereitet uns darauf vor, daß wir nur noch die dringendsten Einsätze fahren können. Soweit ist es nun schon gekommen: Jetzt ist schlechthin alles für die Kriegführung Notwendige knapp geworden. Wie sollen wir da noch weitermachen können . . .

Die Sicherungsdivision meldet, daß im Juli 204406 BRT Tonnage mit 784 Fahrzeugen geleitet werden konnten. Im ganzen Monat Juli fuhren nicht allein die Schiffe, sondern auch alle Eisenbahnen in Norditalien nur noch nachts.

1. August: Kaptlt. (Ing.) Nuber, unser Flottillen-Ing., berichtet aus Genua, daß bei den ersten Probefahrten von *TA 32* über 200 Kesselrohrreißer entstanden seien! Die Fertigstellung dauere sicher zehn bis zwölf Tage.

Am 1. August werden alle Dienststellenleiter im Raum La Spezia zum Brigadekommandeur im Abschnitt befohlen. Es werden notwendige Vorbereitungen und Sicherheitsmaßnahmen gegen Partisanenangriffe besprochen. Man rechnet mit einem Großangriff der Banden von Norden und Osten her gegen die Stadt. Die Gerüchte seien durch glaubwürdige Aussagen erhärtet worden. Befehlsgemäß wird unter Hinzuziehung eines Pionieroffiziers unser Stabsquartier verteidigungsklar gemacht, und rund um die Gebäude werden Schützenlöcher und Maschinengewehrstellungen angelegt sowie Minenfelder vorbereitet.

Front auf See, Front im Hafen, Front im eigenen Quartier! Für einen Mann der Marine ist das wirklich etwas Neues. Der Krieg wird immer häßlicher, bedrückender und anscheinend aussichtsloser. Aber jede Front ist nur ein Teilabschnitt. Wer von uns ist kompetent genug, sich ein klares Bild von der Gesamtlage zu bilden?

Der Kommandant von *TA 33*, Kaptlt. v. Trotha, meldet am 3. August, daß bei dem heutigen Bombenangriff auf Genua, der den Docks und Schiffen galt, zwei Tote und vier Vermißte zu beklagen sind. Bomben fielen sämtlich rings um unsere in Genua liegenden Boote. Bei diesem Luftangriff sinken vier Frachtdampfer und 16 Küstenschiffe. Weitere 22 Einheiten sind schwer beschädigt.

Ein für den 5. August vorgesehenes Artillerie-Übungsschießen von *TA 32* muß ausfallen, da kein Schlepper in Genua zur Verfügung steht.

Täglich von *TA 28* durchgeführte Probefahrten führen nicht zur Behebung der Schäden, und der heutige dritte Versuch, für *TA 32* einen Schlepper zu bekommen, ist erfolglos.

Am 9. August entschließe ich mich, zusammen mit dem Flo.Ing. nach Genua zu fahren, um mich über die ganze Situation vor Ort zu informieren.

Nach einer Besichtigung der Boote in Genua setze ich mich mit den vier Kommandanten zusammen, lege ihnen die allgemeine Lage dar und bitte um eine etwas großzügigere Auslegung der Ansprüche an Besatzung und den Zustand der Boote. Die Situation erfordert viele Verzichte. Große Forderungen zu stellen ist zwecklos, weil sie doch nicht erfüllt werden können. Aus der Heimat haben wir überhaupt nichts mehr zu erwarten, also müssen wir hier »von der Hand in den Mund« leben.

Ein weiteres Thema ist die »wehrgeistige Betreuung« und die Landgangsfrage der Soldaten.

Bei der wehrgeistigen Betreuung geht es einfach um den Befehl Hitlers, einen Offizier zu benennen, der die Aufgabe eines »NS-Führungsoffiziers« übernimmt und dafür Sorge zu tragen hat, daß bei der Truppe eine »positive Einstellung zum Nationalsozialismus« gesichert ist.

Stab und Kommandanten sind sich einig darüber, daß der Geist der Truppe ohnehin gut sei und man »so etwas« nicht brauche. Es gäbe wirklich wichtigere Aufgaben.

Um aber dem Befehl Genüge zu tun, wird der Adjutant »pro forma« zur neuen Stellung abgeteilt und gemeldet. Er ist aber nie »in der Partei« gewesen.

Im übrigen aber ist Politik sowieso kein bedeutungsvolles Gesprächsthema bei der Marine.

In welcher Marine der Welt würde das wohl anders sein . . .

Ein Problem für sich ist der »Auslauf« aller Marineleute, der Landgang. Nachdem auf Grund eines Führerbefehls den Soldaten der Urlaub in die Heimat versagt und ein Gang an Land nur in Gruppen und nur mit Waffen erlaubt wurde, weil zu viele Gefahren drohen, nachdem auch die Veranstaltungen im Rahmen der Wehrmachtbetreuungen immer seltener geworden sind, muß etwas für die Ruhe, die Erholung und das »Abschaltenkönnen« der Besatzungsmitglieder getan werden.

Wir werden deswegen einige Häuser, außerhalb der Städte und damit auch fernab der dauernden Störungen durch Fliegeralarm und Bombenwürfe, frei machen lassen. Hier sollen die Soldaten ihre verdammt notwendige Ruhe, ihre Erholung, eine Abwechslung und sogar mehrtägige Urlaubstörns bekommen.

Zufällig höre ich, daß der Chef des Stabes vom Deutschen Marinekommando Italien sich in der Umgebung von Genua befindet. Nach vielen Umfragen ergibt sich die Möglichkeit zu einem Treffen in Nervi um 22.00 Uhr. Ich trage Kapitän zur See Wachsmuth vor, daß ich die Verlegung der Flottille von La Spezia nach Genua für dringend erforderlich halte, da in La Spezia das Artillerie- und das Sperrwaffenkommando sowie das Marinearsenal praktisch ohne jedes Leistungsvermögen seien. Die Erfahrung habe gelehrt, daß zu allen Zeiten der größere Teil der Flottille schiffs- und personalmäßig in Genua gelegen habe. Aus diesem Grund hätte ich bereits auf eigene Faust den größten Teil meiner Verwaltungssoldaten und der Wachtmeisterei zur Aufrechterhaltung eines geregelten Dienstbetriebes nach Genua verlegen müssen. Dabei weise ich auf die ungemein schlechte Verbindung zwischen La Spezia und Genua hin und nenne Beispiele, bei denen Soldaten, die sich durch »Trampen« – mit all den Gefahren durch Partisanen – zwischen den Städten bewegen, für die 110 km lange Strecke zwei volle Tage benötigen.

Eine Ausrichtung des Offizierkorps, ein richtiges »Drinstecken« in der Flottille, sei für mich, der ich höchstens alle zwei Wochen infolge der mehr oder weniger ständigen Einsätze nach Genua kommen könne, unmöglich. Davon ganz abgesehen erlaube schon die Benzinzuteilung kein häufigeres Fahren.

Außerdem – und das sei das gravierendste Moment – seien wir in La Spezia von jeglicher Direktverbindung mit der Außenwelt seit langem abgeschnitten. Aus allen diesen Gründen halte ich es für erforderlich, nicht, wie vom MarKdo. vorgesehen, unseren Stützpunkt nach Savona zu verlegen, sondern nach Genua selbst. Savona würde für uns das gleiche bedeuten wie La Spezia, nämlich von der Flottille abgesetzt zu sein. Das ist für eine Flottillenführung, wie sie bei diesen hier waltenden Zuständen notwendig ist, höchst unzweckmäßig und überdies unnötig, solange sich noch eine bessere Möglichkeit anbietet.

Natürlich verkenne ich nicht, daß sich das MarKdo. bei seinen getroffenen Entscheidungen durch das Verteilen der Dienststellen auf verschiedene Häfen durch richtige Gedankengänge hat leiten lassen. Ich könne mir aber vorstellen, daß eine Standortverlegung für andere Dienststellen leichter sei, denn wir hätten ohne jede fremde Hilfe mehr als 1400 Soldaten zu betreuen.

Wieder in La Spezia angekommen, finden wir ein interessantes Fernschreiben vor. Das MarKdo. schreibt:

»Es wird angenommen, daß die Insel Gorgona vom Feind besetzt ist. Auf der Insel werden Funkmeßgeräte, eine Funkstelle, Batterien und Leuchtfeuereinrichtungen vermutet. In der bevorstehenden Neumondperiode sollen 30 italienische Soldaten vom Bataillon »Folgore« die gesamten Anlagen zerstören und Gefangene einbringen. Die Saboteure sollen durch ein deutsches und ein italienisches MAS-Boot in einer Nacht übergesetzt und in der nächsten Nacht zurückgeholt werden. Führung in See der Leiter der deutschen SA-Bootsgruppe, Lt. z. S. Porzelt. Vorbereitung und Leitung des Unternehmens der Chef der 10. T-Fl.«

Noch am 12. August nehmen wir Verbindung mit dem MVO (Marine-Verbindungsoffizier) zwischen der deutschen und der italienischen Marine bei der MAS auf und treffen erste Vorbereitungen.

Die »Decima Flottiglia MAS« (10. italienische-Schnellboot-Flottille) ist eine wohlbekannte Einheit mit verschiedenen Bootstypen und Aufgaben (MAS = Motoscafo Anti Silurante, d. h. ein Schnellboot gegen einen anderen Torpedoträger, oder MAS = Motoscafo Anti Sommergibili, d. h. Schnellboot gegen U-Boote). Die Flottille verfügt aber auch über Kleinkampfeinheiten für Sabotage-Unternehmen oder Sonderaktionen in gegnerischen Häfen usw. Auch die Bewaffnung ist für alle Möglichkeiten variabel.

18.40 Uhr wird Sofortbereitschaft für *TA 24* und *TA 29* befohlen. 21.05 Uhr kommt ein Auslaufbefehl für einen Vorstoß in den Golf von Genua, entlang der Rivieraküste bis Höhe San Remo.

Um 23.00 Uhr können wir auslaufen, Marschfahrt 24 sm. Um 01.00 Uhr stehen wir südlich von Genua 20 sm ab – und unter laufender Ortungskontrolle eines feindlichen Landgerätes auf Korsika. Um 03.00 Uhr sind wir am Ziel, dem Punkt X, angelangt und beobachten auf dem Weg Cassia Bombenangriffe im Raum von San Remo. Im Verlauf der nächsten Stunden entnimmt unser B-Dienst dem gegnerischen Funk- und Funksprechverkehr die genauen Positionen zweier S-Boot-Sammelstellen. Das sind Stellen, von wo aus sich die Boote zur Aktion trennen und später wieder zusammenkommen. Beide Punkte liegen unweit von unseren minenfreien »Wegen«. Der eine neben »Cassia« 30 sm von Genua entfernt, der andere neben »Panther« 25 sm entfernt. Wir steuern einen der Treffpunkte an und finden dort tatsächlich ein schwimmendes Fackelfeuer. Gegnerische Einheiten sind aber nicht auszumachen.

Um 05.15 Uhr treibt ein großer Fesselballon an uns vorbei. Es ist schon eine Stunde hell, als wir um 06.00 Uhr vor Genua stehen, und dennoch stellen wir wieder fest, daß auch am frühen Morgen das Einlaufen in Genua durch die Sperrlücke infolge des stets zu dieser Zeit auftretenden Morgendunstes nicht einfach ist. Nur die Bergspitzen ragen über den Dunst empor, und mit ihrer Hilfe schieben wir uns mit langsamer Fahrt wieder in den Hafen.

Bei *TA 29* ist unterwegs zweimal die Maschine ausgefallen, weil Flanschen in der Hauptzudampfleitung zur Turbine herausgeflogen sind. Das Boot muß also in die Werft. Dafür meldet aber *TA 28* klar. Morgen früh, am 14. August, sollen *TA 24* und *TA 28* nach La Spezia verholen. Aber wir haben nachts noch einen schweren Bombenangriff, wobei einige Bomben neben *TA 28* niedergehen. Die Auswirkungen sind katastrophal: Eine Munitionskammer ist vollgelaufen. Ein Knick im Boot – mit tiefen Beulen und Verschiebungen im Innern und an der Bordwand – ähnelt dem Aussehen, das seinerzeit *TA 24* nach den Bombenangriffen zeigte. Es scheint das ganze Achterschiff bis Abteilung V, wo die Maschinenanlage beginnt, hochgerissen zu sein. Unsere Bauaufsicht rechnet mit einer Reparaturdauer von mindestens vier Wochen.

Nun läuft *TA 24* allein nach La Spezia.

15. August: Wir beschäftigen uns wieder mit dem Durchführungsbefehl für die Sonderunternehmung »Union«, der erwähnten Landung auf Gorgona. Schon abends sind die Vorbereitungen für das Unternehmen abgeschlossen, und wir geben den Einsatzbefehl heraus:

»**1. Aufgabe:** Absetzen eines Sabotagetrupps auf der Insel Gorgona, die wahrscheinlich vom Feind besetzt ist. Zerstörung der militärischen Anlagen, also evtl. vorhandener Batterien, der Leuchtfeuereinrichtungen und der im Nordteil der Insel vermuteten Funkstelle. Einbringen von Gefangenen ist anzustreben.

2. Mittel: Drei deutsche SA-Boote* als Übersetzmittel für 30 italienische NP-Leute vom Btl. Folgore.

Führung in See Lt. z. S. Porzelt.

Leitung und Vorbereitung der Unternehmung Chef der 10. T.-Flottille.

Führung des Sabotagetrupps durch den verantwortlichen italienischen Offizier.

3. Termin: Durchführung in jetziger Neumondperiode, voraussichtlich am 19. August 1944 abends.

4. Durchführung: Am ersten Tag stehen drei deutsche SA-Boote zur Landung bereit. Der italienische Führer des Kommandounternehmens steigt auf dem Führerboot ein, desgleichen zusätzlich ein Dolmetscher. Jedes Boot stellt Platz für zehn Mann überplanmäßige Belegung bereit. Deutscher MVO wird gebeten, für Bereitstellung eines LKW, der die italienischen Soldaten zum deutschen SA-Bootsstützpunkt herüberfährt, zu sorgen. Eintreffen am Stichtag 21.00 Uhr muß sichergestellt sein. Abmarsch der Boote 22.00 Uhr. Marsch auf Weg »Augusta«, »Via Aurelia« bis Punkt C, »Via Flaminia« bis Höhe 43° 45' N, von wo aus Nordspitze Gorgona mit Südostkurs angesteuert wird. Marschfahrt 30 sm. Etwa zwei Seemeilen vor Erreichen der Insel auf geringste Fahrt gehen. Marsch dicht unter der Westseite der Insel. Im Süden rundend. Landung in der Cala Scirocco. Falls dieses aus Wettergründen nicht möglich, im Norden der Insel Landung in der Cala Maestra. Nötigen Abstand von den Rocks sichern, mit Bootshaken vorsichtig an Land herangehen. Nötigenfalls Schlauchboote zum Anlanden benutzen. Ankunft gegen 01.30 Uhr. Anschließend, nach Absetzen des Trupps, Rückmarsch der Boote auf gleichem Weg mit gleichen Fahrtstufen. Jegliche Lichtbenutzung und jegliche Geräusche, auch Sprechen, sind im Interesse der sicheren Durchführung zu unterlassen.

Am zweiten Tag marschieren die Boote aus La Spezia so ab, daß 21.30 Uhr Sperre passiert wird. Fahrtstufen wie am Vortage. Der Landetrupp hält sich an der Landestelle des Vortages so auf, daß er gegen Mitternacht abgeholt werden kann.

Als Erkennungszeichen zwischen Landetrupp und abholenden Booten sind vom Landetrupp Lang-Kurz-Lang-Blinke mit roter Lampe zu geben.

Rückmarsch mit 30 sm Marschgeschwindigkeit.

Landetrupp wird im Stützpunkt der Boote abgesetzt, woselbst MVO einen LKW zum Abtransport bereithalten wird. Ankunft gegen 03.00 Uhr.

5. Vorbereitungen:

a) MVO sorgt für Unterbringung des Landetrupps sowie Ausrüstung für drei Tage mit Proviant und Getränken.

b) MVO wird gebeten, Eintreffen des Kommandotrupps an 10.-T.-Flottille mitzuteilen und die LKWs gemäß Vorstehendem bereitzuhalten.

c) Lt. zur See Porzelt übergibt dem Führer des Kommandotrupps eine für Signalgebung geeignete notwendige Lampe mit Rotlicht.

d) Lt. zur See Porzelt hält zusätzlich 30 Schwimmwesten bereit und verteilt sie auf die Boote.

---

* Diese Abkürzung bedeutet »Schnellboote Ausland«. Es handelt sich um vormals italienische S-Boote deutschen Typs, die vor dem Krieg in Deutschland für Jugoslawien gebaut und dort von den Italienern 1941 erbeutet wurden.

6. Besondere Weisung:

Für SA-Boote: Feindeinheiten ausweichen. Angriffe auf lohnende Ziele nur bei Rückmarsch am ersten Tage. Bei unvorhergesehenen Ereignissen der Lage entsprechend selbständig zweckentsprechend handeln und alle Möglichkeiten des Erfolges erschöpfen. Falls Wetterlage das Abholen unvorhergesehen unmöglich macht, wird Abholen um 24 Stunden verschoben.

7. Schweigen führt zum Erfolg!«

Am 16. August trifft vom MarKdo. Italien der Verlegungsbefehl für den Stab und Unterstab der 10. T-Flottille nach Savona ein.

Wir sind verständlicherweise enttäuscht, denn wir hatten nach der in Genua durchgeführten Besprechung mit dem Chef des Stabes damit gerechnet, daß unsere Erfahrungsargumente Berücksichtigung finden würden.

Am 12. August hatte ich einmal mehr unsere Verlegung nach Genua anstatt nach Savona erbeten:

»1. Hiesiges Arsenal genügt nicht geringsten Anforderungen.

2. Gleiches trifft für Artilleriewaffenkommando zu.

3. Sperrwaffenkommando ohne Leistung.

4. Seit Monaten liegt Hauptteil der Flottille einheits- und personalmäßig in Genua. Eigene Verwaltung muß bereits zum großen Teil nachgezogen werden. Infolge Verkehrsbehinderung und Benzinmangels ist erforderlicher interner Betrieb und führungsmäßige Arbeit sehr erschwert bzw. undurchführbar.

5. Seit Verlegung MarKdo. ist Flottille trotz aller Versuche Behebung technischer Mängel ohne telefonische Verständigung zum MarKdo., wie es an sich für sehr erforderlich erachtet wird.

6. Unternehmungen können bei zunehmender Nachtlänge auch von Genua aus angesetzt werden, ggf. wird Spezia zum Absprunghafen, wie es früher südliche Häfen waren.

7. Gelegentlich dringende persönliche Rücksprache hiesigen Stabes mit dortigen Referenten sind momentan undurchführbar.

8. Baldmöglichster Entscheid erbeten.«

Aus diesen Gründen sehe ich eine Verlegung nach Genua anstatt nach Savona, wie früher bereits durch Befehl vom MarKdo. Italien vorgesehen war, als dringend notwendig an.

In Savona treten zum großen Teil dieselben Schwierigkeiten wie in Spezia auf.

Der Hafen selbst ist klein. Ein gelockertes und getarntes Liegen von Fahrzeugen ist hier nicht möglich. Savona steht in dauernder Luftgefahr. Angriffe mit Bomben und Bordwaffen sind laufend. Die Erfahrung hat gelehrt, daß die Störanfälligkeit der Boote so ist, daß Werfthilfe ständig benötigt wird. Diese Werfthilfe fehlt völlig. Die Boote sind also an Genua gebunden.

Der Stützpunkt der Flottille liegt im Hafen und somit im luftgefährdetsten Teil der Stadt. Ein ruhiges Arbeiten wird wieder unmöglich. Mit Savona als Stützpunkt treten keinerlei Verbesserungen gegenüber La Spezia auf, und der Flottille ist keineswegs damit gedient.

Nun, die Entscheidung ist getroffen. Wir müssen damit fertig werden.

Am 16. August trifft ein Fernschreiben des MarKdo. Italien ein, daß auf Grund geänderter Lage der Gorgona-Einsatz entfällt.

Welche geänderte Lage?

Über 85 000 Soldaten der alliierten Streitkräfte sind gestern an der südfranzösischen Küste nahe Cap Roux südwestlich Cannes gelandet!

Nun haben wir also die Landfront nicht nur im nahen Süden, sondern auch noch im Westen. Die Lage wird immer aussichtsloser für uns.

Aber wir bekommen – in die richtige Relation gebracht – endlich mal auch eine gute Nachricht: Der Kommandant von *TA 32* meldet, daß sein Artillerieschießen ohne Störungen durchgeführt werden konnte.

Morgen will ich mir *TA 28* in Genua ansehen. Es liegt jetzt trocken im Dock. Der Schaden ist, so wird festgestellt, weit schlimmer als angenommen. Der Kiel ist achtern gebrochen, die Wellenböcke um zwölf Zentimeter nach unten verschoben. Die Reparatur wird also nicht vier, sondern sechs Wochen dauern.

TA 32 führt eine neue Probefahrt vor Genua durch, bei der infolge mangelnder Schulungsmöglichkeit des Personals alle Kessel »Feuer aus« machen. Das Boot treibt hilflos herum. Die Fahrt wird, nachdem die Kessel wieder gezündet sind, abgebrochen. Die Situation muß tragikomisch gewesen sein. Der I. Wachingenieur Luther berichtet darüber:

»*Die ersten Probefahrten vor Genua hatten zum Teil spektakuläre Vorfälle, Ausfall aller Kessel, mit Donnergetöse und Widerhall an den Genueser Höhen abblasende Sicherheitsventile und dem »roten Hahn« in den Schornsteinen – und das zur Nacht!*«

Der »rote Hahn« bedeutet starken Funkenflug aus dem Schornstein, der sehr unangenehm ist, weil er weithin sichtbar ist und Gegner heranlockt.

Dennoch findet am 18. August die Indienststellung von *TA 32* (ex italienische *Premuda*, ex jugoslawische *Dubrovnik*) unter seinem Kommandanten, Kptlt. Kopka, statt.

Damit ist nun unsere bei weitem größte und kampfkräftigste Einheit bald einsatzbereit und bedeutet eine wesentliche Stärkung unserer Feuerkraft.

Das Boot hat 1850/2400 ts Wasserverdrängung, die Maschine leistet 48 000 PS für eine Höchstfahrt von 32 kn. Bewaffnet mit vier deutschen 10,5-cm-Geschützen, vier 3,7-cm-Zwillingen, zwei italienischen vollautomatischen 3,7-cm-Einzeln, sieben deutschen 2-cm-Vierlingen und vier 2-cm-Flak in Doppellafette. Ferner hat das Boot zwei Torpedo-Drillingsrohrsätze. Besatzungsstärke 220 Mann.

TA 32 ist auch unsere erste Einheit mit einem Funk-Entfernungsmeßgerät. Das Boot macht gegenüber unseren kleinen Booten beinahe den Eindruck eines Kreuzers. Es ist »unser ganzer Stolz«, immerhin ein Großzerstörer vom sogenannten Flottillenführer-Typ.

Am 19. August früh verlegt *TA 24* von La Spezia nach Genua, um dort Arbeiten durchzuführen, die in La Spezia nicht mehr erledigt werden können.

Der Termin für die Fertigstellung von *TA 29* verzögert sich wegen der dauernden Fliegeralarme und wegen Fahrlässigkeit eines italienischen Arbeiters, dem ein Teil seiner Feile beim Arbeiten in die Turbine gefallen ist. Die Turbine muß aufgenommen werden.

Ich nehme nicht an, daß es sich um einen Sabotageakt handelt, denn sonst hätte der Italiener die Sache nicht gemeldet und nicht selber gleich alle Versuche zur Behebung des Schadens eingeleitet.

Im Flottillen-KTB vom 24. August steht:

»Die laufenden Anfragen von allen Seiten, wann endlich *TA 31* und *TA 32* einsatzbereit seien, müssen leider noch immer negativ beantwortet werden. Die Gründe hierfür verdienen aber noch einmal festgelegt zu werden:

TA 31 hat wegen der andauernd nicht klaren Maschinen keine Möglichkeiten zum weiteren Inseegehen. Damit bleibt die Gesamtausbildung auch irgendwie nur theoretisch, unvollkommen. Auf *TA 32* ist das Menschenmögliche nun geschehen. Das Boot ist auch unverhältnismäßig schnell klar geworden – trotz der vielen unerwarteten Umbauten.

Zur erfolgreichen Kriegsführung gehört schließlich ein bißchen mehr als eine Hafenausbildung mit dem Ergebnis, daß die Maschine gerade eben klarkommt und die Männer an den Waffen nur mit dem Allernotwendigsten vertraut sind.

Es gilt immer wieder festzuhalten, daß sich die Boote in ihrer Ausbildung des Nachts einzeln ein bis zwei Stunden aus dem Hafen bewegen und sich wegen der laufenden und scharfen Luftüberwachung möglichst unauffällig aufführen müssen. Kaum einmal vergeht eine solche Fahrt vor die »Haustür« ohne Waffeneinsatz.

Wir dürfen nicht vergessen, daß *TA 32* und *TA 33* noch vor gut acht Wochen ohne Arbeiter an Bord in der Werft gelegen haben. Fliegeralarme von früh beim Hellwerden bis abends bei anbrechender Dunkelheit sind keine besonderen Vorkommnisse. Die Männer befinden sich dann alle in den Bunkern oder in Bereitschaft. Bomben fallen Tag und Nacht. Deshalb ist eine auch nur notdürftige Ausbildung überhaupt nicht möglich. Nichts ist es hier mit der auch im Krieg weiterlaufenden Ostsee-Ausbildung aller Frontboote. Hier gibt es auch in See kein Rollenexerzieren, weil die Männer ständig an den Waffen stehen. Hier kann auch die Maschine nicht einmal ausbildungsmäßig bewegt werden, weil jede Qualmwolke oder gar ein Funkenflug sofort zum Angriff eines Gegners führen. Auch Drehkreise können nicht mehr bestimmt werden. Nur mühselig ermittelt die Schiffsführung an Hand von Peilungen irgendwelcher Berge im Dunkeln ihre Geschwindigkeit im Vergleich zu den Umdrehungen.* Auch sind die Arbeiten aller Stellen an Bord ungeheuer selbständig, denn

---

* In der Flottille konnte noch nicht mal ein Magnetkompaß kompensiert werden!

hier hilft kein EKK (**E**rprobungs**k**ommando **K**riegsschiffe) und kein TEK (Torpedo-EK) und andere früher doch so ungern an Bord gesehene Institutionen, deren man sich unter den hier obwaltenden Umständen manchmal geradezu sehnsüchtig erinnert. Diese Kommandos, die sich mit vielen Spezialisten wochenlang an Bord aufhielten, sorgten wenigstens dafür, daß auf einem Neubau wirklich alles in Ordnung war.

Alles wird hier in den Nächten in dem schmalen Streifen zwischen Küste und Minensperren in wenigen Stunden erledigt. Das alles müssen die Besatzungen auf engstem Raum in einer Zeit in sich aufnehmen, über die man vor noch gar nicht so langer Zeit nur ungläubig den Kopf geschüttelt hätte.

Abgesehen von all den rein technisch-militärischen Schwierigkeiten möchte ich aus dem Vorstehenden nur aufzeigen, vor welch hohe Anforderungen sich die jungen, seeunerfahrenen Soldaten aller Marinelaufbahnen hier gestellt sehen.

Wenn dann die gestellten Aufgaben noch zur Zufriedenheit und mit Erfolg durchgeführt werden, so kann man ihnen nicht nur Achtung, sondern höchste Anerkennung zollen.«

Unser neuer Befehlshaber des MarKdo. Italien, Vizeadmiral Löwisch, hat auf diese meine Kriegstagebucheintragung hin als Randbemerkung handschriftlich notiert:

»Ein sehr überzeugendes Stimmungsbild von dem, was unbedacht verlangt und unbemerkt geleistet wird.«

Unser gesamter Stab verlegt heute nach Savona. Dabei tröstet uns nur die Feststellung, daß die Straßenentfernung von Savona nach Genua nur halb so weit ist wie die von La Spezia nach Genua – nicht mehr 110 km, sondern nur noch 50 km. Man muß sich hier über Kleinigkeiten freuen!

Erstmals am 25. August laufen drei völlig verschiedene Einheiten zu einem gemeinsamen Aufklärungsvorstoß aus: *TA 24, TA 32* und *TA 31*. Sie sind vier Stunden in See, haben verschiedene S-Boots-Ortungen, kommen aber nicht zu einer Gefechtsberührung. So können sie wenigstens ihre Ausbildung vorantreiben. Für uns aber zeigt sich die zwingende Notwendigkeit, daß diese drei Einheiten jede gemeinsame Fahrgelegenheit ausnutzen müssen, um sich allein schon fahrtstufenmäßig aufeinander abzustimmen.

Für heute abend ist vorgesehen, daß *TA 31* und *TA 32* nach La Spezia verlegen, sich dort ihre Gefechtstorpedos holen, um in der folgenden Nacht nach Genua zurückzukehren.

TA 24 und *TA 29* laufen um 20.45 Uhr zu einer Fernaufklärung aus. Ziel des Marsches ist ein Punkt, der acht Seemeilen südlich von der italienisch-französischen Grenze liegt.

Wir passieren um 21.00 Uhr die Außensperre von Genua und sind bereits 16 Minuten später in den Ortungen von zwei feindlichen Flugzeugen. Um 22.09 Uhr meldet unser B-Dienst, den wir seit einiger Zeit eigentlich immer an

112

Gespickt mit Abwehrwaffen gegen Schnellboote und Flugzeuge: Dieses Foto vom *TA 32*-Achterschiff zeigt auf engem Raum gleich drei 2-cm-Vierlinge nebeneinander. Hier erkennt man die zwingende Notwendigkeit der schwarz-weißen Rohrbegrenzungen. Im Hintergrund die Flakkorvette *SG 15* ex *Rageot de la Touche*.

Furchtbar sind die »Teppichabwürfe« alliierter Bomberverbände auf Genua am 4. September 1944, die zum Verlust von *TA 28* ex *Rigel* und *TA 33* ex *Corsaro* führen. Dabei hat die Besatzung von *TA 28* die allerschwersten Verluste.

Das ging um Haaresbreite noch gut: Einschlag eines Bombenteppichs in nächster Nähe vom Liegeplatz des einzigen bei diesem Angriff unversehrt gebliebenen Bootes.

Der 10. Torpedobootsflottill
war die bekannte italienisch
X. MAS-Flottille angeschlos
sen, die teilweise weiterhi
auf deutscher Seite blieb un
in geringerem Umfang noc
kämpfend eingesetzt wurde
Das Foto links zeigt dere
Schnellboot MAS 55ε

MAS 510 und MAS 555 sε
wie – im Hintergrund – e
nicht identifiziertes dritte
Boot der »DECIMA MAS
▽ im Einsatzhafen Savon

Das Flottillenwappen
der X. MAS-Flottille
(»DECIMA MAS«).

Die immer besetz-
ten Flakwaffen und
die grundsätzlich
von der gesamten
Besatzung ange-
legte Schwimmwe-
ste verdeutlichen
die jederzeit
drohende Gefahr.
(TA-Boot der
10. T-Flottille).

Bord haben und nicht mehr entbehren können: Britische S-Boote und auch ein amerikanisches Boot stehen mit Lautstärke fünf in unserer Nähe. Um 22.21 Uhr melden die S-Boote unseren Standort an Bastia und eine Luftwaffen-Bordstelle mit einer Genauigkeit von zwei Seemeilen.

Auch in den nächsten zehn Minuten werden wir laufend eingepeilt und können daraus entnehmen, wie dicht die Boote bei uns stehen, weil wir jedes Wort der S-Boot-Leute vom Funkraum oben auf der Brücke hören.

Als schließlich ein Boot seine Peilung zu uns mit 324° und drei Seemeilen Abstand meldet und zwischen den S-Booten der Befehl »*Klar bei Torpedos!*« gegeben wird, lasse ich unsere Rotte in die umgekehrte Peilung der Gegner, also mit 140° auf sie zu, schwenken. Mir scheint nun der Angriff das richtigste Mittel zum Abschütteln der Fühlungshalter zu sein. Gesehen haben wir von den Gegnern bisher noch nichts. Direkt nach Anliegen des neuen Kurses schießen wir um 22.52 Uhr einen Leuchtgranatenfächer recht voraus – und tatsächlich stehen dort in schönster Beleuchtung ein Dez an Steuerbord vier Schnellboote etwa 40 bis 50 hm weit ab (ein Dez sind jeweils 10°). Es handelt sich um auffallend große Boote.

In der Helligkeit mögen sie nicht gern stehen, man merkt eine Unruhe, sie wurden richtig überrascht. Sie laufen durcheinander. Nun teilen sie sich aber in zwei Gruppen und setzen in großem Bogen zum Zangenangriff an. Um 22.57 Uhr drehen wir nach Backbord, um den Gegner besser unter Beschuß nehmen zu können. Bevor wir aber eigenes Wirkungsfeuer eröffnet haben, werden einige Granateinschläge mittleren Kalibers (etwa sechs bis acht Zentimeter) in der Nähe beobachtet. Die Entfernung zwischen uns und dem Gegner beträgt nun 30 hm. Jetzt eröffnen wir das Feuer mit allen Waffen. Drei Minuten später hören wir im B-Dienst, daß die S-Boote Angriffsbefehl erhalten haben. Kurz darauf meldet ein Boot, daß es geschossen habe. Um 23.03 Uhr hören wir drei starke Unterwasserdetonationen. Wir vermuten, daß es die Enddetonationen der gegnerischen Torpedos sind, die uns verfehlten.

Nun haben die Boote wieder geschossen, denn wir sehen jetzt zwei Blasenbahnen in hundert Meter Entfernung. Durch Funk hilft uns nun auch noch die Sicherungsdivision, indem sie uns meldet, daß wir seit 22.04 Uhr unter gegnerischer Kontrolle stehen und daß unser Standort an einen Beaufighter-Stützpunkt gegeben sei. Um 23.14 Uhr gehen wir wieder auf den alten Kurs und hören Minuten später wieder einige Detonationen, nicht weit entfernt.

Der Verband wird von nun an von beiden Seiten geortet. Wir aber laufen »mit dem alten Leiden«: Man sieht nichts, man hört nichts – und mit einem Mal, da knallt es. Ich entschließe mich zu einer energischen Absetzbewegung, um von den Feindeinheiten freizukommen, und stoße zur Ablenkung in nördliche Richtung vor.

Unter den augenblicklichen Umständen halte ich den weiteren Vormarsch für zwecklos, weil ich überzeugt bin, daß die Gegner mittels ihrer technischen Möglichkeiten nicht von uns lassen und uns von Feindgruppe zu Feindgruppe weitergeben werden. Unser B-Dienst meldet immer wieder über die Gespräche zwischen den verschiedenen Einheiten. Nur wenig nach unserer Kursänderung Richtung Genua hören wir: »*Die beiden Zerstörer steuern 42° Fahrt 18 sm.*«

Gar nicht so schlecht, die Messung, denn sie hat nur einen Fehler von 8° und 3 sm/h. Um 01.16 Uhr, nachdem uns die Fühlungshalter im Norden und Süden nicht aus den Augen (oder besser aus den Geräten) ließen, stoßen wir nochmals mit Südkurs fünf Seemeilen auf eine Gruppe zu, ohne daß wir aber ein Boot sehen.

Um 02.24 Uhr laufen wir in Genua ein.

Dieser Vorstoß war für uns in vieler Beziehung interessant, weil er uns eine Fülle von neuen, für unsere Aktionen nicht gerade erfreulichen Erkenntnissen über Aktivität und Taktik des Gegners vermittelte. Vom Moment des Verlassens des Hafens an (wahrscheinlich sogar schon früher) stehen wir unter der Kontrolle des Feindes. Das Leit- und Einsatzsystem des Gegners für seine Boote wird optimal gesteuert. Das Ortungswesen funktioniert ebenfalls sehr gut – und wir? Wir sitzen vor dem Mauseloch und haben nur die eine »Freude« gehabt – nämlich vom Gegner zu hören, was wir machen und was er mit uns vorhat!

Für uns war das nun nicht gerade ein Erfolg, aber wir hören doch von der SiDi., daß die Durchführung unseres Vorstoßes den eigentlichen Zweck erfüllt habe: Alle feindlichen S-Boote wurden von uns aus dem westlichen Teil der Bucht von Genua herausgezogen, und die Geleitzüge des Küstenweges blieben deswegen in dieser Nacht ohne Angriffe.

Darüber hinaus waren wir aber auch zu dem Zweck eingesetzt, den Sonderkampfmitteln des Kommandos der Kleinkampfverbände das Durchstoßen der feindlichen Sicherungen zu erleichtern.

Mittags ruft die Sicherungsdivision an und berichtet, daß gerade vor ihren Augen in etwa 25 km Entfernung drei große amerikanische Zerstörer oder sogar Leichte Kreuzer in Sicht seien.

Und das direkt vor Genua, bei schönstem Wetter – ohne die geringste Möglichkeit einer Abwehr durch uns! So ist die Lage also hier.

Und doch: Am 27. August können *TA 31* und *TA 32* morgens über drei Stunden lang in der Bucht von Genua umherfahren und endlich einmal wieder Maschinen und Waffen bewegen, ohne daß es gleich zu irgendwelchen Kontakten mit dem Gegner kommt.

Auch ein Marsch von *TA 24*, *TA 29* und *TA 32* in der Nacht vom 29. zum 30. August bis querab von San Remo verläuft trotz ständiger Überwachung unseres Vorstoßes durch gegnerische Ortungsgeräte ohne Angriffe.

Heute abend sollen unsere Boote wieder die Hauptkampflinie an der Küste bei der Mündung des Serchio in Höhe Pisa beschießen.

Zwischen dem 30. und 31. August laufen wir um Mitternacht mit einer für unsere Verhältnisse großen Streitkraft von Genua aus. Wir marschieren mit *TA 32*, *TA 24*, *TA 29* und *TA 31*. Eben sind wir aus dem Hafen, als *TA 31* ein unklares Ruder meldet. Das Boot kommt aber etwas später hinter uns her. Um 01.39 Uhr überrascht uns ein aus den Bergen kommendes Flugzeug und wirft sechs bis acht Splitterbomben, die aber völlig danebenliegen. Wir haben wunderbaren Mondschein. Um 02.13 Uhr fliegt uns ein weiteres Flugzeug von achtern an, das wir aber rechtzeitig hören und sehen. Unser Sperrfeuer mit allen Maschinenwaffen aus 96 Rohren ergibt durch die Leuchtspurgeschosse ein gewaltiges Feuerwerk. Das Flugzeug aber fliegt weiter und kommt auch nicht wieder. Wer weiß, was diese Maschine im Schilde führt.

In der Höhe von La Spezia meldet *TA 31* erneut Ruderversager und muß nun in den Hafen entlassen werden.

Um 04.10 Uhr sind wir am Ziel. *TA 24* beginnt wieder mit den Leuchtgranaten die Aktion, *TA 32* und *TA 29* fallen mit ihren Sprenggranaten ein. *TA 29* meldet Aufschläge an seiner Stb.-Seite, aber einige hundert Meter entfernt. Wir beenden den Küstenbeschuß nach acht Minuten und treten den Marsch nach La Spezia an. An Munition wurden verbraucht: 39 LGs, 206 Sprenggranaten. Während der Fahrt werden wir durch Luftaufklärer ständig an Bodenstellen gemeldet. Angriffsversuche werden jedoch merkwürdigerweise nicht unternommen. Um 05.14 Uhr laufen wir in La Spezia ein.

1. September: Die 7. Sicherungsdivision schreibt:

»Die TA-Boote konnten zu offensiven Unternehmungen, insbesondere gegen die feindliche Landeflotte in Südfrankreich, nicht eingesetzt werden, weil sie bei Gefechtsberührungen mit feindlichen schweren Einheiten an Geschwindigkeit, Bewaffnung und Ortungsgeräten zu unterlegen sind und Erfolge kaum zu erwarten ... Der Minennachschub stockte im August fast völlig durch die außerordentlich starke Zerstörung des Sperrwaffenkommandos in La Spezia ...

Am 29. August mußten Nizza und Villefranche auf der einen Seite und Viareggio auf der anderen Seite geräumt werden ... Der Vormarsch der Alliierten hielt an und wurde erst Anfang August in der seit Beginn des Jahres vorbereiteten »Gotenstellung«, die vom Hafen Viareggio östlich etwa zum Adriahafen Rimini verläuft, für längere Zeit gestoppt ...

Im August waren zeitweise alle Brücken über den Po zerstört, so daß der Nachschub stillstand ...
Tonnage der eigenen Geleitzüge im August 90 921 BRT mit 370 geleiteten Fahrzeugen«.

Flottillenführung, Kommandanten, ja eigentlich jeder Soldat an Bord oder an Land haben sich ständig bemüht, irgendwo und überall Waffen aufzutreiben, um sie an Bord zur Abwehr einbauen zu lassen. Es fehlen Maschinenwaffen für die Abwehr von Schnellbooten und Flugzeugen.

Das nachfolgende, gern gesungene Lied aus dieser Zeit kennzeichnet hervorragend die Situation und die Stimmung unserer Soldaten. Der Verfasser ist unbekannt.

Italien-Lied 1944

(Melodie: Wo die Nordseewellen ...)

Wo die Straßen immer zeigen Kot und Mist,
Wo man Pferdefleisch gemischt mit Knoblauch ißt,
wo die Partisanen schleichen ums Quartier,
ist nicht unsere Heimat, da verweilen wir.

Wo Benito noch regiert, doch ohne Macht,
wo es nächtens auf den Straßen schießt und kracht,
wo man kennt als Haustier Wanzen nur und Laus,
ist nicht unsere Heimat, doch wir halten aus.

Wo man täglich immer neu die Schienen flickt,
weil die Britenbomber sie so oft geknickt,
wo die Briefe bleiben viele Wochen aus,
ist nicht unsere Heimat, doch wir halten aus.

Wo die Landser handeln nur mit Sacharin,
weil am Löhnungstage schon die Lire hin,
wo man Feuerzeuge tauscht mit Butter ein,
sitzen deutsche Krieger ohne Urlaubsschein.

O, du Land der Sehnsucht, wo Zitronen blühn,
wo in dunkler Laube Goldorangen glühn,
gründlich hast du uns enttäuscht, der Traum ist aus,
öffne weit die Grenzen, laß uns heim nach Haus.

Von der Arnomündung bis zum Alpenland,
hätt' ich nie gesehen das verwünschte Land!
Seemann, Flieger, Landser rufen all' zugleich:
»Laßt uns hier nicht sitzen, holt uns heim ins Reich!«

118

Dieses Lied ist wirklich als treffend zu bezeichnen, aber es muß anerkennend für Italien auch gesagt werden, daß es an einem Getränk niemals mangelte, an Wein. Nur konnten wir es uns schlecht leisten, eine gewisse Gemütlichkeit mit dem Getränk aufkommen zu lassen, weil ständig Unruhe und Probleme und notwendige, sofort zu entscheidende Maßnahmen in der Luft hingen.

Eines Tages soll doch ein Fest steigen – zum Abschied eines Flottillenchefs. Alle anderen Chefs sind geladen, mit ihren Adjutanten. Man staune:

Man diniert friedensmäßig, sogar mit Menüfolge!

Es wird eine sehr delikate Fischsuppe aufgetragen. Das ist ja durch die Nähe des Meeres ebenso natürlich wie auch möglich. Etwas skeptischer erwarten mein Adjutant und ich den auf der Speisekarte angekündigten Hasenbraten. Auf großen, mit viel Grün garnierten Platten wird das Wildbret unter dem Beifall der Tafelrunde hereingetragen. Ich sehe meinen Adjutanten an – er ist alter Jäger – und er, mit großen Augen, mich: Wir sehen beide dasselbe. Vor uns liegen die Tiere, im Ganzen mit Köpfen gebraten, aber die Köpfe haben wohl doch nicht die richtige Form. Es handelt sich hier ganz ohne Zweifel um Katzenbraten!

Man hatte, so hören wir später, das »Wild« abgezogen geliefert bekommen, und der Seemannskoch verstand auch nicht allzuviel davon. Kurzum – die Katzen wurden genüßlich verspeist. Nur nicht von uns beiden, denn mein Begleiter wurde blitzschnell Herr der Situation, er eilte nach draußen und kam mit der Nachricht eines dringenden Anrufs und der Aufforderung, sofort an Bord zu kommen, wieder zurück. Wir entschuldigen uns, wir werden bedauert . . . aber! Noch lange Zeit später lebe ich nur von Gemüsen.

Es war eben doch kein Fest . . .

Die drei Boote, welche die Beschießung durchgeführt haben, sowie *TA 31* verlegen in der nächsten Nacht wieder von La Spezia nach Genua.

Vom Kommandanten *TA 31* muß ich hören, daß seine Besatzung wegen der dauernden maschinellen und anderen technischen Mängel und Ausfälle, die zum mehrfachen Abbrechen vorgesehener Unternehmungen führten, recht niedergeschlagen sei.

Darauf besichtige ich sofort das Boot und spreche zur Besatzung. Es ist eine frisch eingestiegene, noch unerfahrene Mannschaft, die größtenteils noch nicht an der Front gestanden hat. Es sind lauter junge Soldaten, meist erst 19 Jahre alt – Freiwillige, die etwas erleben wollen und darauf brennen, endlich einmal an den Feind zu kommen!

Es ist bewundernswert, wie prächtig sich eigentlich alle Besatzungen trotz all der Einschränkungen, trotz der meist schweren Einsätze, trotz fehlenden Schlafs und trotz Verlustes so vieler Kameraden halten. Man muß auch in spannendsten und kritischsten Augenblicken während der Gefechte immer wieder feststellen, daß sie sich nicht irgendwie gehen- oder gar unterkriegen lassen. Jedermann sieht doch unsere Lage und merkt, wie hier alles auf ein schlimmes Ende zusteuert. Und deshalb kann ich der Besatzung von *TA 31* mit voller Überzeugung sagen, daß auch ihre Stunde des Einsatzes, ja des vollen Einsatzes mit Sicherheit noch kommen wird.

Gestern haben wir übrigens das fünfte Kriegsjahr beendet.

Eine deprimierende Katastrophe

Zusammen mit unserem Flottillen-Verwaltungsoffizier, dem Kapitänleutnant (V) Fritzsche, befinde ich mich am 4. September auf dem Wege von Savona, wo wir uns die Hafenanlagen, Unterkünfte und Luftschutzanlagen angesehen haben, nach Genua. Schon von weitem sehen wir gewaltige Rauchwolken über der Stadt.

Wir ahnen Schlimmes. In der Tirrenowerft angekommen, sehen wir die Auswirkungen der Bomben und Raketen von 140 amerikanischen und britischen Bombern, die ihre »Teppiche« in sieben Wellen auf Hafen und Werften abgeworfen haben.

Dieser Schlag hat uns gerade noch gefehlt: *TA 28* und *TA 33* sowie viele andere Kriegsschiffe sind verlorengegangen. Wir müssen leider mit sehr hohen Personalverlusten rechnen. Die Schäden an Werften und Docks sind unübersehbar.

Von den Kommandanten, die vor ihren Wracks mit den Resten ihrer Mannschaft mit Retten und Bergen beschäftigt sind, wird uns der Hergang des Angriffs und des Unglücks so geschildert:

Der Angriff erfolgte in den Mittagsstunden zwischen 12.50 Uhr und 14.00 Uhr mit etwa 600 bis 800 schwersten Bomben. Zwischen Fliegeralarm und erstem Angriff vergingen etwa acht Minuten. Der Weg von *TA 33* zum nächsten Bunker war acht Minuten weit, der von *TA 28* nur vier Minuten. Auf *TA 33* waren die Hafen-Deckswache und eine Maschinenwache gerade bei einer Dampfprobe. Sie mußten »Feuer aus« machen und sind dann zum Bunker gelaufen. Auf dem Weg dorthin sind fast alle in dem Bombenhagel umgekommen.

Von *TA 28*, das im Trockendock lag, ist nur ein Teil der Besatzung zum Bunker gegangen, der andere, größere Teil hat sich in die Nischen unten im trockenen Dock gestellt. Diese Soldaten haben damit zwar gegen die ausdrücklichen Befehle gehandelt, wonach sie bei Alarm unverzüglich den nächsten Bunker aufzusuchen haben, aber sie sind auch wieder zu verstehen. Bei den fast ununterbrochenen Alarmen wollten sie möglichst nahe bei ihrer Arbeitsstelle bleiben. Wochen hindurch ging es gut, und nun wurden sie für ihren Arbeitswillen furchtbar bestraft: Von einem der ersten Teppiche fielen drei Bomben auf *TA 28* und weitere drei auf *TA 33*. Auf *TA 28* entstanden schwere Brände, das Boot kippte durch die Erschütterungen zur Seite, es floß viel Öl aus den Bunkern ins Dock. Dieses fing in kürzester Zeit Feuer, und die

Soldaten verbrannten unten im Dock. Das Boot war ein einziges Flammen-meer. Zuletzt brach auch noch das Dock-Tor, und im Nu stand das ganze Dock unter Wasser. Das Wasser löschte zwar schnell das brennende Öl, aber das Entsetzliche war perfekt. Es ist ein Anblick, den man niemals vergessen wird.

TA 33 zeigt sich uns mit starker Schlagseite. Es besteht keinerlei Möglichkeit zum Abstützen des Bootes, denn der ganze Hafen ist tot. Alles ruht. Bis spät abends ist TA 33 dann völlig zur Seite gekippt und gesunken.

Wir haben 107 Kameraden verloren! 13 Schwerverletzte liegen im Lazarett.

TA 28 wurde am 23. Januar 1944 in Dienst gestellt und nahm an 24 Unterneh-mungen teil. In den letzten Monaten hatte das Boot viel Pech gehabt. Es fing mit der Grundberührung an und wurde durch die Bomben neben dem Boot, während der Werftzeit, vollendet.

TA 33 sollte Ende September in Dienst gestellt werden, ein großer Zerstörer mit 1800/2420 ts, einer Maschine, die 48 000 PS für eine Fahrt von mehr als 35 sm/h aufbrachte.

Das Boot war eine neu fertiggestellte Einheit mit einer eindrucksvollen Bewaffnung. (Vorgesehen waren drei Geschütze 10,5 cm, ein Geschütz 8,8 cm, vier 3,7 cm-Flak, fünf 2-cm-Vierlinge und vier 2-cm-Zwillinge, zwei Drllingsrohrsätze für Torpedos. Die Besatzungsstärke sollte bei 210 Mann liegen.

Außer unseren beiden Booten gingen in Totalverlust:
ein U-Jagd-Schiff,
zwei M-Boote,
sechs VP-Boote (Vorposten),
drei T-Träger,
ein Transport-U-Boot,
acht Hafenschutzboote.

Weitere acht Einheiten wurden schwer beschädigt, darunter auch das Lazarett-schiff *Erlangen*. Ein harter Schlag!

Am 7. September setzen wir die gefallenen Kameraden unserer Flottille, die vielen anderen Seeleute und auch viele italienische Marinesoldaten der »Decima Flottiglia MAS«, unter sehr starker Teilnahme aller Wehrmachtteile, auf dem Campo Santo in Genua bei.

Am 9. September wird nun endgültig die Verlegung der Flottille nach Savona festgelegt. Lediglich ein Einsatzstab mit Flottillenchef, Flottilleningenieur und Flottillenarzt sowie sieben Abschnitts-Oberfeldwebel bleiben in Genua.

15. September. Die Reste der Besatzungen von TA 28 und TA 33 gehen ebenfalls nach Savona und werden als zwei »Kampfgruppen« infanteristisch ausgebildet und entsprechend bewaffnet.

Am gleichen Tag geht vom MarKdo. Italien Anweisung ein, wonach die italienische MAS-Gruppe unter dem Befehl von Korvettenkapitän Allegri der 10. T.-Flottille angegliedert wird.

Auf Anfrage der 7. SiDi. antworte ich:

TA 24 und *TA 29* sind einsatzklar. *TA 31* seit Wochen unklare Ruderanlage trotz aller Bemühungen, da bei Bombenangriff Ersatzteile in Verlust gerieten. *TA 32* hat nach einer Probefahrt ein Fahrventil nicht schließen können, nach Festmachen alle Leinen abgerissen und einen Schlepper versenkt. Hierbei *TA 32* Schaden am Steven. Beide Boote voraussichtlich 23. September klar.

An diese »Glanztat« der Versenkung eines Schleppers im Hafen von Genua kann sich der damalige I. Wachingenieur, Klaus Luther, noch gut erinnern:

Mitte September 1944 mußte *TA 32* wegen Rohr-Reißer am Kessel III in die Werft. Nachdem der Schaden behoben war, erfolgte die übliche Probefahrt vor dem Hafen, bei der nun alles in Ordnung befunden wurde. Der Zerstörer war also wieder klar zu neuen Einsätzen. Das Einlaufen mit Anlegemanöver an der Ponte Dei Mille war nur noch Routine.

Als eines der letzten Maschinenkommandos zum Anlegen kam für die Bb-Turbine noch »Halbe Voraus«, anschließend ein kurzes »Halbe Zurück« und dann die beliebte Anweisung von der Brücke »Maschine kann Feuer ausmachen«. Der W. I. war im Turbinenfahrstand gerade dabei, hierzu die ersten Anweisungen zu geben, da hörte er von Oberdeck allerhand ungewöhnliche Geräusche: Geschrei, Getrappel u. a. Dann mußte er, ebenso wie die übrige Turbinenraumbesatzung, eine kleine, aber deutlich fühlbare Verbeugung in Vorausrichtung des Schiffes machen. Von oben kamen mehrfach hektische Kommandos »Maschinen Stop«, doch was sollte das?

Passiert war folgendes: Nach dem Kommando »Halbe Voraus« kam »Stop«, wofür der Bb-Fahrmaat im Turbinenraum das Vorausfahrventil schloß – aber eben nicht ganz. Nach »Halbe Zurück« kam wieder »Stop«, und jetzt begann die Bb-Turbine wegen des nicht vollständig geschlossenen Vorausfahrventils ihre Welle wieder voraus zu drehen, ohne daß es zunächst jemand merkte. Jedenfalls genügte dies, um das im Festmachen begriffene Schiff wieder nach voraus in Bewegung zu setzen. Die schon festgemachten Leinen rissen, die Gangway klatschte ins Wasser, an Deck und auf der Brücke herrschte »Zustand«. Und bevor etwas unternommen werden konnte, war die kurze Vorausfahrt bereits wieder gestoppt, allerdings durch einen am vorderen Pier querliegenden Hafenschlepper. Dieser wurde hierbei kurzerhand »versenkt«. An Steuerbordseite kamen die beiden Leute der Schlepperbesatzung längsseits geschwommen, die unter Deck geschlafen hatten und sich glücklicherweise retten konnten.

Es dauerte nicht lange, bis das Auto des Hafenkapitäns auf der Pier erschien. Sein verzweifelter Aufschrei lautete: *»Mein letzter Schlepper!«*

Selbstverständlich hatte diese Angelegenheit ein nicht ganz unerhebliches Nachspiel, denn nicht nur der letzte Hafenschlepper von Genua war versenkt, auch *TA 32* mußte wegen des bei der »Ramming« beschädigten Vorstevens wieder zurück in die Werft, wo sie gerade hergekommen war. Vor allem der Bb-Fahrmaat hatte erhebliches »Fracksausen«, als zum Öffnen seines Vorausfahrventils zwecks Überprüfung eine ganze Kommission von »Silberlingen« (Marine-Baubeamten mit silbernen Ärmelstreifen) im Turbinenraum auftauchte. Doch der L. I. war als erfahrener Zwölfender* nicht so leicht aus der Fassung zu bringen. Als das bewußte Ventil vor dem versammelten Gremium auseinandergenommen wurde, stieg er als erster auf die Leiter und fuhr mit der Hand in den sich langsam öffnenden Spalt des Ventilflansches. Nach kurzem Tasten brachte er dann auch ein Stückchen von einem alten Messingsplint als Corpus delicti zutage. *»Der hat sich zwischen Sitz und Ventilteller geklemmt, so daß das Ventil nicht ganz schließen konnte«*, so lautete seine Diagnose, der niemand widersprach, denn nach völligem Öffnen des Ventilgehäuses fand sich dann auf dem Ventilsitz die dazugehörige Druckstelle.

Für diese natürlich sehr unerfreuliche Versenkung des letzten Schleppers im Hafen von Genua hat sich *TA 32* durch seinen Artillerieoffizier, den Oblt. z. S. Schwarz, schon vor einiger Zeit einen Vorgang geschaffen.
Klaus Luther beschreibt auch diesen im wahrsten Sinne des Wortes traurigen »Fall«:

Pippo wurde eigentlich jedes einzeln fliegende feindliche Flugzeug genannt. Dieser natürlich italienische Spitzname wurde in gleicher Weise von Italienern und Deutschen gebraucht. Meist handelte es sich dabei um einen Aufklärer, oftmals hatte Pippo jedoch auch ernste Absichten. Dann ließ er Bomben fallen oder schoß mit seinen Bordwaffen. Jedenfalls trat er in seinen verschiedenen Erscheinungsformen immer häufiger auf und war damit allseits bekannt.
Doch wie nahezu alles bei der Marine, so hatte auch das Geschehen um Pippo seine sportliche Seite. Insbesondere traf dies auf den schon zu einer festen Einrichtung gewordenen Aufklärer zu, der regelmäßig in der beginnenden Abenddämmerung weit draußen über der See vor dem Hafen Genua im Tiefflug von Westen nach Osten passierte. Er tat dies gerade hoch genug, daß er über die Hafenmole hinweg erkennen konnte, welche Schiffe sich heute abend wieder zum Auslaufen sammelten. Natürlich ließ man ihn nicht unbehelligt, sondern alles, was Rohre hatte, und das waren im Hafen Genua nicht wenige, schoß knapp über die Mole und natürlich auch knapp über die ihren »Kopf einziehenden« auslaufenden Schiffe hinweg auf Pippo, der sich aber wohlweislich außerhalb der Reichweite dieses Leuchtspur-Feuerzaubers hielt, so daß ihm nichts geschah.
Doch es gab ja auch einige schwerere Kaliber, z. B. die 10,5-cm-Geschütze von *TA 32*, mit entsprechend größerer Reichweite. Die durften weiterhin schießen, und Schwarz, der 1. W. O. und A. O. des Zerstörers, betrachtete dies natürlich auch als willkommene Übung für seine Geschützmannschaften.

---

* Unter dem Wort »Zwölfender« verstand man Soldaten, die sich für eine zwölfjährige Dienstzeit verpflichtet hatten.

So spielte sich denn nun Abend für Abend folgendes ab: Bei beginnender Dämmerung wurde das achtere Geschütz besetzt, der A. O. baute sich daneben auf, und der an Bord verbliebene Teil der Besatzung verfolgte das Spektakulum von der Pier aus. Doch unglücklicherweise wollte es nie so recht klappen. Entweder kam Pippo nicht, oder er kam zu früh, manchmal kam er auch erst nach dem Wegtreten der Geschützbedienung. Eines Abends jedoch schien alles programmgemäß zu laufen: Pippo war gemeldet und erschien am Horizont, Geschützbedienung und Zuschauer waren zur Stelle, Kommandos gellten über das Achterschiff, der A. O. rief »Feuer!« – Klack machte es, sonst nichts. Es war nur der Exerzierschlagbolzen eingebaut gewesen! Rote Köpfe . . . und die entsprechenden Kommentare von allen Seiten.

Doch einmal war tatsächlich alles in bester Ordnung, und ein Schuß nach dem anderen rauschte knapp über die schon weitgehend zerstörten und leeren äußeren Hafenanlagen und die Außenmole in Richtung Pippo. Plötzlich aber blitzte es draußen in einem noch zwischen den Ruinen stehenden Hafenkran auf, und dieser sackte in sich zusammen. – »Halt Batterie, haalt!«

Es dauerte nicht lange, so fegte ein Auto über die Ponte Andrea Doria, ihm enteilte der Hafenkapitän von Genua und stürzte an Bord zum A. O.: »Schwarz, mein letzter Kran!«

Seitdem zog Pippo allabendlich unbehelligt seine Bahn.

Auf *TA 32* erlebte die Besatzung zwangsläufig besonders viele Luftangriffe mit, weil das Boot zunächst am längsten im meistangegriffenen Genua lag und zum anderen durch seine Größe ein besonderes Ziel war. Bald kam die *TA 32*-Besatzung dahinter, wie man rechtzeitig vor den Flugzeugangriffen zum Luftschutzbunker gelangen konnte.

Auch darüber weiß der damalige Lt. (Ing.) Luther zu berichten:

Das Glöckchen des Eremiten

»Da das Hafengelände selbst kaum Schutz bot, mußte man im Alarmfall weite Strecken zurücklegen, bis die als Schutzraum bestens geeigneten Straßen- und Straßenbahntunnel der Stadt erreicht waren. Häufig mußte alles in scharfem Tempo dorthin rennen. Doch was uns dabei auffiel, war die Tatsache, daß unsere italienischen Werftarbeiter, die an Bord tätig waren, vor allem dann, wenn es sich um Angriffe auf die Stadt handelte, immer schon lange vor uns im Tunnel saßen. An Bord spielte sich das stets so ab, daß aus heiterem Himmel, ohne Anzeichen eines Alarms, plötzlich ein an Deck stehender italienischer Arbeiter sämtliche Schotts und Luckendeckel aufriß und in höchsten Tönen ›*Allarmi, Allarmi!*‹ hinunterbrüllte. Daraufhin verließen alle Italiener das Schiff und zuckelten gemütlich in die nächste Galeria. Die deutsche Besatzung war anfangs höchst erstaunt über dieses merkwürdige Gebaren. Doch erst als sie bemerkte, daß regelmäßig einige Zeit danach tatsächlich Fliegeralarm kam, wurde sie hellhörig.

Nach einiger Beobachtungszeit kam man dann doch auf den ›Dreh‹ unserer ›Bundesgenossen‹. Diese hatten stets einen Mann fest an Deck postiert, der nur aufzupassen hatte, wann in einer kleinen Kirche auf den Höhen hinter der Stadt eine Glocke geläutet wurde. Dies war das Zeichen der offensichtlich gut informierten Mönche für den bevorstehenden Fliegeralarm.

Nachdem sich die Sache mit dem Glöckchen herumgesprochen hatte, machte sich auch die Besatzung nach diesem Zeichen auf den Weg zum Bunker und war von da an meist rechtzeitig dort.«

Doch zurück zu meinen eigenen Beobachtungen und Maßnahmen.

Am 21. September ist eine Musterung der in Genua liegenden Marineeinheiten durch den Befehlshaber des Deutschen Marinekommandos. Von unseren Booten nehmen die Besatzungen von *TA 31* und *TA 32* teil. Bei einem Gespräch mit dem Admiral drücke ich meine Bedenken gegen eine Zusammenarbeit mit den italienischen MAS aus. Noch sei es mir nicht gelungen, irgend einen verantwortlichen Offizier des Stabes aufzutreiben. Sie sollen sich irgendwo nördlich des Po aufhalten!

Inzwischen sind wir nun dazu übergegangen, für die Reparatur einiger MAS-Boote zu sorgen. Sie liegen in Varazze in der Baglietto-Werft.

TA 31 unternimmt am 24. September Probefahrt und Artillerie-Schießen. Durch das Schießen springen Bunker leck, kommt Wasser ins Heizöl, und die Reparatur der Ruderanlage erweist sich als unzulänglich. Das Schießen muß abgebrochen werden, das Boot muß wieder in die Werft. Nun sollen die Arbeiten bis zum 4. Oktober dauern.

Wegen der andauernden Fliegeralarme verzögert sich auch der Fertigstellungs-
termin für *TA 32* erheblich. Es ist kaum noch ein Werftarbeiter zur Arbeit zu
bewegen.

Bei einer Besichtigung der MAS-Boote bin ich recht erschüttert. Die Boote
machen einen ausgesprochen unsauberen Eindruck. Alles ist verrostet, die
Torpedo- und Artillerie-Waffen sind verdreckt und »festkonserviert«.

Die notwendigen Kontrollen über die italienischen Arbeiter bei unserer Flottille auf den Werften, in den Arsenalen und bei den Arbeiten an den Booten
nehmen breitesten Raum ein. Die Aufrechterhaltung der Marineeinheit als
solcher und ihres Daseins und ihrer Arbeit an Land ist längst zum Problem
»Nummer eins« vor den eigentlichen Kampfaufgaben auf See geworden!

Wir erhalten vom MarKdo. das Stichwort »Wetterleuchten«. Es bedeutet, daß
die Zuführung von Neukommandierungen und die Rückkehr von Urlaubern
und Lehrgangsteilnehmern beendet ist. Das ist wirklich eine sehr ernste und
bedeutungsvolle Maßnahme.

Am 25. September haben wir von unserer Flottille 200 Soldaten für den
Einsatz an Land abgestellt. Jeder in der Kriegsmarine frei werdende Soldat
wird zum Einsatz an Land vorbereitet.

Wir haben drei einsatzklare Boote, und es sind wieder Minen vorhanden.

Für heute, den 1. Oktober, ist eine Großaktion vorgesehen. Fünf Marinefährprähme werden östlich von Imperia im Sperrgebiet »Ingwer« Minen legen,
drei R-Boote, die von zwei RA-Booten bewacht werden, werfen in der Höhe
von San Remo Sperren, und unser eigener Verband soll bei Bordighera das
Sperrgebiet »Reinette« ergänzen.

TA 24, TA 29 und *TA 32* verlassen Genua bei sehr heller Vollmondnacht und
bester Sicht. Sie marschieren auf dem Weg »Leopard« mit westlichen Kursen.
TA 24 ist Führerboot und Kampfeinheit ohne Minen, die beiden anderen
Boote tragen 98 Minen.

Um 23.03 Uhr haben wir die R-Boote eingeholt und wollen bis zu ihrem
Wurfplatz bei ihnen bleiben. Sieben Minuten später nehmen wir einen KR-
Funkspruch auf: Nach Ortung steht eine feindliche Gruppe vier Seemeilen
südöstlich von Südostecke »Reinette« mit wechselndem Nordkurs.

Das fehlt uns gerade noch, denn genau auf dieses Gebiet steuern wir zu! Aber
an dieser Ecke hält sich seit der alliierten Landung oft eine starke Sicherungs-
gruppe des Gegners auf.

Um 23.45 Uhr hört der B-Dienst abendliche Unterhaltung zwischen fünf
Kriegsschiffeinheiten, vermutlich eben dieser Sicherung – völlig unkriegeri-
sche, belanglose Gespräche, sagt man mir.

Bei Imperia hängen sich die beiden RA-Boote ab. Sie haben mit ihren Motoren
Schwierigkeiten. Nun können wir etwas schneller laufen.

Um 23.54 Uhr sehen wir im Südwesten – etwa 100 hm entfernt – einen großen Schatten mit einem großen und einem kleinen Schornstein.

»Alarm!« Entweder ist es ein Leichter Kreuzer oder ein großer Zerstörer. Wieder sechs Minuten später peilen wir querab, noch etwas achterlicher, zwei weitere Gegner – aber weiter entfernt.

Offensichtlich hat uns die große, vor uns stehende Einheit erkannt, sie stößt große Rauchwolken aus und bringt sich sicherlich in Gefechtszustand. Das Schiff dreht nach Backbord und geht auf parallelen Kurs zu uns.

Ich möchte nicht als erster das Feuer eröffnen, um dem Gegner nicht Aufschluß über unsere Stärke zu geben, und hoffe, daß ich mich auf Grund der nahen, hohen, bergigen Küsten den genauen Gegnerortungen entziehen kann,

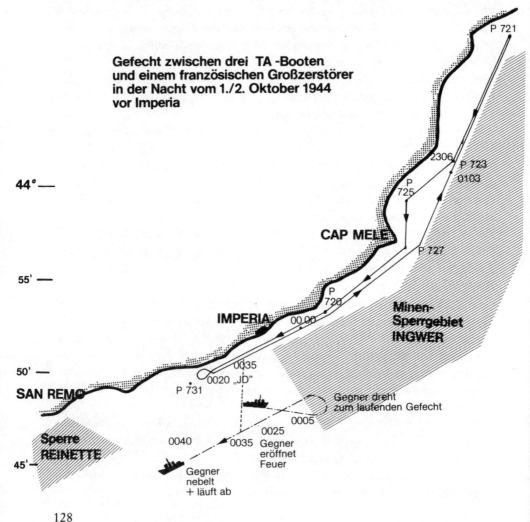

Gefecht zwischen drei TA -Booten
und einem französischen Großzerstörer
in der Nacht vom 1./2. Oktober 1944
vor Imperia

um noch weiter zum Ziel laufen zu können. Unsere beiden Minenträger sind ja leider durch die Minen-Decksladung in ihrer artilleristischen Funktion recht eingeschränkt.

Meine Hoffnung hat sich als trügerisch erwiesen, denn um 00.20 Uhr eröffnet der Gegner mit drei oder vier Doppeltürmen das Feuer auf uns. Anscheinend also doch ein Kreuzer. Mal etwas Neues.

Die ersten Salven mit etwa sechs bis acht Aufschlägen liegen genau vor und anschließend hinter dem Führerboot, dicht geschlossen in 50 Meter Abstand. Weitere Salven liegen um *TA 29* herum. Nun führen wir energische Ausweichmanöver durch, um den Gegner zu stören. Wir messen eine Entfernung von 85 hm. Für die italienischen Torpedos eine leider zu wenig erfolgversprechende Entfernung.

Nun nimmt der Gegner hohe Fahrt auf und kommt bis querab. Leider bin ich durch die R-Boote, die ich wegen der Beschießung nicht gern überholen möchte, da sie sonst auch in die Aufschläge hineingeraten, geschwindigkeitsbehindert und in den Ausweichmanövern eingeschränkt.

Wir stehen um 00.24 Uhr auf »Punkt 731« – also kurz vor San Remo und damit noch über 14 sm vor dem Wurfort.

Ich muß mich wegen der immer bedrohlicher werdenden Aufschläge zu einer energischen Ausweichbewegung entschließen und befehle Gefechtskehrtwendung nach Steuerbord auf Gegenkurs. Wendung, damit wir mit *TA 24* als Kampfschiff dem Gegner am nächsten bleiben. Bei dem Wendemanöver läuft die »Taktische Nr. 2« (*TA 29*), die infolge der Minenladung schwerfälliger in der Ruderwirkung ist, senkrecht in das Führerboot und bleibt eine gute Minute etwa zwei Meter tief fest stecken. Eine unangenehme Situation. *TA 29* zieht sich durch ein »Äußerste Kraft zurück«-Manöver wieder aus *TA 24* heraus, wodurch auf diesem Boot eine wasserdichte Abteilung volläuft.

Der Gegner schießt weiter.

TA 24 meldet Ruderschäden und einen vollgelaufenen Wellentunnel, *TA 29* Wassereinbruch in Abtlg. XII.

Um 00.34 Uhr eröffnet *TA 24* das Feuer. Die Batterie hat sich schnell eingeschossen, die Aufschläge liegen um das gegnerische Fahrzeug herum. Wir beobachten zwei Treffer beim Gegner, der zu unserer Verblüffung abdreht, nebelt und mit Westkurs das Feld räumt. Die Entfernung beträgt 120 hm. Der Kreuzer oder Großzerstörer hat das Feuer eingestellt!

Nachdem mir der Leitende Ingenieur des Führerbootes gemeldet hat, daß er große Besorgnis habe, Genua wieder erreichen zu können, lasse ich die Absicht, die Operation fortzuführen, fallen. Wir marschieren ohne Minenwurf mit zwei angeschlagenen Booten zurück und machen um 03.15 Uhr in Genua fest.

Nach eingehender Besichtigung der Schäden auf den beiden Booten wird mir nur die Richtigkeit des Umkehrens bestätigt. Der Schaden auf den Booten ist größer als angenommen. Schuld an diesem unglücklichen Zusammenstoß kann ich weder dem einen noch dem anderen Kommandanten geben. Das Führerboot *TA 24* konnte, um von der Küste freizukommen, nach dem Andrehen und nach durchgeführter Wendung um 90° – auf die Küste zu – nicht mehr nach der anderen Seite zurückdrehen oder den Drehkreis verringern.

TA 29 dagegen hat noch versucht, durch Hartbackbordlegen seines Ruders die Situation zu retten, aber das ist eben wegen der Schwerfälligkeit des Bootes nicht mehr zur Auswirkung gekommen.

Dieser Zusammenstoß ist gerade momentan besonders tragisch, da wir nur drei klare Boote haben. Wir müssen damit rechnen, daß die Boote eine zweiwöchige Liegezeit benötigen – zumal sie auch noch nach La Spezia verholen müssen, denn nur dort können sie eindocken.

Meiner Sorge über die weitere Durchführung der Aufgabe der R-Boote wurde ich freilich enthoben. Sie sind nach unserer Kehrtwendung weitergelaufen und konnten dadurch, daß wir das größere Kriegsschiff gebunden hatten, zu ihrer Wurfposition kommen. Allerdings hatten sie auf dem Rückmarsch noch einen starken Feindbeschuß zu überstehen.

Auf die Anfrage der 7. SiDi., ob nicht die beiden Minenträger *TA 29* und *TA 32* noch einmal allein zur Unternehmung auslaufen könnten, melde ich die Unmöglichkeit wegen des Schadens auf *TA 29* und der im Boot befindlichen Wassermengen, lasse aber die Möglichkeit offen, die Boote in nicht allzu großer Entfernung von Genua für eine neue Aufgabe anzusetzen, für die das Laufen einer niedrigen Fahrtstufe genügen würde. Noch am gleichen Abend werfen wir mit *TA 32* und *TA 29* eine Sperre im Raum Savona ohne Feindberührung und Komplikationen. *TA 24* verholt in derselben Nacht nach La Spezia, um einzudocken.

Von einem aus Imperia kommenden Offizier wird uns gemeldet, daß von unseren frisch geworfenen Minen ohne sichtbaren Grund einige »hochgegangen« seien. Stunden später berichtet auch die 7. SiDi., Augenzeugen hätten mitgeteilt, daß eine große Anzahl Minen – etwa dreißig – detoniert seien.

Die Ursache ist unbekannt. Aber man weiß nie, wer wie wo an den Minen herummanipuliert hat. Schließlich haben sie schon einen langen Weg aus Deutschland hinter sich.

Der Verlauf der Landfront wird heute mit Pisa – Ravenna angegeben.

Sehr richtig und klar stellt die deutsche Seekriegsleitung heute fest, daß die Bucht von Genua von feindlichen Kriegsschiffen, besonders von Zerstörern und S-Booten, beherrscht wird.

Eine Floßbesatzung hat soeben erschöpft, aber glücklich, nach ebenfalls dreißig Stunden Treiben im Ligurischen Meer bei Sestri Levante wieder festen Boden erreicht. In der Mitte der Flottillen-Ingenieur Kaptlt. (Ing.) Nuber.

Nach dem Verlust von *TA 26* und *TA 30* am 15. Juni 1944 setzen italienische Motorboote und Kutter viele Überlebende nach dreißigstündigem Treiben in kleinen Flößen bei Kap del Mesco an Land.

Am 21. Juni 1944 wurde *TA 25* durch feindliche S-Boote schwer beschädigt und mußte von Booten der eigene Flottille versenkt werden, weil es nicht mehr zu halten war. Teils wurden die Überlebenden von ihren eigene Kameraden, teils von italienischen Fischern, vom Arno-Lotsenboot und anderen Küstenfahrzeugen gerettet. Da Foto zeigt einige von den Schiffbrüchigen nach der Anlandung in Marina di Pisa.

Der britische Commander Robert Allan (Reserveoffizier) als Chef der 7. Flottille der alliierten Coastal Forces ständiger Gegner der deutschen Seestreitkräfte westlich von Italien. Er operierte zunächst von Nordsardinien dann von Bastia und zuletzt von Livorno aus und soll 28 deutsche Fahrzeuge versenkt und sieben beschädig haben (Die Hakenkreuze symbolisieren versenkte deutsche Einheiten).

Am 4. Oktober besucht mich der neuernannte MAS-Flottillenchef, Kptlt. Omodeo (bisher: KKpt. Allegri), mit drei seiner Kommandanten. Wir können die ersten Maßnahmen für eine Zusammenarbeit bezüglich des Wieder-in-Fahrt-Bringens der MAS-Boote treffen und werden morgen in La Spezia mit der Bauaufsicht der dort liegenden MAS-Einheiten sprechen.

Dort stellt sich dann heraus, daß die für die MAS-Boote in Frage kommende Werft in La Spezia auf Grund der Frontnähe gesprengt werden soll. Also werden wir die beiden Boote nach Genua zu den anderen beiden überführen. Zur Flottille gehören:

in Savona	MAS 561	Drucklager muß instand gesetzt werden,
	MAS 531	die Schraube muß repariert werden,
in	MAS 553	hat diverse Reparaturen und ist
La Spezia		noch ohne Hauptmotoren,
	MAS 556	ist klar.

Am 9. Oktober ist der Befehlshaber des MarKdo. Italien in Genua, und ich habe so Gelegenheit, über alle kleinen und großen Sorgen und Probleme sprechen zu können. Seine Darstellung unserer Lage ist noch ernster, als wir sie ohnehin schon spüren.

Die deutsche Luftaufklärung meldet folgende alliierte Belegung des Hafens von Toulon: drei Schlachtschiffe

zwei Schwere Kreuzer

neun Leichte Kreuzer

19 Zerstörer

30 Schnellboote und

51 Geleitschiffe.

Toulon liegt nur etwa 145 Seemeilen von Genua entfernt!

Die Brücken über den Po wurden mehrfach zerstört. Es gibt schwere Nachschubstockungen.

Die Luftwaffen-Flak wird aus Genua abgezogen, wodurch Hafen- und Marineanlagen ohne schweren Flakschutz sind.

Unter Zerstörersicherung räumen elf alliierte Einheiten unsere Minensperren im Gebiet Mentone – Imperia.

In verschiedenen italienischen Küstengebieten kämpfen deutsche Marineeinheiten gegen Partisanenkommandos.

Die Mitte September nach Savona beorderten Soldaten von den in Verlust geratenen Booten *TA 28* und *TA 33*, die in der Kampfgruppe 10. T-Flottille zusammengefaßt sind und infanteristisch ausgebildet werden sollen, bestehen nunmehr aus drei Offizieren, sechs Oberfeldwebeln, 39 Unteroffizieren und 179 Mannschaftsgraden. Die Ausbildung erfolgt durch drei Feldwebel und sechs Unteroffiziere einer Heereseinheit.

Da wir *TA 24* schnellstens einsatzbereit haben müssen, erhält die Werft in La Spezia Anweisung, das Boot nur äußerlich einsatzbereit und gefechtsklar zu machen. Jegliche Arbeiten an den Inneneinrichtungen wie Kammern, Messen usw. sollen nicht berücksichtigt werden.

Inzwischen hat *TA 31* eine neue Probefahrt durchgeführt. Sie erbrachte wieder eine ganze Anzahl neuer technischer Mängel: Alle Lager der Hauptspeisepumpen laufen heiß, und die Ruderanlage bringt neue Probleme.

Aber wir haben auch ein erfreuliches Ereignis zu vermelden. Nach fast achtmonatigem Bemühen ist auf einem der kleinen Boote, nämlich auf *TA 29*, nun auch ein Funkmeß-Ortungsgerät (Fu.M.O.) eingebaut und abgestimmt. Das erste Gerät hatte, wie gesagt, *TA 32* Mitte August bekommen. Endlich also wenigstens zwei Boote ein eigenes »Radar«.

Flottillenstab sowie Kommandant und Leitender Ingenieur von *TA 31* kommen zusammen und werfen die Frage auf, ob sich die Weiterarbeit an diesem Boot, auf das wir so viel gesetzt haben, das aber immer neue Anfälligkeiten brachte, noch mit positiven Erwartungen vorangetrieben werden solle.

Meines Erachtens verbietet die Arbeitslage weitere Versuche zur Fertigstellung dieses Zerstörers, obwohl wir ihn, weiß Gott, dringend benötigen. Auch können wir die sinnlose weitere Bindung von Soldaten und Waffen an dieses doch nicht fahrklar zu kriegende Boot nicht länger verantworten.

Unsere Meinung über die Zukunft dieses Bootes wird deshalb dem MarKdo. Italien übermittelt. Dieses ordnet ein Grundsatzgespräch mit der deutschen Bauaufsicht der Werften in Genua über den eventuell baldigen Einsatz von *TA 31* an.

Bei dieser noch am gleichen Tag erfolgenden Besprechung wird übereinstimmend festgestellt, daß irgendwelche Sicherheiten für das nunmehrige Klarsein des Bootes auch nach erfolgtem Einbau der Hauptspeisewasserpumpen nicht gegeben sein können. Wie auch schon von maßgeblichen italienischen Fachleuten festgestellt, wird *Dardo* ein Werftboot bleiben.

Die Bauaufsicht meint, einen letzten Versuch nur durch eine große und gründliche Werftliegezeit, bei der alles aufgenommen werden muß, erledigen zu können.

Hierfür sind aber die Voraussetzungen nicht mehr gegeben. Das Ergebnis der Besprechung wird dem MarKdo. Italien gemeldet.

Für das Gebiet Genua ist jetzt die Maßnahme »Gewitter« befohlen: Alle nicht täglich benötigten Flottillenpapiere, alle Verwaltungsunterlagen, die Privat- und Dienstsachen aller Flottillenangehörigen werden aus unserem Raum an eine nördlicher gelegene Örtlichkeit gebracht, die durch Kuriere leicht zu erreichen ist. Unser Verwaltungsoffizier wählt dafür Brixen aus. Wir erhalten dort zwei Räumlichkeiten und stellen vier Soldaten zur Bewachung ab.

15. Oktober: Die Richtlinien für das Verhalten unserer Boote im Einsatz sind vom MarKdo. Italien neu festgelegt:

Minenaufgaben sind vordringlich. Dabei

a) bei Anmarsch Gegner ausweichen zur Durchführung der Aufgabe,

b) bei Durchführung der Aufgabe anstreben, die Aufgabe zu beenden, und Feindangriffe abwehren,

c) auf Rückweg lohnende Ziele auch unter Inkaufnahme von Beschädigungen oder Verlusten angreifen.

Nun sind schon seit einer Woche die Fernsprech- und Fernschreibverbindungen zwischen Genua und Savona unterbrochen. Mit dem Unterstab der Flottille verkehren wir durch Funk.

TA 24 ist schiffbaulich und maschinell für eine Überführung von La Spezia nach Genua klar.

Da in den letzten Tagen besonders viele feindliche Einheiten, vornehmlich Artillerie- und Torpedoschnellboote, in der Bucht von Rapallo – also auf dem Weg, den *TA 24* jetzt nehmen muß – aufgetreten sind, wollen wir das Boot nicht allein laufen lassen, sondern es in La Spezia abholen, um dann auf dem Rückmarsch die S-Boote zu jagen.

TA 32 und *TA 29* laufen am 17. Oktober um 21.10 Uhr in Genua aus, Marschfahrt 24 kn. Schon nach viertelstündiger Fahrt muß sich *TA 29* zur Übernahme der Navigation an die Spitze setzen, weil *TA 32* einen nicht zu behebenden Kompaßfehler hat. Im weiteren Fahrtverlauf läuft auch bei *TA 29* der Kompaß falsch – und zwar so falsch, daß unsere Feindortungsstelle uns warnt, weil wir bereits zweimal etwa zwei Seemeilen tief in unsere eigenen Sperren hineingefahren sind. Nun müssen wir mit »Daumenpeilungen« an der Küste entlangfahren. Wir haben verschiedene Ortungen um uns herum, aber es ereignet sich merkwürdigerweise nichts. Das war in dieser navigatorisch so unangenehmen Situation auch wohl besser für uns. Um 23.16 Uhr stößt *TA 24* zum Verband. Wir gehen auf Gegenkurs nach Genua.

Vom Gegner hören und sehen wir nichts – weder in der Gegend Portofino noch in der Bucht von Rapallo. Aber die haben wohl heute »drüben« Ruhetag. Jetzt hätten wir – ohne Minen und andere Belastung – ziemlich gute Chancen bei einem Gefecht. Um 01.18 Uhr laufen wir in Genua ein.

Für die Nacht 19./20. Oktober erhalten wir einen neuen Einsatzbefehl:

Aufgabe: Vernichten von Handelsschifftonnage auf dem Geleitzugwege von Nordkorsika und südfranzösischen Häfen sowie Störung und Angriff auf den östlichen Sicherungsgürtel Frankreichs durch Boote »TA 24«, »TA 29« und »TA 32«. Marschfahrt: 24 kn;

Marschziel: Linie Ajaccio – Toulon. Operationsstrecke 200 sm.

Luftaufklärungsmeldungen über Geleitverkehr liegen nicht vor.

Es ist unsicher, ob überhaupt von Korsika noch Verbände auslaufen oder ob nicht bereits direkte Verbindung Gibraltar – Toulon besteht. Der Stoß in Richtung 225° kann daher durchaus negativ verlaufen. Dagegen werden wir mit Sicherheit in feindliche Verbände des Sicherungsgürtels hineinlaufen.

Ziel der Aufgabe ist also einerseits Störung des Geleitzugsverkehrs und Vernichtung von Handelsschiffen und andererseits Niederkämpfen von Sicherungsstreitkräften.

Falls alle beide Aufgaben ergebnislos verlaufen sollten, wird uns der Gegner mit Sicherheit orten, und es dürfte für ihn der Zwang entstehen, seine Geleitwege stärker zu sichern.

Um 19.22 Uhr laufen die drei Boote aus dem Hafen von Genua aus. Wir haben recht gutes Wetter, aber eine lange Dünung aus Südwest. Der B-Dienst ist heute wieder an Bord und meldet bereits die ersten Ortungen kurz nach Verlassen des Hafens. Nach einer Stunde Fahrt sind mit großer Lautstärke vier Gegnereinheiten ziemlich nahe, aber wir sehen uns gegenseitig nicht.

Es brist auf, und die Dünung wird länger und höher. Die Boote arbeiten mächtig gegen die See. Bei diesem Kurs ist ein Waffeneinsatz unmöglich. Und wir haben noch viele Meilen vor uns. Um 22.08 Uhr gehen wir mit der Fahrt auf 21 sm.

Damit ist das Übel aber nicht beseitigt, denn noch immer kommen schwere Wellenberge über das Vorschiff, so daß das vordere Geschütz völlig ausfällt. Wir verringern nun die Fahrt auf 19 kn, aber an dem Stampfen der Boote, besonders der beiden kleinen, ändert sich nichts.

Es kommt wieder die Minute der Entscheidung für mich. Denn mit dieser Geschwindigkeit kommen wir nicht in der uns zur Verfügung stehenden dunklen Zeit zum Ziel, andererseits sind wir zwar schon geortet, aber der Gegner hat sich mit uns noch nicht beschäftigt. Unsere Absicht ist sicher nicht erkannt.

Ich entschließe mich nach dreistündiger Fahrt zum Rückmarsch. Die Maßnahme stellt sich nach einer weiteren Stunde als richtig heraus, denn die Boote fragen sich gegenseitig während der Fahrt, welchen Kurs wir denn eigentlich steuern. Diesmal zeigen gleich alle drei Kompasse verschiedene Richtungen an! Und es kommt, was kommen mußte . . .

Wieder einmal wird unser Verband durch einen Funkspruch mit höchster Dringlichkeit durch unsere Marinepeilstelle an Land angehalten und mit laufenden Ortungen unseres eigenen Standortes, die an uns übermittelt werden, in den Hafen von Genua zurückgelotst. Wieder einmal sind wir über zwei Meilen weit in unsere eigene Sperre »Salat« hineingefahren!

Wir hatten uns von dieser Aufgabe viel versprochen, aber eine Weiterfahrt wäre absolut sinnlos gewesen.

136

Das MarKdo. Italien billigt den Entschluß, die Aufgabe abzubrechen, und stellt zunächst fest, daß die Torpedoboote wie durch ein Wunder nicht auf die eigene Sperre gelaufen seien.

Nun werden die Boote wieder einmal in der Werft ihre Kompasse prüfen lassen müssen. Diese sind und bleiben ein Unsicherheitsfaktor ersten Ranges in der Flottille.

Bei einer Kommandantensitzung stellen wir fest, daß die Brennstoff- und LKW-Fragen uns immer größere Sorgen bereiten. Sie treten besonders gravierend bei der Beschaffung von Lebensmitteln und beim Heranschaffen von Reserveteilen für die Boote aus anderen Orten auf. Z. B. liegen die Motoren für die MAS-Boote in Mailand bereit und die Torpedos in Savona.

Es bedarf jedesmal eines entsetzlichen Feilschens und Handelns, um zu einem LKW zu kommen, selbst dann, wenn man Brennstoff bekommen hat (z. B. von den Partisanen im Austausch gegen Kartoffeln!).

Genau 24 Kuriere unserer Flottille sind in diesen Tagen unterwegs, um sich um die Herbeischaffung dringend benötigten Nachschubs zu bemühen. Einige unserer Soldaten laufen ständig an den Eisenbahnstrecken entlang und sehen an den bekannten Stellen, wo die Partisanen- oder Tiefflieger-Angriffe zu erfolgen pflegten, nach, ob nicht doch noch etwas Brauchbares vom sehnlichst erwarteten Material – und seien es nur restliche Teile – dort zu finden ist.

Am 20. Oktober geht vom MarKdo. Italien der Befehl zum Außerdienststellen von *TA 31*. Alle Waffen und Geräte sollen sichergestellt werden, alle Soldaten zur Aufstellung von Infanterie-Kompanien nach La Spezia überführt werden.

Damit ist nun die Entscheidung gefallen: *TA 31*, auf dessen Eintritt in die Flottille wir von Monat zu Monat gewartet haben, wird wieder außer Dienst gestellt und ausgeschlachtet. Viel Mühe und Arbeit hat uns das Boot gemacht, doch leider vergebens.

Mir tun die erwartungsvollen jungen Menschen leid. Diese Freiwilligen der Marine kommen nun in den Landeinsatz wie schon viele tausend andere vor und mit ihnen.

Die 1. Kompanie unserer Kampftruppe kommt auf dem Wege von Savona zum infanteristischen Einsatz bei Parma in Genua vorbei und wird von mir verabschiedet.

Ein Einzelgänger, das ehemalige italienische *MS* (Motoscafi) *16*, jetzt *SA 1* (Schnellboot, Ausland), ein Torpedoschnellboot, wird unserer Flottille angehängt. Wir überstellen es an die MAS-Flottille in Savona.

Minensperren sind notwendiger denn je zuvor, aber leider sind keine italienischen Minen mehr verfügbar; die deutschen Minen aber kommen nur in Kleinstmengen und in mehr oder weniger demoliertem Zustand an. Kaum ein

Transport, der nicht einem Bombenangriff ausgesetzt war! So sehen denn die Minen auch aus, zerlöchert und restlos verdreckt.

Die Minenunternehmen müssen immer wieder verschoben werden. Einzelne Boote sind halb oder voll beladen und warten auf die nächste Anlieferung oder darauf, daß auch ein anderes Boot seine Minen zur Mitfahrt erhält.

Heute ist *TA 24* unter seinem Kommandanten, Kptl. Dereschewitz, ein Jahr im Einsatz (zuvor bei der 3. Geleitflottille). Das Boot führte in dieser Zeit 72 Unternehmungen durch und warf fast 1000 Minen!

Ende Oktober verfügte der Gegner nach Luftaufklärungsmeldungen im nordwestlichen Mittelmeer außer über 20 Kreuzer und einige Flugzeugträger noch über mehr als 100 Zerstörer!

Die 7. SiDi. meldet im Oktober-Rückblick:

»Tonnage der Geleitzüge: 20 919 BRT mit 311 geleiteten Fahrzeugen. Anlaufhäfen sind Genua – La Spezia – Imperia.«

Während der Zeit zwischen Februar und Oktober 1944 hatten die Boote der 10. T.-Flottille, verursacht durch Kriegseinwirkungen, durch schlechten Nachschub, durch ständige Fliegeralarme und damit nur langsam vorankommende Arbeit, Werftliegezeiten von insgesamt 442 Tagen!

Am 19. Oktober werden im Hafen von Livorno 16 MTBs und zehn PTs festgestellt. Da der Hafen von Bastia nur noch wenige Einheiten aufweist, ist anzunehmen, daß die Schnellboote des Gegners nunmehr nach Livorno verlegt sind.

Am 25. Oktober laufen endlich wieder zwei parallele Minenunternehmen an. Vier R-Boote werden die Sperre »Meise«, zwei TA-Boote die Sperre »Geier« als Westabschluß des Sperrgebietes »Zitrone« in Höhe von San Remo werfen. Als Minenträger fahren *TA 29* und *TA 32*, als Kampfboot *TA 24*. Die Unternehmung dauert über sieben Stunden, wird jedoch planmäßig und ohne jegliche gegnerische Aktion durchgeführt. Es fallen nur gleich zu Anfang des Anmarsches nacheinander auf *TA 29* und auf *TA 32* mal wieder die Kreiselkompasse aus, so daß diese beiden Boote durch *TA 24* zum Wurfort herangeführt werden müssen.

In Genua ist eine Abschiedsmusterung der Besatzung von *TA 31* und von der 2. Kompanie unserer Kampfgruppe, die von Savona nach La Spezia verlegt wird.

31. Oktober. Heute erhalte ich meine Abkommandierung.

Mein neues Kommando als Chef der 3. T-Fl. wird mich in die Heimat, in die Ostsee, in den Kampf gegen den Osten, führen.

Mit der Wahrnehmung der Geschäfte der 10. T-Fl. wird der ehemalige Kommandant von *TA 31*, Kapitänleutnant Burkart, beauftragt.

Mit einer großen Flottillenmusterung verabschiede ich mich von meinen Kameraden. Der Wortlaut ist im Kriegstagebuch niedergelegt:

». . . so ehrenvoll die neue Aufgabe für mich ist, so sehr bedauere ich, daß ich eine Flottille, die unter den schwierigsten Umständen aufgebaut werden mußte, verlassen muß. Ich bin allen Angehörigen der Flottille an Bord und an Land in hohem Maße zu Dank verpflichtet für ihre Einsatzbereitschaft, für die hervorragende Mitarbeit und für das Verständnis für die oft harten Maßnahmen, die um der Aufgabe willen getroffen werden mußten.

Die harten Einsätze vor dem Feind und die immer neuen Schwierigkeiten auf See und an Land erst haben uns gefordert und hart gemacht. Ich glaube, daß sich die Flottille im Laufe der Monate einen Namen verschafft hat und dieser in der späteren Kriegsgeschichte einen guten Ruf haben wird.

Ich habe eine Flottille geführt, die aus Primitivstem erschaffen und weiterhin mit Primitivstem ihre Aufgaben durchgeführt hat. Mit den 75 bisher durchgeführten Unternehmungen haben wir im ligurischen Raum versucht, die Küste zu sichern in offensiven und defensiven Einsätzen, um unseren Kameraden an Land zu helfen und das Land zu sichern. Wir hatten große Erfolge, die wir mit dem Verlust so vieler Kameraden bezahlen mußten.

Elf Torpedoboote und Zerstörer gehörten zu uns, und nur noch drei von ihnen sind übriggeblieben.

Möge diesen letzten drei Booten unter der neuen Führung Erfolg und Waffenglück beschieden sein. Ich danke für Eure Kameradschaft!«

Die Kriegsführung unter den dargelegten hoffnungslosen Umständen war nur möglich, weil der Kampfgeist und der Einsatzwillen, aller Soldaten hervorragend war, weil sie immerfort zu improvisieren verstanden, anspruchslos waren und niemals aufgaben.
Ehre sei denen gezollt, die an der Mittelmeerfront im festen Glauben an eine große, als notwendig empfundene Aufgabe ihr Leben ließen.
Die Härte des Kampfes um das Dasein und der Verlust so vieler Kameraden hatten zu einer unverbrüchlichen Gemeinschaft geführt.

Wie sich die Kriegslage immer weiter zuspitzt, erkennt man schon daran, daß von den nachfolgenden Monaten, also von November 1944 bis zum Kriegsende 1945 kein Tagebuchblatt mehr existiert, weder von der Flottille noch von einem einzelnen Boot. Alle Unterlagen sind irgendwo »auf der Strecke geblieben«.

Nur durch spätere mündliche Berichte von Angehörigen der Flottille ist bekannt, daß die Boote *TA 24, TA 29* und *TA 32* bis Ende März 1945 noch zwölf Unternehmen durchgeführt haben, nämlich:

am 2. November 1944	Aufklärung im Golf von Genua *TA 24, TA 29, TA 32.*
5./ 6. November	Aufklärung zwischen Korsika und der französischen Küste *TA 24* und *TA 29*
10./11. November	defensive Minensperre »Falke« *TA 24, TA 29* und *TA 32*
1./ 2. Januar 1945	Aufklärung im Ligurischen Meer *TA 24, TA 29* und *TA 32*
4./ 5. Januar	Aufklärung im Ligurischen Meer *TA 24, TA 29, TA 32*
9./10. Januar	Aufklärung im Ligurischen Meer *TA 24, TA 29, TA 32*
17./18. Januar	offensive Minenunternehmung westlich von Livorno *TA 24, TA 28, TA 32*
22./23. Januar	Aufklärung im Golf von Genua *TA 24, TA 29, TA 32*
31. Januar	Aufklärung im Ligurischen Meer *TA 24, TA 29, TA 32*
8./ 9. Februar	offensives Minenunternehmen westlich der Insel Gorgona *TA 24, TA 29*
15./16. Februar	offensives Minenunternehmen im Ligurischen Meer *TA 24, TA 29*
17./18. März	offensive Minenunternehmen im Ligurischen Meer, Kampf mit zwei feindlichen Zerstörern *TA 24, TA 29, TA 32;* Verlust von *TA 24* und *TA 29.*
25. April 1945	*TA 32* wird im Hafen von Genua von der eigenen Besatzung gesprengt

Vom Deutschen Marinekommando Italien liegt noch ein Rückblick auf das Jahr 1944 vor:

Das vergangene Jahr hat das Marinekommando Italien vor schwere Aufgaben gestellt. In erster Linie war es Aufgabe der Marine, das Heer und die Luftwaffe in ihrem schweren Kampf an der Südfront über See zu versorgen und durch die wenigen vorhandenen Offensivstreitkräfte den kämpfenden Truppen in den Küstenabschnitten Entlastung zu bringen. Die an die Marine von der Wehrmachtführung gestellten Aufgaben konnten dank der Einsatzfreudigkeit und Hingabe aller Marineeinheiten so weit gelöst werden, daß einmal an der Landfront aus Versorgungsschwierigkeiten keine Katastrophe entstand, zum anderen, daß der Gegner es nicht wagte, durch überholende Landungen oder Großunternehmen die eigene Front von hinten her anzupacken und zu erschüttern. Wo die eigenen Einheiten zu Land an den Küstenabschnitten oder zu See in die Kampfhandlung einbezogen wurden, haben sie unter vollem Einsatz ihren Mann gestanden und wiederholt hohes Lob geerntet. Schmerzliche Verluste blieben dabei nicht aus. Der Kampf um Elba, um Ancona unter Mithilfe der dort eingesetzten Marineartillerie-Einheiten ist ein stolzes Blatt der Marinegeschichte des Südraumes. Die unermüdliche Tätigkeit der Nachschubverbände trotz stärkster feindlicher Gegenwehr, die Minenunternehmen bis vor die feindlichen Häfen, die Beschießung feindlicher Stützpunkte und besonders empfindlicher Küstenstellen hinter der feindlichen Front verdienen besondere Hervorhebung . . .

Die deutsche Seekriegsleitung schreibt über den italienischen Raum noch folgendes:

25. Januar 1945: Die von unseren in Verlust geratenen Marinefahrzeugen geretteten Soldaten sind als Marinejagdkommandos zusammengefaßt und an allen Fronten im Einsatz gegen die Partisanen.

6. Februar 1945: Zwei geplante Minenunternehmungen mußten schon vor dem Hafen abgebrochen werden, da die Boote durch mehrere feindliche S-Boots-Gruppen erfaßt wurden. Die feindlichen Einsatzhäfen sind jetzt Livorno, Bastia und Nizza.

Vom 18. Februar an ist die Nachschub- Nord-Süd-Verbindung über den Brenner so gut wie ständig unterbrochen.

2. März: Das gesamte Küstengebiet ist unter gegnerischer Kontrolle, das Hafengebiet von Genua von See her unter Beschuß. Unsere Nachschubgeleitzüge laufen noch von Genua nach Savona oder nach La Spezia.

13. März: Beginn der Verminung von Genua als Defensivmaßnahme.

Dem Ende entgegen

Während auf der ligurischen Seite der Vormarsch der Alliierten bis weit über das Apennin-Gebirge nach Osten hin gehalten werden kann, muß unsere Front infolge der Konzentration des Gegners auf der Adria-Seite immer mehr zurückgenommen werden. Die Frontlinie steht Anfang Dezember 1944 in der Höhe von Ravenna und Anfang April 1945 in Bologna.

Unter welchen Schwierigkeiten und mit welchen Mitteln die Boote zu dieser Zeit noch einsatzbereit gehalten werden, das schildert uns der damalige I. Wachingenieur von *TA 32*, Klaus Luther:

Am 4. Februar 1945 liefen wir zusammen mit *TA 24* und *TA 29* aus, um eine schon seit langem vorgesehene Küstenbeschießung durchzuführen.

Auf *TA 32* traten Schwierigkeiten mit verschiedenen Kühlwasser- und Schmieröl-pumpen auf, so daß das Unternehmen völlig abgebrochen wurde. Auf der Rückfahrt schwerer Turbinenschaden an der Backbord-Hochdruckturbine (Schaufelsalat), dennoch wurde mit 25 kn eingelaufen.

Für *TA 32* war nunmehr eine längere Werft-Liegezeit fällig, während der nicht nur der Turbinenschaden repariert werden mußte, sondern die gesamte Maschinenanlage eine gründliche Überholung erhielt. Welche Probleme eine solche Maschinenüber-holung unter den im März 1945 gegebenen Umständen aufwarf, können einige Beispiele zeigen.

Man muß bedenken, daß die Stadt Genua in dieser Zeit durch die im Norden liegenden Partisanengebiete bereits von jedem Nachschub nahezu vollständig abge-schnitten war. Die Werft- und Hafenanlagen waren durch Luftangriffe weitgehend zerstört, Ersatzteile waren praktisch nicht zu bekommen. So wurden die defekten Heizölkolbenpumpen durch Schraubenpumpen ersetzt, welche der findige L. I. aus dem halb zerstört im Hafen liegenden italienischen Flugzeugträger *Aquila* ausbauen ließ. Auch die Hilfsdiesel mußten überholt werden; ein Strom-Land-Anschluß war nicht mehr möglich. Um das Schiff trotzdem mit Strom zu versorgen, wurde ein transportabler kleiner Diesel in einem zerstörten Schuppen an der Pier aufgestellt. Irgendwoher organisierte man einen Generator mit Riemenscheibe. Das größte Problem war jedoch, einen Lederriemen zum Antrieb des Generators am Dieselmo-tor zu finden. Dieser konnte nach einigen Mühen am Schwarzen Markt gegen Naturalien erstanden werden, womit die Stromversorgung von *TA 32* gesichert war. Das größte Problem war jedoch die unbedingt erforderliche Abdichtung der beiden Stopfbüchsen der Propellerwellen, da im gesamten Hafen Genua kein unzerstörtes Dock mehr existierte. Um diese Stopfbüchsen vom Wellentunnel des Schiffes her abdichten zu können, mußten sie erst einmal auf der Wasserseite, also von außen

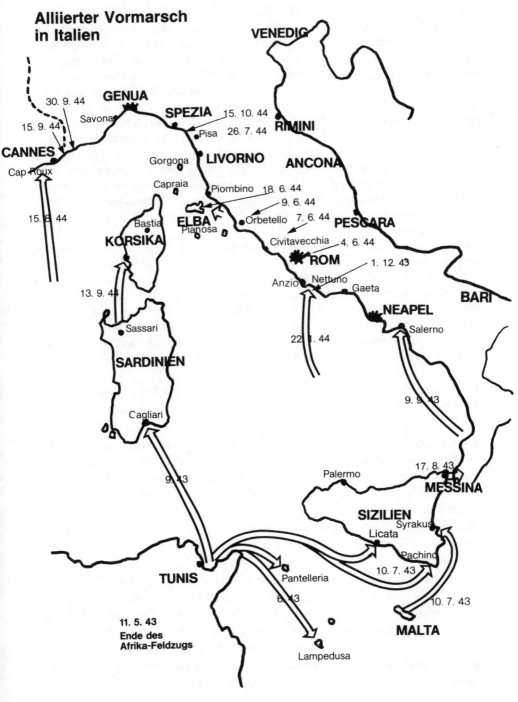

Alliierter Vormarsch
in Italien

VENEDIG

30. 9. 44
GENUA
Savona
SPEZIA
15. 9. 44
Pisa
15. 10. 44
26. 7. 44
RIMINI
CANNES
Cap Roux
Gorgona
LIVORNO
ANCONA
Capraia
Piombino
18. 6. 44
15. 8. 44
ELBA
Pianosa
Orbetello
9. 6. 44
7. 6. 44
PESCARA
Bastia
Civitavecchia
4. 6. 44
KORSIKA
ROM
1. 12. 43
Anzio
Nettuno
13. 9. 44
Gaeta
BARI
Sassari
NEAPEL
Salerno
SARDINIEN
22. 1. 44
9. 9. 43
Cagliari
17. 8. 43
9. 43
Palermo
MESSINA
SIZILIEN
Syrakus
Licata
TUNIS
Pantelleria
Pachino
10. 7. 43
6. 43
10. 7. 43
11. 5. 43
Ende des
Afrika-Feldzugs
MALTA
Lampedusa

143

her, völlig dicht gemacht werden. Dies konnte ein in Genua noch vorhandener Marinetaucher besorgen, es gab jedoch hierfür kein geeignetes Abdichtmaterial. Da kam wieder einmal der findige L. I. auf eine echte Marine-Idee: Er schickte zwei Mann auf den in den letzten Kriegsmonaten im Hafenviertel der Stadt Genua in erstaunlichem Maße angewachsenen und funktionierenden Schwarzen Markt, auf dem man nach seiner Äußerung »vom Hosenknopf bis zum Torpedoboot alles kaufen konnte«. Diese hatten dort etwa zehn Pfund Speck zu besorgen, in der damaligen Zeit ein kaum mit Gold aufzuwiegender Schatz. Dementsprechend scharf war die Bewachung, unter welcher sie den Speck über die Gangway brachten und in der Kammer des Leitenden Ingenieurs ablieferten, wo er bis zu seiner endgültigen Verwendung versperrt aufbewahrt wurde. Als der Taucher dann kam, wurde der Speck in feine Streifen geschnitten und von diesem unter Wasser von außen her so lange in den Spalt zwischen den Wellenhosen und den Propellerwellen gestopft, bis die Abdichtung 100%ig war und die Stopfbuchsringe auf der Innenseite gelöst werden konnten!

Der tägliche Hafendienstbetrieb nach der Werftzeit war in zunehmendem Maße von den wachsenden Einflüssen des sich langsam nähernden Landkrieges beeinflußt. Unterricht u. ä. fand in den weitgehend zerstörten Schuppen an der Pier statt – ebenso, wie auch ein Tischtennisturnier in der Freizeit. Der Frühsport führte durch die zerbombten Werftanlagen, Kutterpullen und -segeln durch verödete Teile des Hafens. Die Infanterieausbildung wurde intensiviert und fand ihre ersten Anwendungen in einigen Einsätzen gegen Partisanen im Gebiet nördlich von Genua (Ronco) und in einigen Razzien im sogenannten »Klamottenviertel« der Stadt.

Bei einem schweren Gefecht unserer drei Boote *TA 24*, *TA 32* und *TA 29* am 18. März 1945 mit zwei großen und modernen britischen Zerstörern namens *Lookout* und *Meteor* gehen unsere beiden kleinen Boote *TA 24* und *TA 29* nach kurzem Gefecht unter. Sie haben schwere personelle Verluste. Das Gefecht findet etwa auf der Hälfte des Weges zwischen der Nordspitze von Korsika (Kap Corse) und Genua statt. Der britische Zerstörer *Meteor* kann 108 Angehörige von *TA 24* aus dem Wasser bergen. Britische Motorboote retten bei Tagesanbruch weitere 125 Schiffbrüchige von *TA 29*. *TA 32* kommt ohne Verluste allein nach Genua zurück.

Über den Ablauf dieses Gefechts und die Gründe für die Verluste von zwei Booten hat bisher ein Dunkel gelegen. Wie schon erwähnt, existiert aus den letzten Kriegsmonaten weder irgendein Gefechtsbericht noch ein Kriegstagebuch der deutschen Seite. Sie sind sämtlich in Verlust geraten.

Der britische Rear-Admiral D. H. F. Hetherington CB, DSC, MA, RN, der 1945 als Lieutenant-Commander den Zerstörer *Lookout* führte, hat dankenswerterweise die Entwicklung und den Verlauf des Nachtgefechtes durch Berichte und eine Gefechtsskizze von der »Gegnerseite« aus beschrieben. Seine damals gemachten Aufzeichnungen lauten wie folgt:

144

Lage: Im März 1945 verlief die italienische Kampflinie an der Westküste zwischen La Spezia (von den Deutschen gehalten) und Livorno (von den Alliierten besetzt). Die alliierten Truppen wurden über den Hafen von Livorno versorgt, und eine geräumte Zufahrt durch die deutschen Minenfelder wurde bis auf eine Distanz von etwa 40 Seemeilen westwärts vom Hafen gesichert.

Zu verschiedenen Malen sind in diesen Kanal durch eine kleine Kampfgruppe von drei deutschen Schiffen (vormals italienische), die ihren Stützpunkt in Genua hatten, Minen geworfen worden.

Um diese Minenaktionen zu stoppen und um andererseits jeglichen deutschen Vorstoß nach Westen auszuschließen, hatten wir Nachtpatrouillen von vier Zerstörern auf der Linie San Remo in rw. 100° bis zu einem Punkt, der ungefähr 20 Seemeilen vom Ende der geräumten Livorno-Sperrlücke liegt, eingerichtet.

In der Nacht vom 17. zum 18. März war die Patrouille durch zwei französische und zwei britische Zerstörer besetzt, vom Westen nach Osten: *Basque* (Capitaine de corvette Jourdan), *Tempête* (Capitaine de frégate Morrazani), *Meteor* (Lieutenant-Commander Pankhurst) und *Lookout*. Der Kurs jedes einzelnen Schiffes* lief genau Ost – West und war 12 sm lang.

Um 01.40 Uhr empfingen wir einen Funkspruch von unserer Operationsstelle *FONAM* (Flag Officer, Northern Area, Mediterranean) über eine Radarbeobachtung bei Livorno, wonach drei feindliche Schiffe am seeseitigen Ende der geräumten Sperrlücke unter Radarkontrolle ständen.

Ich änderte sofort meinen Kurs auf 60° und ging auf volle Fahrt. *Fonam* und *Meteor* signalisierte ich, was ich vorhatte.

Ein schneller Blick auf die Seekarte zeigte mir, daß mein Vorhaben ein Risiko war, denn entweder würde ich den Gegnern den Weg abschneiden oder sie verpassen. Der Funkspruch hatte keinen Hinweis enthalten, ob die Gegner südwärts steuerten (und damit Minen werfen wollten) oder ob sie bereits geworfen hatten und nordwärts zum Einsatzhafen zurückfuhren. Und wenn das letztere zuträfe: wie schnell sie liefen. In der Annahme, daß sie direkt auf Genua zusteuerten und wegen der uns bekannten Brennstoffknappheit nicht über 20 kn liefen, jedenfalls bevor sie nicht wußten, daß wir hinter ihnen her waren, steuerte ich einen Punkt auf dem angenommenen Gegnerkurs an, den wir vor ihnen erreichen mußten. Natürlich ging das nur, wenn unser Radar einwandfrei arbeitete (was es gewöhnlich tat).

Um 02.45 Uhr erreichten wir den Punkt auf dem erwarteten Gegnerkurs, und ich steuerte nun Süd. Nach weiter eingehenden Radarmeldungen war ich wirklich sicher, daß wir zur rechten Zeit gekommen waren. Sieben Minuten später meldete mir mein Radar das Echo eines Schiffes recht voraus im Abstand von neun Meilen.

---

* *Lookout* und *Meteor* waren Schwesterschiffe mit 1920 ts und mit sechs Geschützen in Doppellafette, Kaliber 12 cm, sowie zwei Vierertorpedorohrsätzen ausgerüstet. Die Geschütze hatten eine Reichweite von mehr als 190 Hundert und waren vollautomatisch radargesteuert. Die Maschinen leisteten 48000 PS, die eine Höchstfahrt von 36 kn erzielten. Die Schiffe wurden erst 1940 gebaut.
Es handelte sich hier wirklich um ganz moderne, hochentwickelte Zerstörer, gegen die unsere kleinen Einheiten keinerlei Erfolgsaussichten hatten.
Die beiden französischen Zerstörer *Basque* und *Tempête* gehörten zur *Bourrasque*-Klasse. Sie waren schon älter (Ende der 20er Jahre) und hatten eine Wasserverdrängung von 1378 bzw. 1319 ts.

Als wir schnell an das Objekt herankamen, wurden aus dem einen Echo drei, und unser automatischer Gegnerkurs-Koppler zeigte den Kurs der Schiffe mit fast Nord bei einer Fahrt von 15 kn an. Nun hatten wir es geschafft, sogar mit zehn Minuten Vorsprung.

Auch ich ging auf 15 kn herunter, um nicht eine schäumende, weiße Bugwelle, die so oft das erste Sichtmerkmal eines anderen Schiffes ist, vor mir herzuschieben. Ich wollte dicht heran, bevor ich das Feuer eröffnete. Sechs Meilen, noch fünf . . . Hatte der Gegner uns gesehen, oder hielt er sich noch bis auf nahe Entfernung zurück?

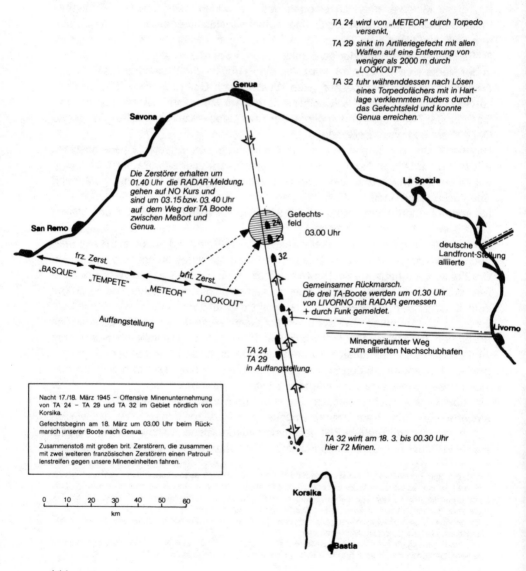

TA 24 wird von „METEOR" durch Torpedo versenkt,

TA 29 sinkt im Artilleriegefecht mit allen Waffen auf eine Entfernung von weniger als 2000 m durch „LOOKOUT"

TA 32 fuhr währenddessen nach Lösen eines Torpedofächers mit in Hart- lage verklemmten Ruders durch das Gefechtsfeld und konnte Genua erreichen.

Die Zerstörer erhalten um 01.40 Uhr die RADAR-Meldung, gehen auf NO Kurs und sind um 03.15 bzw. 03.40 Uhr auf dem Weg der TA Boote zwischen Meßort und Genua.

Gefechts- feld 03.00 Uhr

Gemeinsamer Rückmarsch. Die drei TA-Boote werden um 01.30 Uhr von LIVORNO mit RADAR gemessen + durch Funk gemeldet.

Minengeräumter Weg zum alliierten Nachschubhafen

TA 24 TA 29 in Auffangstellung.

TA 32 wirft am 18. 3. bis 00.30 Uhr hier 72 Minen.

deutsche Landfront-Stellung alliierte

Auffangstellung

„BASQUE" frz. Zerst. „TEMPETE" brit. Zerst. „METEOR" „LOOKOUT"

Genua
Savona
La Spezia
San Remo
Livorno
Korsika
Bastia

Nacht 17./18. März 1945 – Offensive Minenunternehmung von TA 24 – TA 29 und TA 32 im Gebiet nördlich von Korsika.

Gefechtsbeginn am 18. März um 03.00 Uhr beim Rück- marsch unserer Boote nach Genua.

Zusammenstoß mit großen brit. Zerstörern, die zusammen mit zwei weiteren französischen Zerstörern einen Patrouil- lenstreifen gegen unsere Mineneinheiten fahren.

0   10   20   30   40   50   60
km

146

Gefecht: Es war eine klare, mondlose Nacht, aber der Himmel war voller Sterne. Nun noch vier Meilen, drei Meilen . . . wir hatten die Überraschung für uns.

Bei 2,5 Meilen Abstand gab ich den Befehl zur Feuereröffnung, ging mit der Fahrt hinauf, drehte ab und schoß eine Salve von acht Torpedos. Im Drehen sah ich das Aufleuchten von Treffern auf einem der Schiffe. Ich meine, es war das vorderste. Aber nun waren die Torpedos auf ihrer Bahn, doch leider nur sechs, weil zwei Versager waren, wodurch wir zwei Lücken in unseren Fächer brachten. Ob diese beiden Lücken nun die Ursache dafür waren, daß wir keinen Treffer erzielten, oder ob alle schlecht gezielt waren, werden wir wohl niemals wissen. Aber schreckliche Tatsache ist, daß unser Torpedoangriff danebenging. Inzwischen hatte sich das Artilleriegefecht zu größter Heftigkeit entwickelt. Alle drei Gegner schossen auf uns, während ich weite Zickzackkurse steuerte, als ob ich ihnen eine Zielscheibe für ihre Torpedos sein wollte. Wir konnten ihre Torpedos auch hören (und spüren), als sie am Ende ihrer Laufbahn explodierten. Glücklicherweise traf aber keiner.

Die Entfernung war so niedrig, nur 2000 Yards (etwa 1800 m), daß alle leichten Waffen im Einsatz waren; Leuchtspurgeschosse der Gegner flogen an uns vorbei, und der Krach war betäubend. Nach einigen Minuten drehte das eine Schiff ab und ließ Dampf ab. Wir hatten es wohl hart getroffen, und es fiel von den anderen Schiffen zurück.

Ich beschloß, bei dem beschädigten Schiff zu bleiben, um es so schnell wie möglich zu versenken und dann den Versuch zu machen, die anderen auch noch zu packen. Wir feuerten noch unsere beiden letzten Torpedos, aber wiederum gingen unsere Torpedos daneben. So feuerten wir weiter (mit Artillerie) auf das Schiff, bis wir unsere Sprenggranaten verschossen und nur noch Granaten mit empfindlichen Kopfzündern hatten. Aber mit denen ist es schwer, ein Schiff zu versenken. Es kam uns wie eine Ewigkeit vor, bis das Gegnerschiff vorn und achtern brannte und man es niedergekämpft hatte.

Nun verließen wir das Schiff, drehten ab und fuhren mit voller Fahrt hinter den anderen beiden her. Aber bald wurde uns klar, daß wir sie nie einholen konnten.

Da erhielten wir einen Spruch von *Meteor*, daß er eins der beiden Schiffe durch Torpedoschuß versenkt habe, während sich das andere zurückzuziehen vermochte. Darauf änderte ich meinen Kurs und fuhr an den alten Gefechtsort zurück, aber unser Feind war inzwischen gesunken. So gab ich einen Funkspruch an *FONAM* und forderte Kleinboote an, die die Überlebenden aus dem Wasser und aus ihren Flößen bergen sollten. Ich wollte nicht länger am Gefechtsplatz bleiben, weil ich wußte, daß hier in dem Gebiet diverse feindliche Minenfelder geworfen waren, und zog mich westwärts zurück.

Nun, nach über 35 Jahren, berichten drei Offiziere, darunter auch der Kommandant, über den Verlauf des Gefechtes auf ihrem Zerstörer *TA 32*.

Obwohl diese drei Offiziere in den ersten Tagen des Mai 1945 in einem Kriegsgefangenenlager ganz kurz mit geretteten Besatzungsmitgliedern von *TA 29* zusammenkamen, konnten sie zunächst keine Einzelheiten mehr über das Ende dieses Torpedobootes wiedergeben.

Mit trauriger Sicherheit steht nur fest, daß hohe Verluste entstanden und auch beide Kommandanten gefallen sind.

Der heute in Travemünde lebende ehemalige Kommandant von *TA 32*, Kapitänleutnant a. D., Emil Kopka, berichtet eingehend über die hilflose Anfangssituation bei dem Gefecht, als sich sein Boot infolge Ruder-Klemmens im Kreise drehte und ihm dadurch jede Möglichkeit des Eingreifens in den Kampf verwehrt worden war.

Kopka hat zwar erlebt und beobachtet, daß sich der gegnerische Zerstörer ganz auf *TA 29* konzentrierte und daß dieses Boot große Not litt, aber *TA 32* hat nach endlich geglückter Beseitigung des Ruderschadens nur noch allein auf dem Gefechtsplatz gestanden. Weder war *TA 24* zu sehen, noch konnte man *TA 29* wiederfinden. Da auch kein Gegner mehr zu beobachten war, wurde der Rückmarsch angetreten.

Das ganze Ausmaß des Gefechts hat man dann erst in Genua erkannt, als die anderen Boote nicht zurückkehrten.

Der zuletzt in Furtwangen lebende, kürzlich verstorbene Berthold Schwarz hat diese letzte Unternehmung der 10. T-Fl. an Bord von *TA 32* als damaliger Oberleutnant zur See und Artillerieoffizier mitgemacht und beschrieb seinerseits die Situation:

»Die letzte Unternehmung am 18. März 1945 war nicht glückhaft. Wir hatten E-Minen an Bord und legten getrennt von den beiden anderen Booten *TA 24* und *TA 29* eine Sperre bei Kap Corse. Diese beiden Boote warfen ihre Minen südlich von der Insel Gorgona.

Wir waren gemeinsam marschiert und trafen uns nach Sperrlegung wieder. Von dem Angriff der britischen Zerstörer wurden wir völlig überrascht, da wir keine Ortungen hatten.

Unser Funkmeßgerät sollte nämlich nicht eingeschaltet werden, um das Eingepeiltwerden durch den Gegner möglichst zu vermeiden. So standen wir plötzlich im hellen Licht der gegnerischen Leuchtgranaten. Das Gefecht wurde von uns mit dem Aufleuchten der ersten LGs eröffnet. Bei unserem kurzen Artillerieeinsatz habe ich keinen Treffer beobachten können. Es ging alles zu überraschend schnell. Auch unser Torpedofächer zeigte keine Wirkung.

TA 29, das vor uns in der Mitte unserer Gefechtslinie fuhr, erhielt offensichtlich gleich Treffer und blieb liegen. Um es nicht zu rammen, drehten wir hart ab, erwischten es aber noch am Heck. Dabei bekamen wir bei der »Hart-Backbord-Ruderlage« einen Ruderversager (es waren Sicherungen herausgefallen). Wir hatten eine derartige Schlagseite durch Höchstfahrt und Hartruder, daß alle Mann an Deck lagen, sich irgendwo festklammerten und an irgendeinen Waffeneinsatz überhaupt nicht zu denken war.

Jeder vermutete einen schweren Treffer, sicherlich auch der Gegner, denn er schoß nicht auf uns.

lliierte Motortorpedoboote verschiedener Typen britischer und amerikanischer Bauart im Hafen von Livorno, nachdem dieser Hafen von den Deutschen geräumt und dabei nachhaltig zerstört wurde.

Motortorpedoboot *MTB 523* läuft zum Einsatz aus. Auf der Back eines der gefürchteten 5-cm-Geschütze.

Zu den Gegnern im Ligurischen Meer gehörten auch britische und französische Zerstörer. Das obere Foto zeig[t] H.M.S. *Lookout*, das untere H.M.S. *Meteor*. Diese beiden Einheiten versenkten am 18. März 1945 beim letzte[n] Gefecht der 10.-T-Flottille die Boote *TA 29* und *TA 24*.

Wir haben mehrere Kreise gedreht. Vielleicht dachte der uns nahe gegnerische Zerstörer, daß er uns schon erledigt hatte. Es war eine absurde Situation!
Nach endlicher Beseitigung des Ruderschadens durch einen Obermaschinisten waren wir aus dem direkten Gefechtsfeld geraten. Wir waren plötzlich allein.
Wir haben auch *TA 29* nicht mehr gesehen, und so fuhren wir mit Nordkurs auf Genua zu. Dort mußten wir dann von den Verlusten unserer Kameraden von *TA 24* und *TA 29* hören.
Wir hatten nicht einen Treffer bekommen.«

Wie es an Bord des in Brand geschossenen und schließlich versenkten Torpedobootes *TA 24* zugegangen ist, war bislang unbekannt geblieben. Während der Drucklegung dieses Buches jedoch meldete sich der ehemalige Oberleutnant (Ing.) Horst Paetzold zu Wort, der als damaliger Leitender Ingenieur von *TA 24* das bittere Ende des Bootes miterlebt hat. Er schreibt darüber:

»Schon am 16. März übernahmen wir in Genua, in der Nähe des Leuchtturmes, Minen. Wohin wir sie bringen sollten, wußte nur der Kommandant. Ich kann mich noch gut an ein kurzes Gespräch mit ihm, dem Kapitänleutnant Dereschewitz, erinnern. *»Hoffentlich werden wir die Apparate los«*, so zweifelte ich. Darauf der Kommandant: *»Heute kann man mehr loswerden als die Minen«*.
Der Marsch am nächsten Abend zum Minen-Wurfort verlief durchaus normal. *TA 24* fuhr als Führerboot. An Bord der Flottillenchef, Kapitänleutnant Burkart, und der Flottillenarzt, Dr. Schadlbauer. Der Flottilen-Ingenieur, Oberleutnant (Ing.) Rähm, war auf *TA 29* eingestiegen. Dieses Boot fuhr in der Mitte, *TA 32* bildete den Schluß. Die B-Dienst-Funker waren bei uns an Bord.
Nachdem wir unsere Minen geworfen hatten – Korsikas Silhouette zeichnete sich scharf ab –, traten wir den Heimweg an.
Es muß so gegen 03.00 Uhr gewesen sein, als eine furchtbare Schießerei einsetzte. Es waren für uns eigentlich zwei Gefechte. Das erste war für uns ein reines Artillerieduell, bei dem wir noch glimpflich davonkamen. Maschinell hatten wir jedenfalls keine Ausfälle. Wir schwenkten die Torpedorohre und schossen. Die B-Funker hatten den Gegner im Sprechverkehr. Die anderen Boote von uns waren noch in Sicht und manövrierten (Bemerkung dazu: Das war also die erste Begegnung mit dem Zerstörer *Lookout*, der sich ja auf *TA 29* konzentriert hatte).
Nach etwa 20 Minuten erfolgte der zweite Angriff. Er wurde mit Scheinwerfern und Leuchtspurmunition gegen uns geführt. Zuerst gab es Ausfälle durch Granatsplitter, dann mußten wir einen Torpedotreffer hinnehmen, er traf den Kesselraum dicht bei der Munitionskammer des vorderen Geschützes. *TA 24* war danach manövrierunfähig, das Vorschiff brach in Höhe des vorderen Geschützes ab.
Das war der Erfolg des Zerstörers *Meteor*.
Ich versuchte nach dem Torpedotreffer, zusammen mit einem Maschinengefreiten die Heizölzufuhr neben dem Maschinenleitstand abzustellen, was auch gelang. Hierbei wurden dem Maschinengefreiten der rechte Arm abgerissen und mir der linke Ellenbogen zerschossen. Danach kam das Ende.

Der Gefreite und ich wurden von unserem Arzt versorgt, das heißt, es wurden mit vorhandenen Verbandspäckchen unsere Oberarme abgebunden. Wir wurden übrigens beide gerettet.

Kptlt. Dereschewitz gab Befehl zum Verlassen des Bootes. In guter Disziplin wurden Schlauchboote und Rettungsflöße zu Wasser gebracht und konnten recht leicht in der Nähe des Bootes gehalten werden, da wir ja keine Fahrt mehr machten. Die Maschine selbst hatte weiter keinen Schaden genommen, so daß auf meinen Befehl ein oder zwei Flutventile geöffnet werden konnten. Das geschah, nachdem alle, außer den Gefallenen, von Bord waren.

Das einströmende Wasser und das Torpedotrefferloch ließen das Boot schnell nach der Steuerbordseite hin absacken.

Den Untergang von *TA 24* erlebte ich auf dem Backbordschraubenschutz. Nach kurzem Untertauchen kam ich schnell wieder an die Oberfläche. In meiner Nähe schwamm eine Holzgräting. Auf die legte ich meinen zerschossenen linken Arm. Die italienische Kapok-Schwimmweste hielt gut.

Mit Batteriepfeife und durch Rufen machte ich mich bemerkbar und habe auch Rufverbindung mit meinem Kommandanten gehabt. Er muß verwundet gewesen sein. Später riß der Kontakt mit ihm ab. Keiner von uns hat ihn jemals wiedergesehen.

Nach etwa einer halben Stunde kam unser Flottillenchef in einem Schlauchboot bei mir längsseits und nahm mich auf. Auf diesem Schlauchboot waren noch sechs Schiffbrüchige, unter ihnen auch unser Arzt und ein Funker mit einem Beckenschuß.

Zwischen 05.00 Uhr und 06.00 Uhr wurden wir von einem britischen Zerstörer aufgefischt. Jakobsleitern hingen über Bord. Die Verwundeten wurden angeleint und an Bord gehoben. Wir wurden gut behandelt. Große Waschbaljen, Seife und Handtücher standen an Oberdeck bereit. Die Verwundeten wurden auf dem Achterdeck des Zerstörers von dem englischen Schiffsarzt, unserem Dr. Schadlbauer und Sanitätsgasten gemeinsam versorgt. Für jeden schwerer Verwundeten war ein Mann zur Hilfeleistung abgestellt.

Zwei unserer Kameraden starben noch an Bord und erhielten ein Seemannsgrab mit entsprechendem Zeremoniell. Unsere nicht verwundeten Offiziere wurden in die Offizier-Messe zum Mittagessen eingeladen.

Die Zerstörerbesatzung aber bekam nach getaner Arbeit und bestandenem Gefecht die seit Nelsons Zeiten übliche Pinte Rum.

Auf der Reede von Cannes wurden wir mit amerikanischen Landungsbooten ausgeschifft und in die Gefangenschaft übergeben.

Das war nun martialisch, wie die amerikanischen Landser mit ihren Maschinenpistolen herumfuchtelten. Sie hatten anscheinend mehr Angst als wir Schiffbrüchigen.

Nach einer halsbrecherischen Fahrt mit einem Sanka, den ein Neger steuerte, landete man uns Verwundete direkt im Röntgenraum und dann im Operationssaal eines amerikanischen Lazarettes. Mein Englisch sammelnd, bat ich den Arzt: »Do'nt cut off my arm!«

Daraufhin sagte er in bestem Deutsch: *»Ein amerikanischer Arzt schneidet so schnell keinen Arm ab!«* (Seine Mutter war Wienerin!)

Ein Aperçu am Rande: Unser Dr. Schadlbauer, der amerikanische Arzt und der englische Bordarzt des Zerstörers *Meteor* hatten, wenn auch zu verschiedenen Zeiten, vor dem Kriege am gleichen Krankenhaus in London, dem St. Pauls Hospital, famuliert!

Die Behandlung in dem amerikanischen Lazarett, einer ehemaligen französischen Lungenheilstätte in Cannes, war korrekt. Wir lagen mit amerikanischen Verwundeten zusammen und erhielten auch deren Verpflegung. Wir wurden alle von amerikanischen Seeoffizieren verhört. Der Offizier, der mich befragte, erklärte mir übrigens freimütig, daß ich ihm eigentlich kaum etwas Neues erzählen könne, denn er habe uns beim Auslaufen aus Genua beobachtet!

Sechs Wochen verbrachte ich in diesem Lazarett. Und dort besuchte uns auch der Bordarzt des britischen Zerstörers *Meteor*, der uns versenkt hatte!

Weitere sechs Wochen verbrachte ich in einer Baracke des Lazaretts Marseille mit verwundeten Offizieren und praktizierenden deutschen Ärzten. Dann kam ich in das berüchtigte Camp 404 und traf dort rund 100 Mann von unserer Besatzung wieder.«

Der frühere Leutnant (Ing.) Klaus Luther, der jetzt als Diplom-Ingenieur in Augsburg tätig ist und seinerzeit I. Wachingenieur auf *TA 32* war, beschreibt den Hergang dieser letzten Unternehmung und das Kriegsende so:

»Das Dasein der 10. T-Fl. endete in den Morgenstunden des 18. März 1945 mit einem Paukenschlag. Am Vorabend waren *TA 24* (mit dem Flottillenchef), *TA 29* und *TA 32* zu Minenunternehmen nach Gorgona und Kap Corse ausgelaufen. Schon von der Sperrlücke vor La Spezia an meldete die Fu.MB (Funkmeßbeobachtung) mehrfache Ortungen. Trotzdem verlief das Legen der Sperren programmgemäß, *TA 32* warf sie bei Kap Corse, die beiden ›Kleinen‹ vor Gorgona. Der Verband traf dann wieder zusammen und geriet kurz darauf in ein Gefecht mit Zerstörern. Dabei erhielt das in der Mitte vor *TA 32* laufende Boot *TA 29* einen Treffer, der infolge plötzlichen Stoppens dieses Bootes zu einer Berührung zwischen *TA 32* und *TA 29* führte. *TA 32* hatte vergeblich auszuweichen versucht, sein Ruder lag in diesem Moment in Hart-Backbord-Lage. Wohl durch den Zusammenstoß gab es einen Ruderversager, verursacht durch einen bei dem Berührungsstoß herausgefallenen E-Schalter oder E-Schütz.

Bis dieser Ruderversager endlich beseitigt werden konnte, drehte der Zerstörer mit AK-Fahrt drei Vollkreise auf dem Gefechtsfeld, wobei sich nahezu alle Mann erst einmal infolge der Schlagseite irgendwo unten an Steuerbordseite wiederfanden – jeder dachte natürlich zunächst an einen schweren Treffer.

Durch diese Kreise führten dann auch noch einige Laufbahnen feindlicher Torpedos, die nicht trafen.

Mit leichten Waffen wurde geschossen, und kurz vor dem Abdrehen hatten wir einen Torpedo-Dreierfächer gelöst.

Nach Beseitigung des Ruderversagers hatten wir den weitergelaufenen Verband aus den Augen verloren. Damit war das Gefecht beendet. Von *TA 29* wurde noch ein Funkspruch aufgenommen: ›Muß Feueraus machen‹.

TA 32 lief dann mit AK-Fahrt in Richtung Kap Noli (Genua). Nach Einlaufen durch die Sperrlücke bei Kap Noli und späterem Festmachen in Genua warteten wir vergeblich auf das Eintreffen der beiden anderen Boote.

Nach Beheben des Maschinenschadens und nach einer Probefahrt erfolgte als letzter Einsatz am 23. April 1945 das Schließen der Sperrlücke bei Noli unter ständigen Jabo-Angriffen.

In der darauffolgenden Nacht vom 23. zum 24. April wurde *TA 32* als letzter »Hinterbliebener« der 10. T-Fl. zur Versenkung in Genua vorbereitet.

Da der Zusammenbruch der Wehrmacht und damit der Weg in die Gefangenschaft nur noch eine Frage der Zeit war, hatte das Kommando *TA 32* der Besatzung die nur aus den gegebenen Umständen verständliche Erlaubnis erteilt, verschiedene Ausrüstungsgegenstände des Schiffes – selbstverständlich keine Waffen o. a. – zu Geld zu machen. Der Gedanke dabei war, daß jeder in der Gefangenschaft über etwas italienisches Geld verfügen sollte!

In Genua hatte sich diese Gelegenheit, Geld in Material umzusetzen, schnell herumgesprochen – und einige Stunden lang entspann sich auf der Pier ein schwunghafter Handel. Ein Ausverkauf von *TA 32*, wozu die italienische Bevölkerung mit Handkarren, Eseln und allen möglichen Transportmitteln anrückte. Das Ganze war schaurig beleuchtet von an verschiedenen Stellen ausgebrochenen Bränden und begleitet von Schießereien und gelegentlichen Detonationen im Hafen.

Unweigerlich begann es sich abzuzeichnen, daß die Stadt Genua nun in die Hände des Gegners fallen würde. In der Nacht vom 23. zum 24. April wurden deshalb alle noch fahrklaren deutschen Marineeinheiten in Genua zur Selbstversenkung oder Sprengung klargemacht.

In den frühen Morgenstunden des 24. April 1945 wurde es dann auch für *TA 32* ernst. Der größte Teil der Besatzung mit Ausnahme des Sprengkommandos verließ in feldmarschmäßiger Ausrüstung das Schiff, um sich durch die Stadt zum behelfsmäßigen Flottillenstützpunkt in Sturla (10 km südöstlich von Genua) durchzuschlagen.

Das wußten wir alle: Ein Spaziergang würde das sicherlich nicht werden, denn im brodelnden Genua nahm die Aktivität der Partisanen immer drohender zu.

Mit ihrem endgültigen Zuschlagen warteten sie aber doch lieber, bis der gefürchtete Zerstörer *TA 32* unter Wasser war, der ja schon einmal bei Unruhen vom Hafen aus in die Stadt hatte schießen müssen.

Wir mußten also zu Fuß durch die ganze in Aufruhr befindliche Stadt. Das konnte eine höchst riskante Sache werden.

Aber findig wie immer ließ sich die Marine auch für den letzten Akt noch etwas Besonderes einfallen:

Am Liegeplatz Ponte Andrea Doria befand sich damals auch das Depot der Genueser Straßenbahn. Dort kaperten wir drei Straßenbahnwagen samt Fahrern, von denen jeder nicht sehr freudig, aber unter dem sanften Druck von Waffen dann doch seinen Wagen in Richtung Sturla lenkte. Von innen wurden sämtliche Fenster heruntergelassen – und mit Gewehren gespickt brausten die drei Straßenbahnen unbehelligt nach Sturla.

Nach einigen Straßenkämpfen in der Stadt, an welchen unsere Besatzung nicht wesentlich beteiligt war, wurde am 25. April der inzwischen für den gesamten Süden abgeschlossene Waffenstillstand bekannt. Die italienischen Partisanen ließen es sich nicht nehmen, die Gefangennahme selbst durchzuführen.

Zwei Tage später jedoch marschierten die Amerikaner ein, und am 2. Mai traf die Besatzung von *TA 32* mit LKWs im US-Gefangenenlager bei Pisa ein, wo wir auch unser Sprengkommando nach getaner Arbeit wiedertrafen.

Jetzt erfuhren wir, wie das Ende in Genua ausgesehen hatte:

Neben unserem Zerstörer *TA 32* waren noch sieben U-Jagd-Fahrzeuge, 21 Räumboote und zahlreiche Fährprähme sowie Handelsschiffe durch Selbstvernichtung dem Zugriff der einmarschierenden Sieger entzogen worden.

Wir alle wußten, daß mit dieser letzten Aktion auch unsere 10. T-Fl. ihr Ende fand.

*

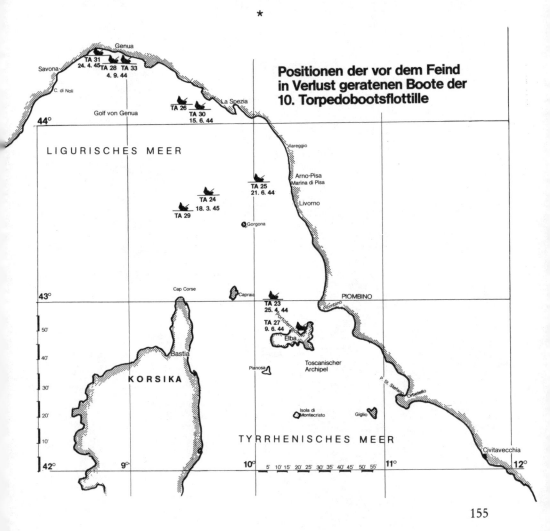

Positionen der vor dem Feind in Verlust geratenen Boote der 10. Torpedobootsflottille

155

Diese Flottille hatte vom 1. Februar 1944 bis zum 18. März 1945 insgesamt 97 Unternehmungen durchgeführt, nämlich

41 Minenunternehmen

50 Aufklärungsfahrten

 5 Hafen- und Küstenbeschießungen

 1 Sonderunternehmung

Unsere Flottille hat dabei 339 Kameraden durch den Tod verloren. 49 Schwerverwundete waren außerdem zu beklagen.

Die Frage nach dem Sinn dieses Opferganges wird erst – mit weiterem Abstand von dem Geschehen – eine über den Dingen stehende Geschichtsschreibung beantworten können.

Anhang

Dokumentarischer Teil

Dokumentation Nr. 1

Vorgeschichte und Hintergründe des Biskaya-Gefechtes am 28. 12. 1943

Eine Schlüsselrolle zur Versorgung der deutschen Wirtschaft mi kriegswichtigen Rohstoffen übernahmen ab Juni 1941 – nach Ausbruch des Krieges mit der Sowjetunion, die von 1939 bis 1941 als Lieferant für diese Dinge eingesprungen war – die Rohstoffblockadebrecher. Bestimmten deutschen Handelsschiffen war damit praktisch die Existenzfrage ganzer Industriezweige aufgebürdet. Je länger der Krieg dauerte, desto bedrohlicher wurden die Rohstoffengpässe, besonders bei Kautschuk und Wolfram. Nach Anfangsversuchen auf der Südamerikaroute bot sich bald Japan und sein Machtbereich Südostasien (nach Japans Kriegseintritt) als neuer Lieferant aller Engpaß-Rohstoffe an. Die technische Durchführung dieser riskanten Blockadebrecher-Fahrten von Europa nach Fernost und zurück – die jeweils große navigatorische und seemännische Leistungen der Handelsschiffsbesatzungen waren – oblag einer besonderen Dienststelle der Kriegsmarine in Bordeaux. Nur die Benutzung der deutschbesetzten Atlantikhäfen bot die einzige Chance, mit Überwasserschiffen überhaupt noch die Weite des Meeres zu erreichen, obwohl die Seeüberwachung durch die Alliierten mit fortschreitender Zeit immer engmaschiger wurde.

Obwohl die Fahrten der Rohstoff-Blockadebrecher immer riskanter und verlustreicher wurden, mußten sie so lange wie möglich fortgesetzt werden, weil andernfalls das deutsche Kriegspotential zusammengebrochen wäre.

Die beiden letzten Überwasserschiffe, die es – aus Japan heimkehrend – überhaupt noch geschafft haben, die zu dem Zeitpunkt schon mit Radarüberwachung aus der Luft fast unpassierbar gewordene Freetown-Natal-Enge zu überwinden und bis zum Rande der Biskaya durchzukommen, waren die Blockadebrecher *Alsterufer* und *Osorno*.

Natürlich blieb dem alliierten Geheimdienst das Auslaufen dieser Schiffe aus Ostasien nicht unbekannt. Und so lief dann mit dem Auslaufen der beiden Schiffe eine große Verfolgungsjagd der Alliierten, basierend auf fünf Einsatzgruppen, jeweils mit Kreuzern und Zerstörern, an. Geleitet wurde der Einsatz durch US-Militärs von Brasilien aus.

Erst am 8. Dezember 1943 wurde die *Osorno* auf halbem Wege zwischen den Inseln Ascension und Fernando Noronha, also im Südatlantik etwa in der Mitte zwischen Afrika und Südamerika, von einem amerikanischen Fernaufklärer gesichtet. Diese Maschine versuchte den US-Kreuzer *Marblehead* und den US-Zerstörer *Winslow* an die *Osorno* heranzuführen. Diese beiden Einheiten suchten lange systematisch den weiten Atlantik ab und fanden schließlich ein Handelsschiff. Es war aber ein befreundetes. Die weitere Suche im in Frage kommenden Seeraum durch die beiden US-Einheiten wurde dann noch durch das Auftreten eines deutschen U-Bootes (*U 510*?) erschwert und schließlich abgebrochen, weil sich die Kriegsschiffe untereinander zu lange beschäftigten. Währenddessen verschwand die *Osorno* mit Kurs auf Neufundland in der Weite des Ozeans.

Aber die für die beiden deutschen Handelsschiffe gefährlichste Strecke lag noch vor ihnen, nämlich der durch bewachte Geleitzüge stark befahrene Nordatlantik und die – auch aus der Luft – noch stärker überwachte Biskaya, an deren Rand der alliierte Mittelmeer-Nachschub lief. In Erwartung der für die deutsche Kriegswirtschaft unentbehrlichen Schiffe hatten die Alliierten in einem kleinen Hafen auf der Azoreninsel Faial neben Fernaufklärungsflugzeugen sogar Kreuzer stationiert, um die deutschen Schiffe sicher abfangen zu können.

Deutsche U-Boote konzentrierten sich im Nordatlantik auf den Wegen der alliierten Geleitzüge zwischen den USA und Gibraltar stärker auf die begleitenden Kriegsschiffe, um diese möglichst zu binden und von den deutschen Handelsschiffen abzulenken, damit diese ihre Reise unbemerkt und unbehindert fortsetzen konnten. Und doch konnte ein Aufklärungsflugzeug des US-Flugzeugträgers *Card*, der einen Geleitzug sicherte, am 23. Dezember mittags die *Osorno* sichten. Das Schiff wurde als feindlich erkannt, weil neben einem britischen Unterscheidungssignal eine zweite geheime Flaggenzusammenstellung fehlte und weil an Deck des Schiffes zahlreiche bemannte Abwehrwaffen beobachtet wurden. Das Schiff wurde über Funk mit allen Einzelheiten beschrieben und der *Card* gemeldet. Dort konnte man in den Unterscheidungssignalbüchern das gehißte Signal nicht finden, empfand aber Unsicherheit, da das Buch schon etwas älter war. Deshalb wollte man klare Verhältnisse schaffen und gab einen Funkspruch zur Identifizierung der Nationalität und des angegebenen Schiffsnamens an die britische Admiralität ab. Das dauerte aber seine Zeit, und so fuhr der Träger weiter – zur Lösung seiner eigentlichen Sicherungsaufgabe.

Als die Antwort der Admiralität an den Flugzeugträger *Card* erst etwa sechs Stunden später mit der Vermutung eintraf, daß es sich bei dem unbekannten Schiff doch um einen Blockadebrecher handeln könne, war das zweifelhafte Schiff derweilen schon weit entfernt, und die *Card* stand inzwischen vor neuen Problemen, denn es waren gerade deutsche U-Boote am Geleitzug gemeldet. Tatsächlich waren auch am nächsten Morgen fünf Boote an dem Konvoi und die US-Navy hatte ihre Arbeit. Einer ihrer Zerstörer, die *Leary*, wurde bei den ständigen Angriffen von *U 275* und *U 382* versenkt, und auch ein deutsches Boot wurde vernichtet (*U 645*).

Dem Oberkommando der Kriegsmarine war die mutmaßliche Ankunftszeit durch Kurzsignal des Blockadebrechers bekannt. Nun galt es, dem unersetzlichen Schiff mit allen überhaupt zur Verfügung stehenden Mitteln einen möglichst weit in den Atlantik hinausreichenden und denkbar starken Geleitschutz für die besonders gefährliche letzte Strecke des langen Reiseweges, durch die berüchtigte Biskaya, entgegenzuschicken.

Was anders stand zu diesem Zeitpunkt deutscherseits noch zur Verfügung als Zerstörer und große Flottentorpedoboote? Alle in diesem Kampfraum überhaupt noch verfügbaren Einheiten dieser Art wurden zur Aufnahme der *Osorno* in See geschickt. Ein genauer Treffpunkt war mit dem Blockadebrecher festgelegt worden.

Anmarsch und Einbringen der *Osorno*
Das Kriegstagebuch von *T 25* beschreibt die Ereignisse so:

23. 12. 1943 **05.00 Uhr**	*T 25* lichtet im Kriegshafen Brest die Anker und hängt sich als taktische Nummer 6 an die auslaufende 4. Torpedobootsflottille an. Es fahren die Boote

T 23 mit Kptlt. Weinlig		*T 22*	Kptlt. Blöse
T 24	Kptlt. H. Hoffmann	*T 26*	Kptlt. Quedenfeldt
T 27	Kptlt. Gotzmann	*T 25*	KKpt. v. Gartzen

Korv.-Kpt. Kohlauf führt die Flottille auf *T 23*. Wir sollen einen Blockadebrecher, der aus Fernost kommt, von der äußeren Biskaya einholen.

17.00 Uhr	Vereinigen wir uns auf 45° 30' Nord 4° 50' West mit sechs Zerstörern der 8. Zerst.-Flottille »Narvik«, die von der Gironde-Mündung kommen, und treten den gemeinsamen Marsch nach Westen an. Kpt. z. S. Erdmenger führt die Narvikflottille und das Unternehmen. Die Zerstörer *Z 27*, *Z 23*, *Z 24*, *Z 32*, *Z 37* und *ZH 1* werden geführt von KKpt. Schultz, FKpt. Wittig, KKpt. Birnbacher, FKpt. v. Berger, KKpt. v. Mantey und KKpt. Barckow.
NW 7 **lange, hohe** **Dünung**	Während des Abends zunehmender Wind mit Seegang und Dünung. Nachts häufiger Fliegeralarm. Feindliche Luft-Fühlungshalter am Verband. Laufender Abwurf von Kalzimur-Markierungslichtern und Leuchtbomben. Das Boot arbeitet heftig in der See. Mehrere Fenster des Steuerhauses werden von der See eingedrückt und zerstört. Die Knopfsteuerung erhält durch Wasser Kurzschluß, mehrfache Ruderversager, die auch am näch-

158

sten Tag auftreten. Mir werden die erst kürzlich neu an Bord genomme-
nen Entschlüsselungsgeräte unklar gemeldet.

24. 12. 1943

NW 7
sehr dunkle
Nacht, hohe
See + Dünung

45° 50' Nord
12° 30" West

In der Nacht werden einige Bombenangriffe gehört, einer gesehen. Zum
Abschütteln der Luft-Fühlung werden verschiedentlich Scheinkurse gelaufen.

06.00 Uhr: 8. Z-Fl. und 4. T-Fl. trennen sich zum Auffangen des erwarteten Schiffes.

12.30 Uhr: Sammeln. Zerstörer bilden Aufklärungsstreifen. Die T-Boote
teilen sich in zwei Gruppen, die fünf sm hinter den Zerstörern mit fünf sm
Abstand zwischen den Gruppen vorwärts marschieren. Kurs West.

13.00 Uhr: Befehl: Mit Höchstfahrt zum Führerboot 8. Z-Fl. sammeln.
Der Blockadebrecher mit Kapitän Hellmann auf seinem Schiff *Osorno*
kommt in Sicht.

TA 25 nimmt im inneren Sicherungsgürtel um das Handelsschiff die
backbord-achtere Position ein. Marschfahrt 14 Meilen. Kurs 95°.

Bis zur Spätdämmerung laufende Flugzeugangriffsversuche und Angriffe
auf unser unersetzlich wertvolles Schutzobjekt. Fünfmal Bombenabwürfe
in die Nähe der *Osorno*. Heftiger Waffeneinsatz aller unserer Einheiten
gegen immer neu anfliegende viermotorige Bomber. Auch abends und
nachts Leuchtbomben und Luftangriffe. (Heiliger Abend . . .)

25. 12. 1943
45° 10' N
5° 35' W
lange NW-
Dünung,
leichter
NO-Wind

Gegen 10.00 Uhr erhalte ich Befehl zum »In-Schlepp-Nehmen« von
Zerstörer *ZH 1*, dessen Maschinenanlage versalzen ist. (Es war Salzwas-
ser in das Kesselspeisewasser gelangt.)

Als ich mich dort klarmelde – mein Schleppgeschirr lag seit Beginn der
Unternehmung fertig auf dem Achterdeck –, teilt *ZH 1* mit, daß er noch
eine Viertelstunde marschieren könne. Ich gehe dann dicht an ihn heran.
Die erste zum Zerstörer geschossene Leine ist von seiner Antenne nicht
herunter zu bekommen, eine weitere bricht. Darauf setze ich mich vor
ZH 1 und bringe eine Spurboje mit daranhängender Arbeitsleine aus. Der
Zerstörer nimmt beide Leinen auf und holt sich damit unsere Schlepp-
trosse rüber.

Das anschließende Manöver wird durch den Ausfall des Bugspills auf
ZH 1 stark behindert, man muß mit den Händen unsere Trosse einholen.
Beim Anschleppen in der langen Dünung bricht beim Steigern der Fahrt
von fünf auf sechs Meilen der Ring in unserem Schleppgeschirr. Beide
Boote stoppen. *ZH 1* muß die bereits gesteckten 150 m Ankerkette und
unsere 250 m Schlepptrosse mit der Hand einhieven. Zwei Stunden
nimmt das in Anspruch.

Das nächste Manöver gelingt gut. Mit Rücksicht auf die Dünung gehe ich
auf Elf-Meilen-Fahrtstufe und mache damit Fahrt von neun Meilen über
den Grund.

Währenddessen fuhr die *Osorno* unangefochten ihren Kurs zum Treffpunkt. Wohl auch
weil das Weihnachtsfest bevorstand, befand sich ausnahmsweise nur ein britischer
Kreuzer in dem Seegebiet, auf das nun das deutsche Schiff zusteuerte. Es war die
Gambia. Der Kreuzer *Enterprise* war derzeit zur Seekontrolle südwestlich des engli-
schen Kanals eingesetzt, und der Kreuzer *Glasgow* war gerade im entscheidenden
Moment zur Insel Faial gefahren, um neuen Brennstoff zu bunkern.

Nachdem durch die laufende Luftbeobachtung die Stärke der deutschen Seemacht in
Gestalt von gleich sechs Zerstörern und sechs Torpedobooten erkannt war, wollte man
den Kreuzer *Gambia* nicht allein mit dem Gegner konfrontieren. Der Kreuzer *Glasgow*

sollte deshalb zur Unterstützung eilen, konnte aber erst am 24. Dezember morgens um 11.00 Uhr von Horta auf Faial auslaufen – zu spät, denn schon zwei Stunden später nahmen unsere Streitkräfte die *Osorno* in Empfang, um sie in die Gironde zu begleiten. Die *Osorno* hatte folgende überaus kriegswichtige Ladung an Bord.

4 000 t Kautschuk
1 800 t Zinn
  180 t Wolframerz
  223 t Kokosnußöl
  140 t spezielle Stoffe wie Chinin usw.

---

6 343 t insgesamt.

Trotz vieler Luftangriffe und Bombenwürfe haben die zwölf deutschen Zerstörer und Flottentorpedoboote die *Osorno* am 25. Dezember heil in die Gironde durchgebracht. Der Schiffsführer der *Osorno*, Kapitän Hellmann, hatte damit bereits seinen dritten Blockadedurchbruch vollbracht und erhielt dafür als einziger Nichtsoldat das Ritterkreuz zum Eisernen Kreuz!

26. 12. 1943	Vom ersten Büchsenlicht an werden wir zuerst von zwei, dann von vier und zuletzt von sechs Vorposten- und Minensuchbooten begleitet.
15.00 Uhr	In Höhe von Royan/Gironde hievt *ZH 1*, dessen Ankerspill nun wieder klar ist, 100 m Kette ein, damit ich besser mit dem (geschleppten) Zerstörer im engen Fahrwasser manövrieren kann. Von achtern läuft ein Strom mit etwa vier Meilen. Das Zu-Anker-Bringen des Zerstörers, also das Drehen gegen den Strom inmitten einer Unmenge von Fahrzeugen aller Art, stellt den schwierigsten Teil der ganzen 31stündigen Schlepperei dar.
26. 12. 1943	Geankert. Der Kommandant von *ZH 1* kommt zu uns an Bord und
17.00 Uhr	bedankt sich. Die Schleppstrecke betrug mehr als 200 Seemeilen. Die
Le Verdon/Reede	Marinegruppe West in Paris, unsere taktische Einsatzleitung, anerkennt das Einschleppen des Zerstörers durch einen kurzen Funkspruch: »*Gute seemännische Leistung!*«.

Endlich konnte ich nach 62 Stunden Einsatz und pausenlosem Brücken-Aufenthalt einmal unter Deck. Wir waren alle total übernächtigt und wegen der Plackerei mit dem hilflosen Zerstörer völlig »geschafft«. Weihnachten war sowieso an uns »vorbeigegangen«. Nun aber wünschten wir uns ein paar ungestörte Stunden.

Aber daraus wurde leider nichts, denn schon kam ein Winkspruch, der mich sofort aufs Flottillenführerboot *Z 27* beorderte. Was dann geschah, lesen wir abermals im KTB meines Torpedobootes weiter:

18.00 Uhr	Kommandantensitzung beim Chef der 8. Zerst.-Flottille auf *Z 32* und Besprechung einer am morgigen Tag anlaufenden Aufgabe des Einbringens eines weiteren Blockadebrechers.*
	T 25 und *T 27*, das zwecks Behebung einer Reparatur am Ruder nicht mit den anderen T-Booten nach Brest laufen konnte, sollen morgen um 19.00 Uhr zu den anderen aus Brest kommenden Booten der 4. T-Fl.

---

* Während des Einbringens der *Osorno* in die Gironde-Mündung und während des Anmarsches unserer Zerstörer und Torpedoboote zum Aufnehmen des zweiten Handelsschiffes, der *Alsterufer*, hat der Gegner nun Zeit genug, um seine Kräfte zu formieren. Er tut dieses in dem Seeraum, wo wir die *Osorno* aufgenommen haben, mit seinen Kreuzern *Glasgow* und *Enterprise*. Ein dritter Kreuzer, die *Gambia*, ist auf dem Wege zu ihnen. Mit sehr starken Luftstreitkräften wurde inzwischen nach dem ersten Fehlschlag der Nordatlantik noch intensiver abgesucht und dabei auch die *Alsterufer* entdeckt.

160

stoßen. Seeklar um 05.30 Uhr. Gruppe West bemerkt im Funkspruch, daß wohlverdienter Schlaf bei *T 25* nicht möglich sei. (Die anderen Einheiten lagen ja schon über 24 Stunden auf Reede.)

ZH 1 hatte für uns Munitionsergänzung und neue Schlüsselmaschinen durch Funk angefordert. Wir erhielten Nachricht, daß Munition am Pier in Royan und Schlüsselmaschinen ebendort beim Marine-Nachrichten-Offizier bereitstünden.

Nun lag aber unser Boot auf Le Verdon/Reede, und wir hatten nur einen kleinen Öltanker zum Ergänzen längsseits. So ging es also nicht, und wir übernahmen die Schlüsselmaschinen von *ZH 1* und ließen uns durch ein Hafenschutzboot die Munition, leider nicht in vollem Umfange, bringen.

24.00 Uhr   Die Ölübernahme war beendet. Auf den Wasserprahm warteten wir vergeblich.

Der Anmarsch zum Einbringen der *Alsterufer* und das Gefecht

Der damit im Zusammenhang stehende Einsatz unseres Verbandes liest sich im Kriegstagebuch meines Flottentorpedobootes *T 25* wie folgt:

Die Aufforderung des Chefs der 8. ZFl., schon mitternachts die Gironde zu verlassen und draußen zu ankern, um morgens nicht vom Nebel überrascht zu werden, können wir nicht befolgen, da *T 27* erst um 04.00 Uhr mit den Ergänzungen fertig wird.

27. 12. 1943
05.30 Uhr
ruhig, leicht, diesig

Mit *Z 24* und *T 27* Anker gelichtet und mit M-Boot-Geleit die Gironde abwärts gelaufen. Bei Tonne A auf die weiteren Zerstörer gestoßen. Marsch nach Westen angetreten.*

28. 12. 1943
NO 5
leichter See-
gang, durch-
einanderlaufende
Dünung

UK-Spruch vom Chef der Z-Fl. »*Absicht: Aufnahme Dampfer bei Hellwerden durch fünf Zerstörer. T-Boote 07.30 Uhr entlassen nach Mar.-Quadrat BF 6689.*

Zur befohlenen Zeit setzen wir uns ab und marschieren zu den getrennt von uns laufenden und aus Brest kommenden vier Booten der T-Flottille, Kurs 350°.

In der ersten Morgendämmerung sichten wir ein feindliches Flugzeug. Die erste Maschine seit Verlassen der Gironde. Merkwürdig, denn wir sind es doch gewohnt, daß jedes Fahrzeug, das aus irgendeinem Hafen ausläuft, von reichlichen Luftfühlungshaltern beschattet wird.

Hier läuft es anders, hier muß eine Absicht vorliegen. Ich mache zu meinen Offizieren die Bemerkung, daß wir heute sicher noch etwas zu tun bekämen.

09.45 Uhr   kommen die vier anderen T-Boote im Norden in Sicht.

---

* Noch weiß niemand von uns etwas davon, daß soeben – (am 27. 12. 1943) um 09.43 Uhr eine britische »Sunderland«-Maschine die Position des Handelsschiffes *Alsterufer* ausmachen und melden konnte. Entsprechend ihrem Kurs nahmen daraufhin auch schon die Kreuzer ihre Auffangstellung ein.
Um 13.30 Uhr wurde ein erster Luftangriff durch drei »Sunderlands« ohne Trefferfolge durchgeführt. Dann stand das Handelsschiff für die nächsten Stunden unter laufenden Angriffen und wehrte sich mit allen Kräften und Waffen.
Um 16.10 Uhr mußte die *Alsterufer* die ersten schweren Treffer hinnehmen, wobei Raketen und schwere Bomben in das Ziel fielen. Dadurch entstand im Achterschiff durch Raketen ein schweres Feuer, die Maschine hatte Schaden genommen, das Schiff verliert Fahrt, und – was am unangenehmsten ist – die Funkanlage ist zerstört, so daß keine Nachricht über den Zustand des Schiffes abgegeben werden kann. Die *Alsterufer* ist schwer angeschlagen. Das Schiff sinkt um 18.00 Uhr, nachdem die Besatzung in die Rettungsboote gegangen war. (Boote einer britischen Minensuchflottille nehmen später 65 Überlebende an Bord.) Hier sind monatelange Mühen, Spannungen und Entbehrungen umsonst gewesen.
Auch die letzten drei deutschen Handelsschiffe, die im Oktober 1943 aus Kobe und Yokohama nach Europa ausgelaufen waren, nämlich die *Westerland*, die *Rio Grande* und die *Burgenland*, erreichten übrigens infolge des Einsatzes der alliierten Kampfgruppen ihr Ziel nicht. Sie gingen innerhalb weniger Tage Anfang Januar 1944 im Südatlantik verloren.
Damit hatte wenige Tage nach dem Ende der *Alsterufer* die Aktivität deutscher Handelsschiffe als Rohstoffblockadebrecher endgültig ihr Ende gefunden. Fortan konnten die Rohstofftransporte aus Fernost nur noch mit großen deutschen und japanischen U-Booten durchgeführt werden. Sie faßten je nach Größe 150 bis 200 t Ladung.

161

10.30 Uhr	bei der 4. T-Fl. in Reihenfolge der taktischen Nummern eingegliedert und mit ihr wartend auf und ab gestanden. Ich melde dem Chef die Boote zur Stelle und gebe die Position des letzten Sichtens der Zerstörer und ihren letzten Kurs rüber.
12.00 Uhr	kommt von Westen her die 8. Z-Fl. in Sicht.
12.30 Uhr	stehen beide Flottillen zusammen. Die Zerstörer in breiter, die T-Boote in Flottillenformation. Befehl: Kurs 105°. Fahrt 21 sm.

Wir machen also kehrt. Ich vermute, daß die Hoffnung auf das Eintreffen des Blockadebrechers aufgegeben werden mußte.

Nachdem Z 23, der die deutsche Fernaufklärer-Welle eingeschaltet und um 12.35 Uhr an Z 27 eine soeben empfangene Sichtmeldung einer Focke-Wulf 200 gemeldet hatte: »*Zwei Feindkreuzer in Position 46° 50' Nord, 10° 00' West mit Kurs Ost*«, erhalten wir den Befehl vom Führerboot Z 27: »*Kurs 90°, Feindkreuzer von achtern.*«

13.00 Uhr

Eine Viertelstunde später, um 13.15 Uhr, nachdem unsere Fernaufklärer eine neue Sichtmeldung von zwei feindlichen Kreuzern – in 24 sm Abstand von uns – gemeldet hatten, glaubte sich unser Verbandsführer einer weiteren Kreuzergruppe gegenüber, und wir änderten den Kurs auf 180°, um aber wenig später wieder auf Kurs 105° zu gehen.

Z 23 und Z 27 gehen hinter uns herum und nehmen Bb. achteraus Aufstellung. Fahrtstufe aller Einheiten 29 kn. Unsere T-Boote nehmen schon bei dieser Fahrt unendlich viel Wasser über. Auf der Brücke und auf dem Kommandostand stehen und fließen Wassermassen. Wir schwimmen und können kaum etwas sehen. Wir haben kein benutzbares Fernglas und keine klaren Waffenoptiken für Artillerie und Torpedos. Der Torpedozielapparat hat vollen »Schluß«. Karten- und Steuerhaus stehen voll Wasser.

UK-Befehl: »*Kurs 150°. 24 kn.*«

Alarm! Feind in Sicht in rw. 80°. Zuerst nur ein großes Schiff, wenig später ein zweites.

Unser Boot rollt erheblich, und so werden die Richtschwierigkeiten für den Waffeneinsatz sehr groß sein.

13.50 Uhr
NO 6
grobe See,
lange NO-
Dünung

Die gegnerischen Einheiten werden als Kreuzer angesprochen, der vordere ist ein Dreischornsteiner, der achtere hat einen großen und einen kleineren Schornstein. Wir können sie nicht namentlich ausmachen, weil alle Bücher im Kartenhaus schwimmen.*

Die Kreuzer eröffnen das Feuer bei einer Entfernung von etwa 170 hm. Die Aufschläge liegen bei Z 27 und haben eine minimale Streuung. Die nächsten Salven liegen um unser Boot (vermutlich vom zweiten Kreuzer). Zerstörer und T-Boote fahren jetzt in einer Linie. Teilweise liegen bis zu zehn Aufschläge um uns herum.

UK-Befehl: »*Schlußgruppe abdrehen!*«

---

* Schon um 09.20 Uhr wurden unsere beiden Zerstörer- und Torpedobootsgruppen durch amerikanische Liberators gesichtet und gemeldet. Darauf gingen die Kreuzer auf 28 kn Fahrt. Um 12.00 Uhr meldeten die Fernaufklärer, daß unsere Einheiten kehrtgemacht hätten und nunmehr Ostkurse steuerten. Diese Tatsache kam den Kreuzern sehr gelegen, denn sie konnten uns nun den Weg abschneiden, weil sie uns aus dem Osten entgegenkamen.
Um 01.35 Uhr sichteten uns die Kreuzer und eröffneten das Artilleriefeuer aus 1800 Yards (16,5 km).
Es sind die britischen Kreuzer *Glasgow* (Capt. C. P. Clark) mit 9100 ts, mit vier Drillingstürmen 15,2 cm, acht Geschützen 10,2 cm, mit vielen kleinkalibrigen Flakgeschützen und sechs Torpedorohren sowie die *Enterprise* (Capt. H. T. W. Grant) mit 7850 ts, mit einer Armierung von sieben Geschützen 15,2 cm, fünf 10,2 cm sowie einer großen Anzahl von Torpedorohren. Beide Kreuzer sind bei jeder See gut für eine Fahrt von 32 kn.
Während unsere Einheiten insgesamt über mehr Waffen (auch wenn nicht so starke wie auf britischer Seite) verfügen, haben die Gegner den großen Vorteil einer ruhigen Lage in See und Dünung und einer besseren Beweglichkeit.
Wie hart das Gefecht wurde, kann daran ermessen werden, daß die *Glasgow* fast ihre ganze Munition verschoß.

162

Unsere Gruppe geht auf Kurs 250°. Wenig später erhält der hinter uns laufende *Z 27* einen schweren Treffer in Höhe des achteren Mastes mit einer besonders hohen Rauchwolke und starker Detonation. Der Zerstörer nebelt und wirft eine Nebelboje.

Der Gegner kommt schnell näher, und ich lasse das Feuer auf eine Entfernung von 100 hm eröffnen. Trotz heftigen Schlingerns und Stampfens unseres Bootes liegen die Salven gut.

Torpedos will ich mir bei der schnell abnehmenden Entfernung und dem spitzen Winkel zum Gegner für größere Erfolgsaussichten aufsparen.

14.50 Uhr
im Nebel verliere ich *Z 27* außer Sicht und erhalte einen Treffer, der über den achteren 2-cm-Vierling hinwegwischt, auf dem achteren Torpedorohrsatz krepiert und Teile des achteren 3,7-cm-Standes mitnimmt.

Ausfall des Vierlings und des Rohrsatzes. Ich höre das Abblasen von Dampf und Preßluft. Tote und Verwundete am 3,7-cm-Geschütz werden mir gemeldet.

Die Backbord-Maschine geht mit den Umdrehungen herunter und hat anscheinend gestoppt. Der L.I. meldet, daß im achteren Kraftwerk die Hauptölleitung durchschlagen sei. Kraftwerk voraussichtlich nicht wieder klarzubekommen.

Ich lasse die Stb.-Maschine auf äußerste Kraft voraus gehen, um Anschluß an die anderen Boote zu halten.

15.10 Uhr
Die Entfernung zu den anlaufenden Kreuzern nimmt schnell ab. Wir wehren uns verzweifelt. Die Gegner haben sich ganz auf uns konzentriert. Bei einer Entfernung von 60 hm schießt der Torpedooffizier vom vorderen Rohrsatz aus einen Dreierfächer mit von der Brücke geschätzten Schußwerten. Kein Erfolg. Die Artillerie mit den vier 10,5-cm-Geschützen ist geschützweise in vollem Einsatz, da die Feuerleitanlage ohne Strom ist.

Als der Gegner im laufenden Gefecht ungefähr 50 hm querab steht, wird das Boot heftig erschüttert, und ich sehe meinen vorderen Schornstein, aus dem Innern herausgerissen, in Feuerlee über Bord gehen. Der halbe Mast folgt.

Nun geht auch die Steuerbord-Maschine mit den Umdrehungen herunter. Das Boot verliert schnell Fahrt und liegt gestoppt auf SSO-Kurs quer zur See und Dünung und rollt heftig. LI meldet Treffer im vorderen Kessel und Kesselexplosion. Damit ist nun der ganze Strom an Bord ausgefallen.

An den Kommandanten von *T 22,* der mit seinem Boot etwa acht hm ab steht, lasse ich einen Morsespruch geben: »*Bitte Teile meiner Besatzung übernehmen.*«

T 22 dreht auch auf uns zu, kommt auf Rufweite heran, wird dann aber derartig von feindlichen Artilleriesalven eingedeckt, daß ich ihn durch Megaphon zum Abdrehen bewegen muß und froh bin, daß sein Boot aus dem Granatregen hinaus nach Westen abläuft.

Beide Kreuzer stehen noch in gleicher Entfernung von uns querab. Durch die bei uns einschlagenden vollen Salven wird das Boot immer wieder heftig erschüttert. Wir schießen weiter, aber schon melden die ersten Geschützbedienungen »*Feuer durch*«. Sie haben die vorhandene Seeziel-Munition verschossen. Nun müssen sie die vorhandene Flak-Munition umstellen.

Hierdurch und weil die elektrischen Aufzüge von den Munitionskammern zu den Geschützen infolge fehlenden Stroms ausgefallen sind, ist der Salventakt sehr langsam geworden. Alles geht mit Reserven und mit den Händen.

Die Gegner sind auf etwa 20 hm herangedreht und laufen nun in südliche Richtung, ohne das Feuer einzustellen. Als sie eine Strecke abgelaufen sind und das Feuer einstellen, hoffen wir auf eine Überlebenschance. Aber nur kurze Zeit später tauchen die Kreuzer wieder auf, schießen uns auf nahe Entfernung vollends zum Wrack und zwingen uns zum Verlassen unseres Bootes.

Dieser Untergang wurde im ersten Kapitel dieses Buches in allen Einzelheiten geschildert.

Lagekarte vom Seekriegsschauplatz Biskaya, in diesem Fall mit Marschroute zum Einholen des Rohstoff-Blockadebrechers *Osorno*.

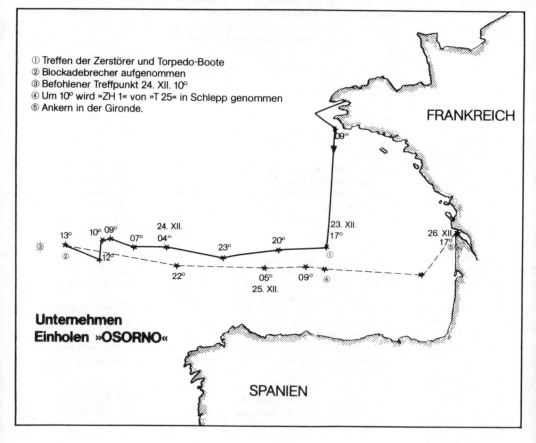

① Treffen der Zerstörer und Torpedo-Boote
② Blockadebrecher aufgenommen
③ Befohlener Treffpunkt 24. XII. 10°
④ Um 10° wird »ZH 1« von »T 25« in Schlepp genommen
⑤ Ankern in der Gironde.

FRANKREICH

**Unternehmen
Einholen »OSORNO«**

SPANIEN

Dokumentation Nr. 2

Vorgeschichte unserer Rettung durch ein U-Boot

Im laufenden Text des Buches war die Rede davon, daß wir – die Überlebenden von Flottentorpedoboot *T 25* – durch die Unterseeboote *U 505* und *U 618* gerettet worden sind. Auch diese Begebenheit hat eine interessante Vorgeschichte, die hiermit noch aufgezeigt werden soll: Eine Ironie des Schicksals wollte es, daß ausgerechnet unsere von zwei deutschen U-Booten gerettete Besatzung fünf Monate vorher ihrerseits die Besatzung eines anderen deutschen Unterseebootes hatte retten können.

Mitte 1943 war die bis dahin so erfolgreiche deutsche Wolfsrudeltaktik beim massierten U-Boot-Angriff auf alliierte Konvois infolge der fast perfekt gewordenen gegnerischen Ortung der beim Angriff aufgetaucht fahrenden Boote praktisch zum Erliegen gekommen. Der sogenannten Huffduff-Peiler zum Orten der Kurzsignale deutscher U-Boote und der massierte Radareinsatz der alliierten Geleitfahrzeuge sowie U-Jagd-Flugzeuge fügten der deutschen U-Waffe furchtbare Verluste zu. Die Boote wurden selbst dann, wenn sie nur zum Aufladen ihrer Batterien vorübergehend an die Oberfläche kamen, angegriffen und meistens gebombt. Durch die neuartige Ortungstechnik der Alliierten wurde sozusagen auch die Nacht zum Tage.

Gerade in der Biskaya zeigte sich die ganze Hilflosigkeit unserer Boote, die von den Atlantikhäfen Frankreichs aus ihre Einsätze fuhren und auch nach dort zurückkehren wollten bzw. mußten. Sie hatten vom nahen Einsatzort der britischen Streitkräfte Tag und Nacht, unter und über Wasser, die Angriffe von See und aus der Luft zu fürchten. Auch unsere auslaufenden Boote blieben vielfach schon vor der »Haustür« auf der Strecke. Die Biskaya war also zur Hauptkampfzone geworden.

Und so ging die besagte Rettung einer U-Boot-Besatzung vor sich:

Anfang August 1943 liegen unsere drei Torpedoboote *T 22, T 24* und *T 25* auf der Reede von Brest.

In den ersten Stunden des 2. August erhalten diese Boote durch Funkspruch den Befehl, schnellstmöglich nach Planquadrat BF 4453 der Marine-Quadratkarte zu Hilfe für *U 383* zu laufen. Dieses Boot sei tauch- und manövrierunfähig geworden.

Die Führung unseres Rettungsvorstoßes liegt bei mir als dienstältestem Kommandanten, also bei *T 25*.

Unsere drei Boote laufen um 03.50 Uhr aus. Noch in der Dunkelheit und noch ohne Alarmzustand werden die Vorbereitungen für ein eventuelles Schleppmanöver getroffen.

Der erste Fliegeralarm wird um 08.14 Uhr ausgelöst. Britische Tiefflieger suchen die Wasseroberfläche ab, natürlich nach U-Booten.

Wir fahren mit 28 sm/h Geschwindigkeit und haben eine hohe, lange Atlantikdünung, durch die unsere drei Boote stampfen. Das sind schlechte Schießbedingungen für unsere Flak. Aber die Flugzeuge greifen zum Glück nicht an. Sie konzentrieren sich auf ihre eigentliche Aufgabe, aber sicher werden sie nicht vergessen, laufend unsere Position zu melden.

Um 09.30 Uhr nehmen wir eine B-Dienstmeldung auf, wonach britische Flugzeuge um 06.15 Uhr und um 09.08 Uhr über einem aufgetauchten deutschem U-Boot ständen. Sollte das etwa *U 383* sein – oder ein anderes Boot? Wir wissen es nicht.

Um 11.15 Uhr nehmen wir einen Spruch auf der Spezialwelle der U-Boote von *U 106* auf, daß es im Quadrat BE 6940 tauchunklar liege. Wenig später müssen wir durch Funk hören, daß man von *U 383* seit gestern abend nichts mehr gehört habe.

Unser astronomisches Besteck ergibt eine Mittagsposition von 47° 09' Nord und 8° 51' West (womit wir also etwa 400 km westlich von Frankreich und 400 km nördlich von Spanien stehen). Wir sind zu dieser Zeit – und bleiben es bis zum späten Abend – unter ständiger Luftkontrolle. Zwei bis sechs Maschinen sind immer um uns. Aber ein Angriff kommt nicht.

Um 14.15 Uhr erhalten wir die Weisung, in breiter Formation das Gebiet, in dem gestern abend *U 383* gestanden hat, zu durchlaufen, nach Überlebenden zu suchen, um dann mit Höchstfahrt auf die Position von *U 106* zum Quadrat BE 6940 zu operieren.

Ab 16.00 Uhr trennen sich unsere T-Boote, und wir beginnen in Abständen von je 5000 m auf gleichen Kursen unsere Suchaktion. Sie ist nicht leicht.

In der ganzen Zeit des mühseligen Suchens nach irgendwelchen Überbleibseln des unterge-gangenen U-Bootes haben wir ständig Gegnerflugzeuge neben und über uns, und außerdem informiert man uns laufend über neue gegnerische Aufklärungsmeldungen, die unseren Ver-band betreffen und die sicher an Streitkräfte, die in diesem Seegebiet stehen, gehen. Das hält uns zusätzlich äußerst wach. Wir müssen suchen, müssen auf die Flugzeuge achten und müssen mit gegnerischen Kreuzern, Zerstörern und Korvetten rechnen.

Ab 20.00 Uhr, nachdem sich unsere T-Boote, ohne etwas von dem gesuchten *U 383* gesehen zu haben, wieder zusammengeschlossen haben, beginnen schwere viermotorige Fernaufklärer und U-Jagd-Flugboote vom Typ »Sunderland« mit Bombenangriffen, die wir aber mit Einsatz aller Waffen abwehren können, ohne den geringsten Schaden zu nehmen.[*]

Mit nunmehr 25 sm/h Geschwindigkeit laufen wir weiter westwärts. Um 21.14 Uhr erreichen wir die Position, auf der *U 106* hätte stehen müssen, wenn es uns weisungsgemäß entgegengefah-ren wäre. Aber wir finden nichts von dem Boot.

Um 21.39 Uhr kommt von der Marinegruppe West der Befehl, daß wir bei Anbruch der Dunkelheit, falls wir das U-Boot nicht finden sollten, den Rückmarsch mit hoher Fahrt anzutre-ten haben. Nur fünf Minuten später kommt ein weiterer Funkspruch: »Aufgabe abbrechen.«

Trotz dieser Befehle entschließe ich mich zur Fortsetzung unserer Aktion, weil wir weit vor uns gesehen zu haben glauben, daß einige britische Flugzeuge auf ein für uns unbekanntes Ziel Bomben warfen. Zu erkennen ist aber noch nichts. Um 21.45 Uhr werden zwei gegnerische Zerstörer mit hoher Fahrt und mit Kurs auf uns zu gemeldet. Um 22.02 Uhr kommt ein entschlüsselter gegnerischer Funkspruch, dem wir entnehmen, daß Zerstörer eines Geleitzu-ges Fühlung mit uns haben. Sie halten uns für drei Zerstörer der deutschen »Narvik«-Klasse. Nun melden auch unsere Bordgeräte (Funkmeßbeobachtungsgeräte), daß wir eingepeilt wer-den. Um 22.26 Uhr kommt ein neuer Funkspruch, wonach fünf feindliche Zerstörer mit hoher Fahrt auf uns zulaufen.

Unsere oberste Dienststelle zeigt sich um uns besorgt. Sie beordert die Zerstörer *Z 37* und *Z 32* zur eventuell notwendigen Hilfe für uns in ein hinter uns liegendes Gebiet, durch das wir bei einem Rückzug hindurchlaufen müssen.

Die ohnehin große Spannung bei uns erreicht ihren Höhepunkt, als wir um 22.35 Uhr – also 56 Minuten nach dem Befehl zum Rückmarsch – plötzlich Lichter vor uns sehen.

Entweder stehen also die erwarteten Gegnerstreitkräfte vor uns, oder wir finden doch etwas von »unserem« U-Boot.

Wir kommen mit noch immer hoher Fahrt den Lichtern näher, können aber keine Umrisse von Schiffen erkennen. Es »tut sich nichts« in der Dunkelheit. Wir gehen mit der Fahrt herunter und steuern genau auf die Lichter zu.

Um 22.47 Uhr sind wir inmitten von Kalzium-Leuchtbojen und hören Signalpfeifen und Rufe von Menschen. Man kann aber kaum etwas sehen.

»*Äußerste Kraft zurück!*« kommandiere ich. Und *T 24* und *T 25* stehen. Sie beginnen sofort mit der oft geübten Rettung von Schiffbrüchigen. Es handelt sich tatsächlich um die Besatzung von *U 106* (Oblt. z. S. Damerow).

T 22 sichert während der Rettungsaktion den Verband. Es ist eine Bergung mit vielen Schwierigkeiten, weil sich viele Schiffbrüchige – schon mehr oder weniger durch das lange Im-Wasser-Liegen benommen – nicht von ihren Brettern und Flößen trennen wollen, weil viele außerdem verwundet sind und weil sie zum anderen weit auseinandergetrieben sind. Aber nach einstündigen Bemühungen haben wir 36 Marinekameraden aus dem Wasser geborgen.

Noch während wir um die Schiffbrüchigen bemüht sind, werden wir ununterbrochen vom Gegner gepeilt.

---

[*] *U 383* ist leider im Gebiet 47° 24′ N und 12° 10′ W durch Fliegerbomben ein Totalverlust (52 Tote) geworden.

Der letzte Chef der 10. T-Flottille, Korvettenkapitän Burkart (2. v. links), mit den Kommandanten seiner drei letzten Boote. Von links nach rechts: Kaptlt. Dereschewitz (TA 24), Kaptlt. Kopka (TA 32) und Kaptlt. Schmidt-Troje (TA 29).

Divisionsunterricht in Trümmern und Bombentrichtern: Der I. Wachingenieur des letzten noch vorhandenen Bootes TA 32, Leutnant (Ing.) d. Res. Luther, mit seiner technischen Division.

Ähnlich wie bei diesem Untergang von TA 23 am 25. April 1944 dürfte es – Tageslicht vorausgesetzt – ausgesehen haben, als am 18. März 1945 die Boote TA 29 durch den britischen Zerstörer Lookout und TA 24 durch den britischen Zerstörer Meteor rasch hintereinander ihr Ende fanden.

Der »letzte Mohikaner« ist schließlich *TA 32*. Als Operationsgebiet bleibt ihm nur noch die nähere Umgebung von Genua. Das Bild zeigt den großen Zerstörer in Höchstfahrt. Er wurde am 25. April 1945 in Genua von eigenen Besatzungsmitgliedern gesprengt.

Es wird ernst – Infanterieausbildung von Angehörigen der in Verlust geratenen Boote der Flottille durch Gebirgsjäger. Das Ende der »Seefahrt« zeichnet sich also deutlich ab.

Um 00.15 Uhr am 3. August können wir dennoch unangefochten den Heimmarsch mit 25 kn Fahrt antreten. Und auch während dieses Marsches erhalten wir laufend Nachrichten über gegnerische Aktionen, die sich aber nun hinter uns abspielen. Die interessantesten und eindrucksvollsten sind die von 09.20 Uhr und 09.32 Uhr, wonach zu diesen Zeiten genau an der vorherigen Rettungsstelle zwei gegnerische Kreuzer und sechs Zerstörer mit Kurs Ost, also hinter uns her, beobachtet werden!

Das Eintreffen dieser Streitmacht zur Zeit der Rettung der U-Boot-Besatzung wäre für uns eine Katastrophe gewesen.

Zwei Kreuzer und sechs Zerstörer gegen drei T-Boote – viele Hunde sind des Hasen Tod! Aber wir kommen davon, weil auch beim Gegner Aufklärungs- und Übermittlungspannen vorgelegen haben dürften. Vermutlich hat der Gegner durch Positionsunterschiede in den Aufklärermeldungen mit mehreren »Zerstörer«-Gruppen gerechnet. Wir verdanken unsere glückliche Heimkehr wohl doch einer größeren Konfusion beim Gegner.*

Wir aber machen, ohne Schaden genommen zu haben (und mit wirklich den letzten Tonnen an Treibstoff in den Booten), um 17.00 Uhr in Brest fest, geben die Geretteten an Land in bereitstehende Sanitätswagen und freuen uns, daß die gewagte Unternehmung gut verlief.

Der Einsatz war hoch, aber er hatte sich wenigstens bei einem U-Boot durch viel Glück gelohnt (U 383 ist leider ein Totalverlust geblieben).

Die besagte Ironie des Schicksals sollte fünf Monate später darin liegen, daß unser Torpedoboot fast an der gleichen Stelle in diesem doch so weiten Atlantik den beiden britischen Kreuzern gegenüberstand, die T 25 das Ende bereiteten.

So schnell wurden die Rollen im fünften Kriegsjahr vertauscht: Eben noch war man ein Retter – und wenig später der Gerettete!

Die Marschdistanz der T-Boote betrug übrigens 850 sm = 1570 km.

---

* Im Lagebericht des Führers der Zerstörer (F. d. Z.) vom 4. August 1943 heißt es wörtlich: »T 25«, »T 22« und »T 24« harkten BF-Quadrat(e) 4460–4450 nach Überlebenden »U 383« ab.
Anschließend weiter BE 6940 für »U 106«. Aus B-Dienst geht hervor, daß Feind über Lage im unklaren geblieben ist (eigene T-Boote als »Narvik-«Zerstörer gemeldet, gleichzeitige Meldung von verschiedenen Zerstörer-Gruppen mit verschiedenen Standorten).
»Z 32« und »Z 37« werden zur Unterstützung nach Quadrat BF 4950 beordert.

Dokumentation Nr. 3

Die 3. Geleitflottille – Vorgängerin der 10. Torpedobootsflottille im Mittelmeer

Bootsname	früher	Indienst-stellung	Kommandant	Verlust
SG 8	Felix Henry	1. 5. 1943	Kptlt. Bottke	28. 8. 1943
SG 11	Alice Robert	1. 5. 1943	KKpt. Eisenberger	2. 6. 1944
SG 13	Cyrnos	1. 5. 1943	Kptlt. d. Res. Prof. Dr. phil. Wasmund	13. 9. 1943
Brandenburg	Kita	1. 5. 1943	KKpt. d.Res. Brill	21. 9. 1943
Pommern	Belain d'Esnambuc	1. 5. 1943	Kptlt. d.Res. Heydemann	5. 10. 1943
SG 14	Matelot le Blanc	1. 5. 1943	Oblt. z.S. Obenhaupt	24. 8. 1943
SG 15	Rageot de la Touche	1. 5. 1943	Oblt. z.S. Obenhaupt KKpt. d.Res. Wachenhausen	26. 4. 1945
TA 9	Bombarde	5. 4. 1943	Kptlt. Reinhardt	25. 9. 1943
TA 11	Iphegenie	5. 4. 1943	Kptlt. Albrand	10. 9. 1943
Kreta	Ile de Baute	20. 9. 1943	KKpt. d.Res. Heye	21. 9. 1943
Juminda	Betta No. 5	27. 9. 1943	Kptlt. v. Stosch	22. 10. 1943
Kehrwieder	Crotone	2. 10. 1943	Oblt. z.S.d.Res. Flörken	18. 1. 1944
Delphin		1. 10. 1943		13. 1. 1944
SG 20	Generale Achille Papa	17. 10. 1943	Oblt. z.S. Iversen	11. 12. 1943
Oldenburg	Garigliano	25. 11. 1943	Oblt. z.S. Rosenbusch	24. 4. 1945
Niedersachen	Acqui Guyane	12. 12. 1943	KKpt. d.Res. Boekholt	15. 2. 1944
TA 23	Impavido (ital.)	17. 10. 1943	Kptlt. Reinhardt	
TA 24	Arturo (ital.)	7. 10. 1943	Kptlt. Dereschewitz	10. T-Fl.
TA 26	Ardito (ital.)	18. 12. 1943	Kptlt. Albrand	
TA 25	Intrepido (ital.)	16. 1. 1944	Oblt. z.S. Iversen	

Die Flottille hatte den Verlust von fünf Offizieren und 216 Mannschaften zu beklagen.

Dokumentation Nr. 4

Die Offizierstellenbesetzung der 10. Torpedobootsflottille/Mittelmeer

Flottillenchef: Korvettenkapitän v. Gartzen
Kapitänleutnant Burkart
Kapitänleutnant Kopka

Adjutant: Adjutant: Oblt. z. S. Pellegrini
Oblt. z. S. Binder
Flottillen-Ingenieur: Kptlt. (Ing.) Nuber
Oblt. (Ing.) Voß
Flottillen-Verwaltungsoffizier: Oblt. (V) Fritzsche
Flottillenarzt: Marine-Oberassistenzarzt Dr. Schadlbauer

TA 23	Kommandant	Kptlt. Reinhardt
	Leit. Ing.	Oblt. (Ing.) Heinemann
	I. Wachoffz.	Oblt. z.S. Schwarz
	II. Wachoffz.	Oblt. z.S. Streubel
TA 24	Kommandant	Kptlt. Dereschewitz
	Leit. Ing.	Oblt. (Ing.) Behrend
		Lt. (Ing.) Paetzold
	I. Wachoffz.	Oblt. z.S. Grothe
	II. Wachoffz.	Oblt. z.S. Madaia
TA 25	Kommandant	KKpt. Eisenberger
		Oblt. z.S. Iversen
	Leit. Ing.	Lt. (Ing.) Paetzold
	I. Wachoffz.	Oblt. z.S. Martini
	II. Wachoffz.	Lt. z.S. Pille
		Lt. z.S. Rohde
TA 26	Kommandant	Kptlt. Albrand
	Leit. Ing.	Lt. (Ing.) Sandersfeld
	I. Wachoffz.	Oblt. z.S. Schulz
	II. Wachoffz.	Oblt. z.S. Strehle
TA 27	Kommandant	Kptlt. Th. L. v. Trotha
	Leit. Ing.	Oblt. (Ing.) Norkus
	I. Wachoffz.	Oblt. z.S. Hofmeister
	II. Wachoffz.	Lt. z.S. Haenisch
		Oblt. z.S. Krause
TA 28	Kommandant	Kptlt. Haberkorn
		Kptlt. Wenzel
	Leit. Ing.	Oblt. (Ing.) Rähm
	I. Wachoffz.	Oblt. z.S. Graf
	II. Wachoffz.	Oblt. z.S. Krause
TA 29	Kommandant	Oblt. z.S. Schmidt-Troje
	Leit. Ing.	Oblt. (Ing.) Meerstein
	I. Wachoffz.	Lt. z.S. Binder
		Lt. z.S. Thieme
	II. Wachoffz.	Lt. z.S. Koch
TA 30	Kommandant	Kptlt. Kopka
	Leit. Ing.	Oblt. (Ing.) Voß
	I. Wachoffz.	Oblt. z.S. Kurzeja
	II. Wachoffz.	Lt. z.S. Stock

TA 31	Kommandant	Kptlt. Burkart
	Leit. Ing.	Oblt. (Ing.) Kohn
	I. Wachoffz.	Oblt. z.S. Schulz
	II. Wachoffz.	Lt. z.S. Leiritz
	I. Waching.	Lt. (Ing.) Groß
TA 32	Kommandant	Kptlt. Kopka
	Leit. Ing.	Oblt. (Ing.) Voß
	I. Wachoffz.	Oblt. z.S. Schwarz
	II. Wachoffz.	Lt. z.S. Stock
	I. Waching.	Lt. (Ing.) Luther
TA 33	Kommandant	Kptlt. Th. L. v. Trotha
	Leit. Ing.	Oblt. (Ing.) Meininghaus
	I. Wachoffz.	Oblt. z.S. Hofmeister
		Lt. z.S. Funda
	II. Wachoffz.	Lt. z.S. Haenisch
	I. Waching.	Lt. (Ing.) Diekmann

Dokumentation Nr. 5

Die Bootsklassen der 10. Torpedobootsflottille

Zu den Torpedobooten der italienischen *Orsa/Ciclone*-Klasse (16 Einheiten) gehörten die drei Boote

Impavido = *TA 23*
Intrepido = *TA 25*
Ardito = *TA 26*

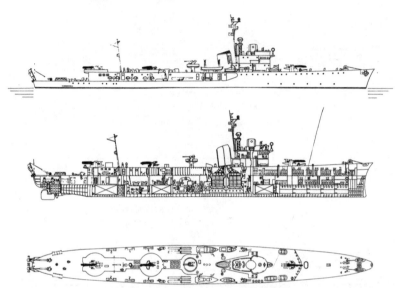

Die ts-Angaben beziehen sich auf die jeweilige Höchstverdrängung. Die Generalpläne und Längsschnitte sind dem offiziellen italienischen Admiralstabswerk entnommen. Sie zeigen Aussehen und Raumaufteilung dieser Boote vor ihrer Übernahme unter deutsche Flagge:

ts	Lg	Br	Tfg	PS	sm/h	Waffen	Besatzung
1683	89 m	9,90	3,70	16000	23	3/10 cm (ital)	170
						2/3,7 cm	
						10/2 cm	
						4 Torpedorohre in Zwillingsätzen	

Zu den Torpedobooten der italienischen *Ariete*-Klasse (17 Einheiten) gehörten folgende Boote der 10. Torpedobootsflottille:

Arturo = *TA 24*
Auriga = *TA 27*
Rigel = *TA 28*
Eridano = *TA 29*
Dragone = *TA 30*

173

Ariete-Klasse

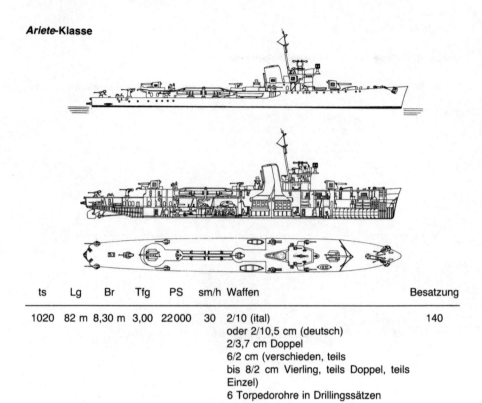

ts	Lg	Br	Tfg	PS	sm/h	Waffen	Besatzung
1020	82 m	8,30 m	3,00	22000	30	2/10 (ital) oder 2/10,5 cm (deutsch) 2/3,7 cm Doppel 6/2 cm (verschieden, teils bis 8/2 cm Vierling, teils Doppel, teils Einzel) 6 Torpedorohre in Drillingssätzen	140

Zu den Zerstörern der *Freccia*-Klasse (8 Einheiten – zwei Serien) gehörten

Dardo = TA 31

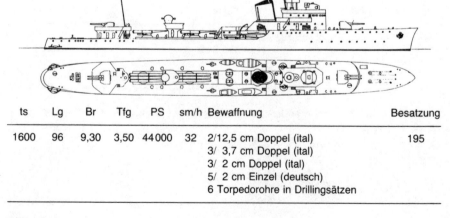

ts	Lg	Br	Tfg	PS	sm/h	Bewaffnung	Besatzung
1600	96	9,30	3,50	44000	32	2/12,5 cm Doppel (ital) 3/ 3,7 cm Doppel (ital) 3/ 2 cm Doppel (ital) 5/ 2 cm Einzel (deutsch) 6 Torpedorohre in Drillingsätzen	195

Zu den Zerstörern der **Camicia-Nera**-Klasse (19 Einheiten) gehörte das ursprünglich auf den Namen *Squadrista* getaufte Boot, das später umbenannt wurde in

Corsaro = TA 33   Auch dieses Boot war als Nachtjagdleitschiff vorgesehen.

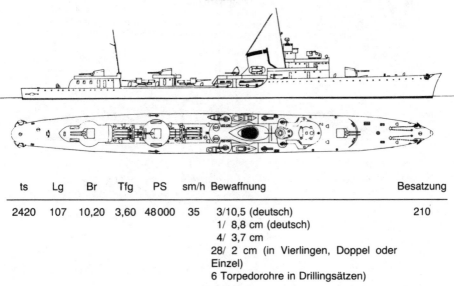

ts	Lg	Br	Tfg	PS	sm/h	Bewaffnung	Besatzung
2420	107	10,20	3,60	48000	35	3/10,5 (deutsch)	210
						1/ 8,8 cm (deutsch)	
						4/ 3,7 cm	
						28/ 2 cm (in Vierlingen, Doppel oder Einzel)	
						6 Torpedorohre in Drillingsätzen)	

Als sogenannter Flottillenführer der **Yarrow**-Klasse wurde 1929 – 1932 der große Zerstörer *Dubrovnik* in England für Jugoslawien gebaut, 1941 beim Balkanfeldzug der Italiener in Kotor erbeutet und unter dem neuen Namen *Premuda* in die Kgl. Italienische Marine eingereiht. Der Zerstörer war während des Italien-Abfalls von der »Achse Berlin – Rom« zur Reparatur in Genua. Der Umbau der *Premuda* zum Nachtjagdleitschiff dder deutschen Luftwaffe war vorgesehen und schon begonnen worden. Als die Kriegslage Nachtjagdleitschiffe mangels deutscher Flugzeuge im Mittelmeer überflüssig machte, wurde die Umrüstung zum normalen Zerstörer angeordnet. Er kam als größte Einheit zur 10. Torpedobootsflottille:

Premuda = TA 32

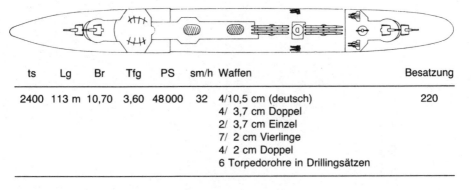

ts	Lg	Br	Tfg	PS	sm/h	Waffen	Besatzung
2400	113 m	10,70	3,60	48000	32	4/10,5 cm (deutsch)	220
						4/ 3,7 cm Doppel	
						2/ 3,7 cm Einzel	
						7/ 2 cm Vierlinge	
						4/ 2 cm Doppel	
						6 Torpedorohre in Drillingsätzen	

Zum Schluß noch ein Muster für die Bewaffnung während der Einsätze unter deutscher Flagge, aufgezeigt am Beispiel von *TA 23*.

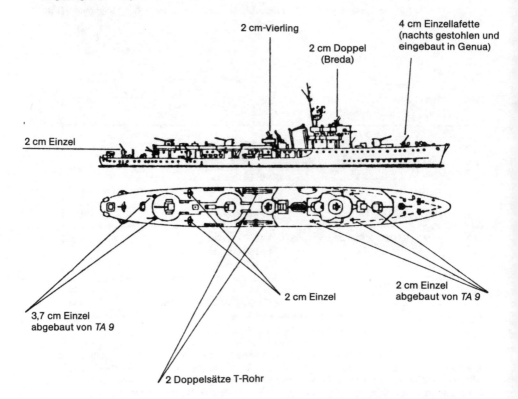

2 cm-Vierling

2 cm Doppel
(Breda)

4 cm Einzellafette
(nachts gestohlen und
eingebaut in Genua)

2 cm Einzel

3,7 cm Einzel
abgebaut von *TA 9*

2 Doppelsätze T-Rohr

2 cm Einzel

2 cm Einzel
abgebaut von *TA 9*

Dokumentation Nr. 6

Die Unternehmungen der 10. Torpedobootsflottille
Januar 1944 bis März 1945

1944

Januar

27./28.	Minenunternehmung »Eidechse«	mit *TA 23 + SG 15*
29./30.	Minenunternehmung »Angora«	*TA 23 + TA 27*

Februar

1./ 2.	Minenunternehmung »Maulwurf«	*TA23 + TA 27*
3./ 4.	Minenunternehmung »Schlange«	*TA 24 + TA 27*
6./ 7.	Minenunternehmung »Natter«	*TA 24 + TA 27*
14./15.	Stichfahrt im Mittelmeer mit S-Boots-Gefecht	*TA 23 – TA 24 – TA 26*
16./17.	Defensive Minenunternehmung »Kobra«	mit *TA 23 – TA 26 – TA 28*
18./19.	Angriff durch feindliche Überwasserstreitkräfte und durch feindliche S-Boote bei Anmarsch zu defensiver Minenunternehmung »Hecke« südlich der Tibermündung	*TA 24 – TA 27 – TA 28*
20./21.	Sicherung eines Sonderunternehmens gegen die Insel Capraia	*TA 24*
23./24.	Vorpostenstreifen im Ligurischen Meer	*TA 24 + TA 27*
25./26.	Defensive Minenunternehmung »Delphin«	*TA 24 – TA 25 – TA 27*

März

1./ 2.	Beschießung des Hafens Bastia mit Artillerie und Torpedos bei feindlicher Artillerie- und Torpedoabwehr	*TA 24 + TA 28*
7.	Aufklärungsstreifen nördlich Korsika	*TA 24 + TA 28*
16.	Probefahrt in der Spezia-Bucht mit Bombenangriff	*TA 24*
17./18.	Aufklärungsmarsch La Spezia – Korsika	*TA 28 + SG 15*
19./20.	Auslegen einer Wetterboje Nordspitze Korsika	*TA 28 + TA 29*
21./22.	Aufklärungsvorstoß im Ligurischen Meer	*TA 28 + TA 29*
22./23.	Unterstützung einer Minenunternehmung der 11. R-Flottille durch Täuschungsmanöver nördlich und westlich Insel Capraia	*TA 28 + TA 29*
25./26.	Verlegungsmarsch nach Portoferraio	*TA 28 + TA 29*
28./29.	Defensive Minenunternehmung nahe Insel Montecristo	*TA 28 + TA 29*

April

2./ 3.	Defensive Minenunternehmung »Bumerang«	*TA 23 + TA 26*
3./ 4.	Defensive Minenunternehmung »Antilope« im Gebiet Montechristo und Pianosa	*TA 27 + TA 29*
3./ 4.	Aufklärungsvorstoß in den gegnerischen Ortungsbereich Korsika als Ablenkungsmaßnahme	*TA 23 + TA 26*
4.	Aufklärungsmarsch von Elba nach La Spezia innerhalb Ortungsgebiet Korsika	*TA 27 + TA 29*
4./ 5.	Aufklärungsvorstoß Ortungsbereich Korsika zur Ablenkung	*TA 23 + TA 26*
5./ 6.	Defensive Minenunternehmung »Gatter« mit Bombenangriff	*TA 27 + TA 28*
8./ 9.	Defensive Minenunternehmung »Auster«	*TA 27 + TA 28*

10.	Aufklärungsvorstoß in den Ortungsbereich Nord-westkante Korsika	*TA 23* + *TA 26*
12./13.	Defensive Minenunternehmung »Rappen«	*TA 26* + *TA 28*
13./14.	Aufklärungsmarsch und Rückverlegung von Por-to Ferraio nach La Spezia innerhalb fdl. Ortungs-bereiches	*TA 26* + *TA 28*
15./16.	Minenunternehmung »Languste« abgebrochen	*TA 27* + *TA 28*
15./16.	Defensive Minenunternehmung »Stich«	*TA 23* + *TA 26*
18.	Defensive Minenunternehmung »Öse«	*TA 23* + *TA 26*
21./22.	Defensive Minenunternehmung »Schimmel«	*TA 23* – *TA 26* – *TA 29*
22./23.	Beschießung des Hafens Bastia mit Artillerie und Torpedos bei fdl. Artillerieabwehr	*TA 23* – *TA 26* – *TA 29*
24./25.	Offensive Minenunternehmung vor Insel Ca-praia. Schweres S-Boots- und Jabo-Gefecht. **Verlust TA 23** durch Minentreffer	*TA 23* – *TA 26* – *TA 29*
25./26.	Aufklärungsaufgabe östlich Insel Capraia	*TA 26* + *TA 29*
Mai		
11./12.	Werfen defensiver Minensperre »Languste«	*TA 24* + *TA 29*
12./13.	Aufklärungsvorstoß von Porto Ferraio zur Insel Giglio und Marsch nach La Spezia	*TA 24* + *TA 29*
20./21.	Aufklärungsmarsch	*TA 30*
24./25.	Defensive Minenunternehmung »Angel«	*TA 29* + *TA 30*
25./26.	Defensive Minenunternehmung »Haken«	*TA 29* + *TA 30*
27./28.	Defensive Minenunternehmung »Widerhaken«	*TA 29* + *TA 30*
31./1.6.	Aufklärungsvorstoß nach dem Süden, dabei Ge-fecht mit fdl. Torpedo- und Artillerie-Schnell-booten	*TA 29* + *TA 30*
Juni		
2./ 3.	Aufklärung und S-Boot-Jagd	*TA 25* + *TA 30*
3./ 4.	Defensive Minenunternehmung »Gemse«	*TA 27* + *TA 30*
4./ 5.	Aufklärungsmarsch Portoferraio – La Spezia	*TA 27* + *TA 30*
8./ 9.	Defensive Minenunternehmung »Tor«. **Unter-gang von TA 27** nach zwei Jabo-Angriffen im Hafen Porto Ferraio	*TA 27* + *TA 30*
9./10.	Minenunternehmung »Brosche«	*TA 25*
9./10.	Aufklärungsmarsch Elba – La Spezia	*TA 30*
11./12.	Aufklärung im Ligurischen Meer	*TA 24* + *TA 30*
10./11.	Rückführung Wurfverband Livorno – La Spezia	*TA 25*
12./13.	Aufklärungsmarsch im Ligurischen Meer	*TA 24* – *TA 26* – *TA 30*
13./14.	Defensive Minenunternehmung »Weide«	*TA 24* + *TA 30*
14./15.	Defensive Minenunternehmung »Nadel«. **Ame-rikanische Schnellboote versenken TA 26 und TA 30** durch Torpedotreffer.	*TA 26* + *TA 30*
17./18.	Defensive Minenunternehmung »Stein«. Ge-fecht mit fdl. S-Booten	*TA 24* + *TA 29*
20./21.	Defensive Minenunternehmung »Messer«. **TA 25 durch Torpedotreffer** fdl. S-Boote **ge-sunken**.	*TA 25* + *TA 29*
26./27.	Aufklärung im Ligurischen Meer	*TA 24* + *TA 29*
27./28.	Geleit U 230 und Aufklärung im Ligurischen Meer	*TA 24* + *TA 29*
28./29.	Aufklärung im Ligurischen Meer und S-Boots-Gefecht	*TA 24* + *TA 29*

178

Juli
6./ 7.	Minenunternehmung »Imme«	*TA 29*
8./ 9.	Aufklärungsmarsch im Ligurischen Meer	*TA 29*
9./10.	Geleitzugsicherung im Ligurischen Meer	*TA 24 + TA 29*
11./12.	Aufklärungsmarsch »Kautabak«	*TA 24 + TA 29*
12./13.	Defensive Minenunternehmung »Werra«	*TA 24 + TA 28*
14./15.	Aufklärungsmarsch im Ligurischen Meer	*TA 24 + TA 28*
15./16.	Defensive Minenunternehmung »Lahn«, dabei Gefecht mit fdl. S-Booten	*TA 24 – TA 28 – TA 29*
16./17.	Minenunternehmung »Brummer«	*TA 24 – TA 28 – TA 29*
19./20.	Aufklärungsmarsch und Gefecht mit fdl. S-Booten	*TA 28 + TA 29*
20./21.	Defensive Minenunternehmung »Bremse«	*TA 28 + TA 29*
23./24.	Aufklärungsmarsch im Ligurischen Meer	*TA 24 – TA 28 – TA 29*
24./25.	Aufklärungsmarsch im Ligurischen Meer	*TA 24 – TA 28 – TA 29*
25./26.	Beschießung der Küste zwischen Marina di Pisa und der Arnomündung (Landfront). Gefecht mit fdl. S-Booten	*TA 24 – TA 28 – TA 29*
26./27.	Beschießung der westital. Küste zwischen Marina di Pisa und Arno	*TA 24 – TA 28 – TA 29*

August
12./13.	Aufklärungsmarsch im Ligurischen Meer	*TA 24 + TA 29*
24./25.	Aufklärungsmarsch im Ligurischen Meer	*TA 24 – TA 31 – TA 32*
25./26.	Aufklärungsvorstoß in den Golf von Genua und Gefecht mit fdl. S-Booten	*TA 24 + TA 29*
26./27.	Aufklärungsmarsch	*TA 31 + TA 32*
29./30.	Aufklärungsmarsch	*TA 24 – TA 29 – TA 32*
30./31.	Beschießung der westitalienischen Küste im Gebiet der Arnomündung	*TA 24 – TA 29 – TA 32*

September
1.	Verlegungsmarsch La Spezia – Genua	*TA 24 – TA 29 – TA 31* und *TA 32*
4.	**Verlust TA 28 und TA 33 durch Bombenteppiche auf den Hafen von Genua**	

Oktober
1./ 2.	Aufklärungsmarsch im westlichen Golf von Genua. Gefecht mit fdl. Zerstörern	*TA 24 – TA 29 – TA 32*
2./ 3.	Defensive Minenunternehmung »Lotte«	*TA 29 + TA 32*
3.	Verlegung von Genua nach La Spezia. Abwehr mehrerer Bombenangriffe	*TA 24*
17./18.	Aufklärung im Ligurischen Meer	*TA 24 – TA 29 – TA 32*
19./20.	Aufklärung zwischen italienischer Küste und Korsika	*TA 29 + TA 32*
25./26.	Defensive Minenunternehmung »Geier« an der ital./frz. Grenze	*TA 24 – TA 29 – TA 32*

November
2.	Aufklärung im Golf von Genua	*TA 24 – TA 29 – TA 32*
5./ 6.	Aufklärungsmarsch zwischen Korsika und französischer Küste	*TA 24 + TA 29*
10./11.	Defensive Minenunternehmung »Falke«	*TA 24 – TA 29 – TA 32*

179

1945

Januar

1./ 2.	Aufklärung im Ligurischen Meer	*TA 24 – TA 29 – TA 32*
4./ 5.	Aufklärung im Ligurischen Meer	*TA 24 – TA 29 – TA 32*
9./10.	Aufklärung im Ligurischen Meer	*TA 24 – TA 29 – TA 32*
17./18.	Offensive Minenunternehmung westlich Livorno	*TA 24 – TA 29 – TA 32*
22./23.	Aufklärung im Golf von Genua bis Nordspitze Korsika	*TA 24 – TA 29 – TA 32*
31./1. 2.	Aufklärungsvorstoß im Ligurischen Meer	*TA 24 – TA 29 – TA 32*

Februar

8./ 9.	Offensive Minenunternehmung westlich der Insel Gorgona	*TA 24 + TA 29*
15./16.	Offensive Minenunternehmung im Ligurischen Meer	*TA 24 + TA 29*

März

17./18.	Offensive Minenunternehmungen zwischen der Insel Gorgona und der Nordspitze von Korsika. Gefecht mit zwei britischen Zerstörern. **Verlust von TA 29 und TA 24**	*TA 24 – TA 29 – TA 32*

April

25.	Kurz vor der deutschen Kapitulation werden **TA 31** und **TA 32** durch einige Besatzungsmitglieder **gesprengt**. Alliierte Streitkräfte besetzen Genua.

Dokumentation Nr. 7

Zum Gedenken der T-Boote in der Ägäis und an der Adria-Küste

Neben der 10. T-Fl. mit ihren italienischen Booten quälten sich auch noch die Besatzungen einer anderen deutschen TA-Boot-Flottille im Südraum, nämlich die der 9. T-Fl. in der Ägäis. Auch sie wurde mit italienischen Booten aufgestellt, und auch sie verlor innerhalb eines Jahres ihre sämtlichen Einheiten. Ihr hartes Los, das zeitweise sogar noch schlimmer war als das der 10. T-Fl., verdient aus Kameradschaft eine hohe Würdigung.
Die 9. T-Fl. wurde am 4. Oktober 1943 unter dem Kommando von Fregattenkapitän Riede in Athen/Piräus aufgestellt.
Sie übernahm sechs ehemalige Zerstörer und Torpedoboote der italienischen Marine, die – wie übereinstimmend von allen Kommandanten berichtet wird – in einem unbeschreiblich trostlosen, ausgeplünderten und völlig verdreckten Zustand waren. Wochen vergingen, bis die Fahrbereitschaft der Boote hergestellt war. Es handelte sich um folgende Einheiten:

TA 14 ex *Turbine*	1030 ts	4 – 12	cm	27 kn
TA 15 ex *Francesco Crispi*	1400 ts	4 – 12	cm	28 kn
TA 16 ex *Castelfidardo*	1200 ts	4 – 10,2	cm	24 kn
TA 17 ex *San Martino*	920 ts	3 – 10,2	cm	24 kn
TA 18 ex *Solferino*	1150 ts	4 – 10,2	cm	25 kn
TA 19 ex *Calatafimi*	825 ts	2 – 10,2	cm	24 kn

Diese Besatzungen wurden aus Deutschland bereitgestellt, als Kommandanten waren eingesetzt:
Die Kapitänleutnante Dehnert, Vorsteher, Quaet-Faslem, Düvelius und Densch sowie die Oberleutnante zur See Schmidt (Günther), Hahndorff und Winkelmann.
Mitte Februar 1944 übernahm Fregattenkapitän Dominik die Führung der Flottille.
Grundsätzlich waren die Aufgaben der 9. und 10. T-Fl. etwa die gleichen: Sicherung des Nachschubs.
Bei Durchsicht der noch zur Verfügung stehenden Tagebücher der Flottille und der Boote zeigt sich, daß die Existenzschwierigkeiten von Einheiten der 9. T-Fl. in der Ägäis zeitweise noch größer gewesen sind als die in Italien. Hauptursache dafür war wohl der noch längere und auch anfälligere Nachschubweg aus der Heimat bis zur Ägäis. Außerdem waren die Boote so gut wie »leer«, als sie übernommen wurden. Die Primitivität der maschinellen, waffentechnischen und nautischen Einrichtungen war freilich nicht anders als bei der 10. T-Fl. Auch in der Ägäis mußten sich die Besatzungen an immer neue Ausfälle von Booten und Techniken vor und während der Unternehmungen gewöhnen.
Auch sie hatten ständige Ruderversager, fuhren ohne fortschrittliche nautische Hilfsmittel und in ständiger Sorge, daß irgendein Teil des Bootes »nicht mehr mitmachte«. Proviant-, Bekleidungs- und sonstiger Nachschub waren zudem anhaltende Probleme. Aus Mangel an Ersatzteilen mußten noch nicht kriegs- und einsatzbereite Boote auch dort sechs Unternehmungen mit einer Fahrstrecke von 3200 sm machen.
Die Durchführung der Sicherungsaufgaben für die Fracht- und Nachschubschiffe unterschied sich darin, daß die Geleitwege in Italien an der Küste entlang führten, während sie die 9. T-Fl. über freie Seeräume zu den Inseln Leros, Lemnos, Rhodos oder nach Kreta bewegen mußte. Ein einzelnes Boot der Flottille mußte in mehreren Fällen Geleitzüge sichern, die aus veralteten, völlig verbrauchten Schiffen bestanden, die ihre Maschinen noch nicht einmal zu einer Geschwindigkeit von 7 kn bringen konnten. Wie sollte das Torpedoboot solche schwerfälligen Geleite bei irgendwelchen Angriffen, ob aus der Luft oder durch U-Boote, überhaupt noch sichern?
Ergreifend sind die Schwierigkeiten, die am 1. Juni 1944 gelegentlich der Sicherung eines Großgeleites von Piräus nach Kreta bei unaufhörlichen schweren Luftangriffen und bei einer Geschwindigkeit der Nachschubschiffe von nur 6,5 kn entstanden und zum Verlust von *TA 16* führten.

181

Möge das Tagebuch des Kommandanten dieses Bootes (Oblt. z. S. Schmidt) ein Beispiel sein für die vielen anderen Kämpfe und tapferen Einsätze dieser Flottille:

31. 5. 1944 17.27 Uhr	Ausgelaufen zum Marsch nach Kreta. Verband besteht aus *TA 19, TA 16, TA 14, TA 17*, Räumboote *34, 211*, U-Jäger *2101* mit U-Jagd-Booten *2105, 2110*. Dazu Dampfer *Gertrud, Tanais, Sabine*. Führung Chef 9. T-Fl. auf *TA 19*.
1. 6. 1944 00.12	Drei Leuchtbomben an Stb.-Seite des Geleites. Flugzeug gesichtet und unter Feuer genommen.
00.49	Weitere Leuchtbomben an Stb.
04.19	Vier deutsche Ju 88 treffen als Luftsicherung ein.
10.15	Dampfer *Tanais* sichtet ein Sehrohr. Verband dreht vier Dez nach Backbord. Ich fahre mit *TA 16* lange Zickzack-Kurse hinter dem Geleit.
11.15	Erhöhte Flak-Bereitschaft! Vom Führerboot: Eigene Jäger sind gestartet, mit Gegnerangriffen rechnen!
12.10	Fliegeralarm! Achteraus Feindmaschine gesichtet.
14.30	Feindmaschine an Steuerbord.
15.31	Feindliche Fühlungshalter steht lfd. am Geleit.
17.40	Vom Führerboot: 35 Feindflugzeuge im Anflug! Beide Kriegswachen auf Stationen!
17.50	Fliegeralarm! Drei Wellen Feindflugzeuge »Maraudeer« in etwa 4000 m Höhe kreuzen Geleit von SW nach NO. Kein Angriff.
18.04	Feindverbände erscheinen in NW aus der Sonnenseite und werfen nach Schießen eines grünen Sternes mehrere Bombenteppiche. Flakfeuer aus allen Waffen. Entfernung für unsere 2 cm leider zu hoch. Unsere 4 cm liegt sehr gut. Durch unser Zonenschießen mit den 10,2-cm-Geschützen geht auf der Brücke eine Scheibe zu Bruch, die Stb.-Peilscheibe geht außenbords, und die gesamte Stromversorgung für Brücke, UK, FT fallen für einige Zeit aus. Die Dampfer und die Stb.-Sicherung verschwinden hinter den Wassersäulen der detonierenden Bomben. Aber wir beobachten keine Treffer.
18.10	Tiefflieger von Bb. aus SW. Etwa 21 Maschinen vom Typ Beaufighter stürmen in breiter Front auf uns zu. Wir gehen auf »Große Fahrt«, hart Steuerbord, um alle Waffen mit Breitseite zum Einsatz bringen zu können. Eine Maschine fängt Feuer und stürzt Bb. achteraus ab.
18.13	Schwere Erschütterung im Boot. Wassersäule bis auf die Brücke, mehrere Treffer, Raketenbombeneinschläge in Brückenhöhe unter Wasserlinie, laufender Bordwaffenbeschuß durch Feindmaschinen. Eine Bombe detoniert dicht an unserer Bb.-Seite in Höhe des Kessels 4, eine zweite an Stb. Zwei weitere Abschüsse beobachtet. Es qualmt aus allen Sprachrohren auf der Brücke. Meldung: Kessel 4 brennt!
18.16	Eine weitere Maschine fliegt zum Greifen nahe an der Brücke vorbei (wir erkennen deutlich die verzerrten Gesichter der Piloten), zerreißt mit der Tragfläche unsere sämtlichen Antennen und stürzt neben uns ab.
18.17	Befehl zum Flo.-Chef, zu Dampfer *Sabine* zu gehen und zu löschen. Ich melde: Kann nicht helfen, muß mich selber über Wasser halten.
18.21	Maschine meldet: Klar für 10 kn Fahrt.
18.25	Dampfer *Sabine* brennt achtern, die Bereitschaftsmunition detoniert laufend.
18.36	Unser Boot sackt vorn immer tiefer. Erbitte sofortige Entlassung aus dem Verband.

| 18.42 | *TA 14* kommt zur Ablösung. Ich erhalte Lagebericht: zwei Soldaten gefallen, einer vermißt, drei Schwer-, sieben Leichtverletzte. |

18.42 — *TA 14* kommt zur Ablösung. Ich erhalte Lagebericht: zwei Soldaten gefallen, einer vermißt, drei Schwer-, sieben Leichtverletzte.

Gesamtes Vorschiff von Kessel 4 bis zum Oberdeck unter Wasser. Boot liegt bis zu einen Meter unter der Ankerklüse unter Wasser und wird durch Gegenfluten der achteren Munitionskammer und Bunkern vor dem völligen Absacken über den Vorsteven bewahrt.

Außer mehreren Treffern im Vorschiff einen Raketentreffer in Höhe Turbine 2, der steckenblieb. Einen weiteren Raketentreffer in Abtlg. 3, Einschuß in die Kammer des II. WO. Deck über OF-Messe durch eine Rakete aufgerissen... die gesamte Bb.-Bordwand durch Bordwaffenbeschuß der Feindmaschinen und durch Bombensplitter durchlöchert.

Überall läuft Heizöl und Speisewasser für die Maschinen aus.

Jetzt fährt die Maschine mit Seewasser.

Lecks werden soweit wie möglich gedichtet.

18.58 — Da es noch nicht sicher ist, daß wir den Hafen erreichen, wird der Kutter ausgeschwungen, die Verwundeten werden daneben gelegt und sämtliche Geheim-Sachen zum Vernichten klargestellt. Ein R-Boot ist zur Begleitung abgeteilt, um im äußersten Fall Hilfe zu leisten.

19.50 — L.I. meldet, daß sämtliche Feuer gelöscht sind, jedoch noch Dampfgefahr besteht.

20.22 — Vor Iraklion eingetroffen. Morsespruch vom Hafenkommandanten: »*Boot bei Südmole aufsetzen!*

Da sich unser Boot in der letzten Stunde gut gehalten hat und nicht weiter gesackt ist, entschließe ich mich, an die Pier zu gehen, um die Verwundeten auszuschiffen und um bei den noch zu erwartenden Fliegerangriffen Deckungsmöglichkeiten für die Besatzung zu haben.

20.38 — Mole Iraklion passiert. Da Boot vorn sehr tief liegt, ist die Manövrierfähigkeit sehr eingeschränkt. Nur mit härtesten Maschinenmitteln ist es möglich, an die Pier zu kommen.

21.10 — Es kommt Fliegeralarm. Bombenteppiche.

2. 6. 1944 — Die Lecks sind gedichtet, und ich hoffe, daß wir in einer Stunde mit Lenzen beginnen können und gegen Mitternacht das Boot oben haben. Da schlägt gegen 19.00 Uhr eine riesige Stichflamme mittschiffs auf Dampfer *Gertrud* hoch, der eine ungeheure Explosion des Vorschiffs folgt. Es waren etwa 600 t Munition geladen. Um uns herum ein riesiges Feuermeer. Wir werden zur Seite geschleudert. Eine Flutwelle, die über die Pier geht, hebt unser Boot hoch. Es hagelt glühende Eisenstücke, und ich kann mich – an der linken Seite verwundet – nur mit Kameradenhilfe fortschleppen.

Die Nebelanlage unseres Bootes wird getroffen und hüllt alles ein. Ein Feuer auf dem Torpedorohrsatz wird durch das mutige Eingreifen einiger Soldaten gelöscht. Die Pier muß geräumt werden, da noch weitere Explosionen zu erwarten sind. Irgendwelche Arbeiten am Boot sind im Augenblick nicht mehr möglich.

Mit mir werden noch weitere 80 Soldaten ins Lazarett transportiert. Ich übergebe das Kommando an den I. WO. Um 20.15 Uhr legt sich *TA 16* auf die Seite und sinkt.

Der Druck des Gegners zu Wasser und aus der Luft wurde immer stärker, die Geleitaufgaben, Truppentransporte, Aufklärungsmärsche wurden immer schwerer, und die Bootsverluste kommen immer schneller.

Und so sieht die Verlustliste der Boote aus:

am 8. 3. 1944 wurde *TA 15* durch Raketenbombentreffer vor Iraklion/Kreta versenkt.

am 2. 6. 1944 sank *TA 16* nach zahlreichen Lufttreffern und nach einer Explosion in Iraklion.

am 9. 8. 1944 sank *TA 19* vor Karlovassi durch zwei U-Boot-Torpedos,

am 15. 9. 1944 wurde *TA 14* durch Fliegerbomben versenkt.

am 18. 9. 1944 wurde *TA 17* in Skaramanga außer Dienst gestellt,

nachdem das Boot am 18. Juni auf Leros durch Sabotage mittels unter Wasser angebrachter Sprengkörper schwer beschädigt war.

Am 24. September 1944, als die Flottille nur noch über das nicht einsatzbereite Boot *TA 18* verfügte und die Aufgaben immer zwingender wurden, liefen drei Torpedoboote, die bis dahin zur »Geleitflottille Adria« gehört hatten, nach wagemutigem, geglücktem Durchbruch durch die Straße von Otranto, aus dem Hafen Pola kommend, nach Piräus ein. Es waren die Boote

TA 39 ex ital. *Daga* Kptlt. Lange
TA 38 ex ital. *Spada* Lt. z. S. Scheller
TA 37 ex ital. *Gladio* Oblt. z. S. Goldammer

Die drückende Überlegenheit des Gegners und die ganze Härte auf diesem Kriegsschauplatz zeigte sich darin, daß diese drei Torpedoboote nicht einmal einen Monat überstanden!

TA 39 lief am 16. Oktober auf eine treibende Mine, wurde schwer beschädigt und mußte gesprengt werden,

TA 38 mußte am 13. Oktober nach schwerem Jagdbomberangriff vor dem Hafen Volos gesprengt werden, und

TA 37 sank am 7. 10. 1944 im Gefecht mit zwei britischen Zerstörern vor Kassandra.

Bereits am 19. Oktober werden die überlebenden Adria-Kommandanten wieder zurück an ihren letzten Kriegsschauplatz in Marsch gesetzt, um neue Boote einsatzbereit zu machen.

Als dann von dem Boot *TA 18* ex *Solferino*, das inzwischen beschränkt einsatzbereit gemacht worden und zu einer Bergungsaufgabe ausgelaufen war, keine Nachricht mehr kam und das Boot aufgegeben werden mußte, hatte die 9. T-Fl. mit diesem Verlust ihre Existenz verloren.

Die Reste der Besatzungen wurden in einem »Marine-Sicherungs-Bataillon 611« zusammengefaßt.

Die 9. TFl. führte

70 Geleitaufgaben sowie
18 Truppentransporte,
 5 Minenunternehmen,
37 Aufklärungsmärsche und
 2 Küstenbeschießungen durch.

Die Boote hatten 39 Gefechtshandlungen.

Die Flottille baute sechs Boote auf, erhielt drei Boote hinzu und verlor alle Einheiten innerhalb eines Jahres.

Auch hier in Griechenland fand ein Stück namenloses Soldatentums sein Ende.

Aus Einheiten der 1. Geleitflottille wurde im Februar 1945 eine neue 9. T-Fl. aufgestellt.

Auch hier handelte es sich um ehemalige italienische Boote, vornehmlich der *Ariete*-Klasse.

Flottillenchef war Fregattenkapitän Birnbaum.

Einsatzgebiet die nördliche Adria mit dem Stützpunkt Triest. Zur Flottille gehörten:

TA 40 ex *Pugnale* Kptlt. Goldammer
TA 41 ex *Lancia* Kptlt. Holzherr
TA 42 ex *Alabarda* Kptlt. Densch
TA 45 ex *Spica* Kptlt. Wenzel
TA 43 ex *Sebenico* Kptlt. Wenzel
TA 44 ex *Antonio-Pigafetta* Kptlt. Vollheim

Auch diese Boote gingen sämtlich in Verlust.

184

Dokumentation Nr. 8

Während des Zweiten Weltkrieges standen insgesamt 48 Zerstörer und 79 Torpedoboote der deutschen Kriegsmarine an allen Fronten im Einsatz.
Nur 15 Zerstörer und 11 Torpedoboote überstanden den Krieg. Im Mittelmeer überlebte kein einziges Boot das Kriegsende.
Der Führer der Zerstörer und der Torpedoboote, Vizeadmiral Kreisch, verabschiedete seine ihm unterstellten Soldaten am 10. Mai 1945 durch folgenden Befehl:

»*Nach Durchführung der letzten Euch gestellten Aufgaben danke ich Euch, meine lieben Kameraden, für Eure in sechs Kriegsjahren stets bewiesene Einsatzbereitschaft, Treue und Kameradschaft. Auf vielen ruhm- und siegreichen Fahrten wehte unsere stolze Kriegsflagge. Unter ihr fielen auf unseren Booten 5000 unserer Kameraden.*
Es lebe der Verband der Zerstörer und Torpedoboote.«

Nachdem neben vielen Handels- und Passagierschiffen auch 14 deutsche Zerstörer und Torpedoboote ihre letzten großen Einsätze in der Heimat, der Ostsee, zur Rettung von Zehntausenden von Flüchtlingen und Soldaten von Hela aus nach dem Westen gefahren hatten, trat am 9. Mai 1945 die bedingungslose Kapitulation in Kraft.
Doch sogar noch an diesem Tag liefen 8 deutsche Boote zur allerletzten Rettungsaktion aus.
Zerstörer und Torpedoboote haben sich wieder einmal als die Marineeinheiten erwiesen, die für alle Aufgaben geeignet waren.

Dokumentation Nr. 9

Sämtliche im Mittelmeer erbeuteten und von der deutschen Kriegsmarine wieder eingesetzten Torpedoboote und Zerstörer

Deutsches Bootszeichen	Früherer Name und Herkunftsland	Deutsches Kommando	Einsatzhafen bzw. Gebiet	Letzter deutscher Kommandant
TA 9	frz. *Bombarde*	4./3. GelFl.	westl. Mittelmeer	Kptlt. Reinhardt
TA 10	frz. *La Pomone*	4./3. GelFl.	westl. Mittelmeer später in Griechenland	KKpt. Loerke
TA 11	frz. *L'Iphigenie*	4./3. GelFl.	westl. Mittelmeer	Kptlt. Albrand
TA 12	frz. *Baliste*	4./3. GelFl.	westl. Mittelmeer und Adria	
TA 13	frz. *La Poursuivante*	4./3. GelFl.		
TA 14	ital. Zerst. *Turbine*	9. TFl.	Piräus Griechenland	Kptlt. Densch
TA 15	ital. Zerst. *Francesco Chrispi*	9. TFl.	Piräus Griechenland	Kptlt. Vorsteher
TA 16	ital. *Castelfidardo*	9. TFl.	Piräus Griechenland	Oblt. z. S. Schmidt, Gü.
TA 17	ital. *San Martino*	9. TFl.	Piräus Griechenland	Kptlt. Düvelius
TA 18	ital. *Solferino*	9. TFl.	Piräus Griechenland	Kptlt. Schmidt, Gü.
TA 19	ital. *Calatafimi*	9. TFl.	Piräus Griechenland	Kptlt. Hahndorff
TA 20	ital. *Audace*	2. GelFl.	Triest/Adria	Oblt. z.S. Guhrke
TA 21	ital. *Insidioso*	2. GelFl.	Triest/Adria	Oblt. z.S. Laube
TA 22	ital. *Guiseppe Missori*	2. GelFl.	Triest/Adria	Kptlt. Dr. Hoffmann, Hans
TA 23	ital. *Impavido*	10. TFl. 13. SiFl.	westl. Mittelmeer La Spezia, Genua	Kptlt. Reinhardt
TA 24	ital. *Arturo*	10. TFl.	westl. Mittelmeer La Spezia, Genua	Kptlt. Dereschewitz
TA 25	ital. *Intrepido*	10. TFl. 13. SiFl.	westl. Mittelmeer La Spezia, Genua	Oblt. z.S. Iversen
TA 26	ital. *Ardito*	10. TFl. 13. SiFl.	westl. Mittelmeer La Spezia, Genua	Kptlt. Albrand
TA 27	ital. *Auriga*	10. TFl.	La Spezia, Genua westl. Mittelmeer	Kptlt. v. Trotha, Th. L.
TA 28	ital. *Rigel*	10. TFl.	La Spezia-Genua westl. Mittelmeer	Kptlt. Haberkorn, Wenzel
TA 29	ital. *Eridano*	10. TFl.	La Spezia, Genua westl. Mittelmeer	Kptlt. Schmidt-Troje

Verbleib

im September 1943 in Toulon außer Dienst gestellt. Am 23. August 1944 durch Flugzeuge versenkt.
nach Gefecht mit britischen Zerstörern im September 1943 vor Rhodos von eigener Besatzung versenkt.

am 10. September 1943 bei Piombino im Gefecht mit italienischen Panzern gesunken.

am 22. August 1943 in der Ägäis im Gefecht mit britischem Zerstörer *Eclipse* versenkt.

nicht mehr in Dienst gestellt. Am 25. August 1944 in Toulon versenkt.

am 15. September 1944 durch Fliegerbombe bei Salamis versenkt.

am 8. März 1944 durch Raketentreffer vor Kreta versenkt.

am 2. Juni 1944 durch zahlreiche Bombentreffer und Explosion vor Kreta gesunken.

am 18. September 1944 durch Sabotageakt schwer beschädigt und außer Dienst gestellt.

am 19. Oktober 1944 durch britische Zerstörer *Termagant* und *Tuscan* schwer beschädigt und an der Küste aufgesetzt.
am 9. August 1944 durch zwei U-Boot-Torpedos versenkt.

am 1. November 1944 durch britische Zerstörer *Avon Vale* und *Wheatland* versenkt.

am 9. August 1944 im Gefecht schwer beschädigt und im März 1945 in Fiume durch Bombe gesunken.
im Juli 1944 durch Luftangriff schwer beschädigt. Nicht mehr fahrbereit.
am 1. Mai 1945 selbst versenkt.
am 25. April 1944 nach Minentreffer durch eigene Einheit versenkt.

am 18. März 1945 durch britischen Zerstörer *Meteor* versenkt.

am 21. Juni 1944 durch britische Schnellboottorpedos schwer beschädigt und durch eigene Einheit versenkt.
am 15. Juni 1944 durch Torpedos britischer Schnellboote versenkt.

am 9. Juni 1944 nach Bombentreffern in Porto Ferraio gekentert.

am 4. September 1944 nach schwerem Bombenangriff in Genua gekentert.

am 18. März 1945 durch britischen Zerstörer *Lookout* versenkt.

187

Deutsches Boots-zeichen	Früherer Name und Herkunftsland	Deutsches Kommando	Einsatzhafen bzw. Gebiet	Letzter deutscher Kommandant
TA 30	ital. *Dragone*	10. TFl.	La Spezia, Genua westl. Mittelmeer	Kptlt. Kopka
TA 31	ital. Zerst. *Dardo*	10. TFl.	La Spezia, Genua westl. Mittelmeer	Kptlt. Burkart
TA 32	ital. Zerst. *Premuda*	10. TFl.	La Spezia, Genua westl. Mittelmeer	Kptlt. Kopka
TA 33	ital. Zerst. *Corsaro*	10. TFl.	La Spezia, Genua westl. Mittelmeer	Kptlt. v. Trotha, Th. L.
TA 34	ital. Zerst. *Carrista*			
TA 35	ital. *Giuseppe Dezza*	2. GelFl.	Triest/Adria	Lt. z.S. Dierks
TA 36	ital. *Stella Polare*	2. GelFl.	Triest/Adria	KKpt. d. Res. Hauptmann
TA 37	ital. *Gladio*	1. GelFl., dann	Triest/Piräus	Oblt. z.S. Goldammer
TA 38	ital. *Spada*	GelFl. Adria, dann	Triest/Piräus	Lt. z.S. d. Res. Scheller
TA 39	ital. *Daga*	9. TFl.	Triest/Piräus	Kptlt. Lange, Werner
TA 40	ital. *Pugnale*	1. GelFl., später 9. TFl.	Triest	Kptlt. Goldammer
TA 41	ital. *Lancia*	1. GelFl., später 9. TFl.	Triest	Kptlt. Holzherr
TA 42	ital. *Alabarda*	1. GelFl., später 9. TFl.	Triest	Kptlt. Densch
TA 43	ital. Zerst. *Sebenico*	1. GelFl., später 9. TFl.	Triest	Kptlt. Lange, Werner
TA 44	ital. Zerst. *Antonio Pigafetta*	1. GelFl., später 9. TFl.	Triest	Kptlt. d. Res. Vollheim
TA 45	ital. *Spica*	1. GelFl., später 9. TFl.	Triest	Kptlt. Glißmann Kptlt. Wenzel
TA 46	ital. *Fionda*	1. GelFl., später 9. TFl.	Triest	Oblt. z.S. d. Res. Scheller
TA 47	ital. *Balestra*			
TA 48	jugosl. U-Jäger 78 F	11. SiDiv.	Triest	
TA 49	ital. *Lira*			

Verbleib

am 15. Juni 1944 durch Torpedos britischer Schnellboote versenkt.

am 20. Oktober 1944 wegen ständiger technischer Schäden außer Dienst gestellt, später durch Luftangriff beschädigt und am 25. April 1945 durch eigene Kräfte versenkt.
am 25. April 1945 in Genua durch eigene Besatzung versenkt.

vor der Indienststellung am 4. September 1944 durch Bombenangriff auf Genua und mehrere Treffer gekentert.

Schwesterschiff von *Corsaro*. In Livorno nicht mehr vom Stapel gelaufen.

am 17. August 1944 durch Torpedotreffer versenkt, wieder gehoben, repariert, aber nicht mehr fahrbereit. Am 1. Mai 1945 durch eigene Besatzung versenkt.
am 18. März 1944 auf Mine gelaufen und gesunken.

am 7. Oktober 1944 im Gefecht mit britischen Zerstörern *Termagant* und *Tuscan* im Golf von Saloniki gesunken.
am 13. Oktober 1944 nach Jaboangriff im Hafen von Volos schwer beschädigt und selbst versenkt.
am 16. Oktober 1944 auf Mine gelaufen und selbst versenkt.

durch Luftangriffe am 20. Februar 1945 schwer beschädigt. Am 4. Mai 1945 selbst versenkt.

am 17. Februar 1945 durch Fliegerbombe schwer beschädigt. Am 1. Mai 1945 im Hafen von Triest gesprengt.
Im Hafen von Venedig am 21. März 1945 durch Bombentreffer gesunken.

nicht mehr im Einsatz. Am 3. Mai 1945 selbst gesprengt.

war schon im April 1943 unter italienischer Flagge schwer beschädigt, kam später nicht mehr zum Einsatz und wurde bei Luftangriff auf Triest am 17. Februar 1945 versenkt.
wurde am 13. April 1945 vor der dalmatinischen Küste durch Schnellboote versenkt.

am 20. Februar 1945 in Fiume durch Bombentreffer schwer beschädigt und am 3. Mai 1945 gesprengt.
vor der Indienststellung am 20. Februar 1945 in Fiume durch Bombentreffer schwer beschädigt und am 3. Mai 1945 gesprengt.
ehemals österreich-ungarisches, dann jugoslawisches Boot mit kroatischer Besatzung. Im Februar 1945 durch Bombe versenkt.
wurde von seiner ital. Besatzung im September 1943 nicht nachhaltig genug versenkt, sollte von der deutschen Kriegsmarine repariert werden – Schäden waren aber zu groß.

Bei den fünf französischen Booten (*TA 9* bis *TA 13*) handelte es sich um Geleittorpedoboote (Escorteurs) der *Melpomene*-Klasse mit 610 ts.

Die italienischen Torpedoboote *TA 24, TA 27* bis *TA 30, TA 36* bis *TA 42* und *TA 45 bis TA 47* – also 15 Einheiten – gehörten zur *Ariete*-Klasse, mit deren Bau erst im Krieg begonnen worden ist. Sie hatten 790 ts.

Die übrigen Torpedoboote verteilten sich auf verschiedene Klassen:
Solferino: TA 17 und *TA 18*
Turbine: TA 14
Sella: TA 15
Sirtori: TA 20 – *TA 21* – *TA 22* und *TA 35*
Castelfidardo: TA 16 und *TA 19*
Spica: TA 49
Orsa: TA 23 – *TA 25* und *TA 26* (auch *Ciclone*-Klasse genannt nach dem Namen des ersten Bootes).

Im Verlauf der Kriegsmonate sind in Italien also verschiedene Neubauten zum Einsatz gekommen, aber neben diesen fuhren dafür auch einige »Uralt-Typen«. So zum Beispiel das italienische Torpedoboot *Generale Achille Papa*, das als *SG 20* (Schnelles Geleitboot) in der 3. Geleit-Flottille eingesetzt war. Ein Boot aus dem Baujahr 1921!

Der damalige Kommandant dieses Kriegsschiffes, der Oberleutnant z. S. Fritz Iversen, hat darüber zu berichten:

Dieses alte Boot mit drei Schornsteinen und einem Rammsteven wurde zum Minentransport mit Laufschienen an Deck versehen. Beim ersten Einsatz zeigte sich, daß das Boot die Decksbelastung nicht vertragen konnte: Die Heizölbunker sprangen leck, das ganze Oberdeck verzog sich, mit ihm auch die Minenschienen, und keine Mine kam über Bord. Trotzdem kam das Boot mit eigener Kraft nach La Spezia zurück – allerdings mit einer Zwischenreparatur in Livorno. Das Boot mußte wieder außer Dienst gestellt werden und wurde als schwimmende Flakbatterie nach Imperia verlegt. Obwohl das Boot keine Treffer erhalten hatte, sprang es bei einem Bombenangriff wieder leck und konnte nur noch als Hafensperre in der Einfahrt nach Imperia versenkt werden.

Aber es waren da auch noch andere Veteranen: *TA 20, TA 21* und *TA 22* also *Audace, Insidioso* und *Giuseppe Missori*, sowie *TA 35 Giuseppe Dezza* sind in den ersten Jahren des Ersten Weltkrieges – *TA 21* sogar noch früher, nämlich 1913 – in Dienst gestellt worden!

Die Boote der *Solferino*-Klasse *TA 17* und *TA 18* traten 1920 zur Flotte, die Boote *TA 16* und *TA 19* im Jahr 1923.

Mit diesen längst ausgedienten und altersschwachen »schwimmenden Untersätzen« fuhren unsere Soldaten der Kriegsmarine voller Mut und Zuversicht gegen die mit allen technischen Neuheiten gespickten Schiffe des Gegners.

Dankadresse

Mein Dank gilt jenen alten Kameraden, die damals im Mittelmeer dabei waren und mit beigesteuertem Material mithalfen, dieses Buch zu realisieren:

OLt. z.S. d.Res. a.D. Otto Ascherfeld in Plettenberg
KptLt. a.D. Karl Heinz Fritzsche in Stuttgart
OLt. z.S. a.D. Hans Hofmeister in Regensburg
OLt. z.S. d.Res. a.D. Fritz Iversen in Flensburg
KKpt. a..D. Emil Kopka in Travemünde
Lt. Ing. d. Res. a. D. Dipl.-Ing. Klaus Luther in Augsburg
KptLt. Ing. a. D. Karl Nuber (†) in Düsseldorf
Lt.Ing. d.Res. a.D. Dipl.-Ing. Horst Paetzold in Rotenburg/Fulda
KptLt. a.D. Otto Reinhardt in Stuttgart
OLt. z.S. d.Res. a.D. Berthold Schwarz (†) in Furtwangen
KptLt. a.D. Thilo-Lebrecht v.Trotha in Dieburg
Kpt. z.S. a.D. Günther Wachsmuth in Heidelberg

Zu danken ist auch Mrs. France vom Imperial War Museum in London und Herrn Archivoberrat Dr. Maierhöfer vom Bundesarchiv/Militärarchiv in Freiburg für die freundliche Unterstützung bei der Beschaffung von Dokumenten und für praktische Hinweise.

Besonderen Dank schulde ich Mr. William Black in Lenzie/Dunbartonshire, Schottland, der mich mit allen Hinweisen und Quellen der britischen Marinegeschichte versorgte und mir seine eigenen Forschungsarbeiten zur Verfügung stellte.

Ich schließe in den Dank auch Rear-Admiral D.H.F.Hetherington CB, DSC, MA, RN, Ret. in Watlington, ein, der mir den genauen Hergang des letzten Gefechts am 18. März 1945 schilderte.

Herr R.K. Lochner in Hamburg stellte mir freundlicherweise die Skizzen und Risse der italienischen Boote aus dem italienischen Admiralstabswerk zur Verfügung.

Hans Georg Prager animierte mich zu dieser Rückschau. Er fungierte auch als Lektor dieses Buches.

Buchholz/Nordheide
Juni 1982   *Wirich v. Gartzen*

191

Quellenverzeichnis

Benutztes Aktenmaterial des Bundesarchivs/Militärarchivs Freiburg:
Gefechtskurzbericht der 4. T-Flottille vom 29. 12. 1943 an die Seekriegsleitung
Meldungen und erteilte Befehle gelegentlich Zerstörergefecht Biskaya am
28. 12. 1943 von Marine-Gruppe-West an 1/Seekriegsleitung
Darstellung des Zerstörergefechts in der Biskaya am 28. 12. 1943 aus bisher
vorliegenden Kurzberichten von 1/Seekriegsleitung an Oberkommando der
Wehrmacht und alle Obergruppen vom 2. 1. 1944
Kriegstagebücher der Zerstörer *Z 23, Z 24, Z 32* und *T 25, T 22, T 23, T 24* für
die Zeit vom 23. 12. 1943 bis zum 2. Januar 1944
Unternehmungen der 10.Torpedobootsflottille lt. Aufstellung des Führers der
Zerstörer (FdZ)
Alle vorhandenen Kriegstagebücher der 10. T-Fl. und ihrer einzelnen Boote
Sämtliche Lagebetrachtungen des Deutschen Marinekommandos Italien an die
Seekriegsleitung
Die Mittelmeer-Lageberichte und die Tagesberichte der Seekriegsleitung
Die monatlichen Rückblicke und Berichte und Stellungnahmen zu besonderen
Ereignissen der 7. Sicherungsdivision
Die Stellungnahmen des Deutschen Marinekommandos Italien zu allen
Kriegstagebüchern der 10. T-Fl.
Die Kriegstagebücher der 9. T-Fl. und aller einzelnen Boote

Literatur

Erich Gröner: Die deutschen Kriegsschiffe, J. F. Lehmanns Verlag, München
Jürgen Rohwer/Gerd Hümmelchen: Chronik des Seekrieges 1939–1945,
Pawlak Verlagsges, Herrsching
Friedrich Ruge: Der Seekrieg 1939–1945, K. F. Koehler Verlag, Stuttgart
Wolfgang Harnack: Zerstörer unter deutscher Flagge 1934 bis 1945, Koehlers
Verlagsgesellschaft mbH, Herford
Kurt Zentner: Illustrierte Geschichte des Zweiten Weltkrieges, Südwest Ver-
lag, München 1975
Kenneth Edwards: The Royal Navy and Allies, Hutchinson & Co. Ltd.
Shrubb/Sainsbury: The Royal Navy Day by Day, Centaur Press
S. W. Roskill: The War at Sea 1939–1945 – Volume III/Part 1, Her Majesty's
Stationery Office
Winston Churchill: Der Zweite Weltkrieg, Alfred Scherz Verlag, Bern
Robert J. Bulkley: At Close Quarters – PT Boats in the United States Navy,
US Official History
Dudley Pope: Flag 4 (Published in 1955)
ADM 1/18997 Coastal Forces in the War. A historical survey

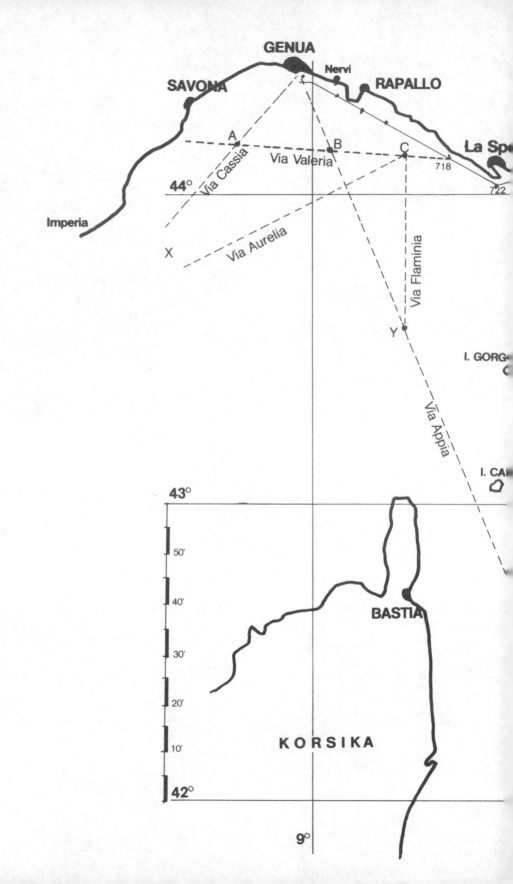